# 人 性 的
# 优 点

[美]戴尔·卡耐基／著　陶曚／译

天津出版传媒集团

天津人民出版社

果麦文化 出品

# 自序
## 成就此书的因缘

三十五年前,我是全纽约最不快乐的家伙。当时我正以销售卡车谋生。我不知道卡车的原理,更糟糕的是,我完全不想知道。我看不起自己的工作,也看不起自己的住所——那个位于西56街,充满蟑螂的廉价落脚点。清楚地记得某天早上,当我伸手去拿挂在墙上的干净领带时,蟑螂四散而逃的景象。我鄙视那个不得不在便宜的脏馆子里勉强果腹的自己,这些餐馆很可能同样蟑螂遍地。

每晚,我头疼欲裂地回到那个孤零零的小房间。沮丧、担心、痛苦和不甘心让我的头痛愈演愈烈。我不甘心,是因为我在大学时候萌生的那些梦想此刻变成了每晚折磨我的噩梦。这就是生活吗?这就是我曾经热切盼望的伟大征程吗?我的生活就这样了吗?做着一份自己看不起的工作,和蟑螂住在一起,吃不干净的食物,对未来不抱一丝希望……读书的时候我日思夜想要写的那些作品,我是多么希望能有时间阅读,有时间把它们写出来啊!

我知道,如果放弃这份我轻视的工作,不会有什么损失,却能够获得机会。我面对的问题不是怎么挣大钱,而是怎么活下去。简而言之,我已经无路可退了。像千千万万刚步入社会的许多年轻人一样,我正面对着人生的决定性时刻。于是我做了一个决定,而这个决定彻底改变了我的未来。它让我在过去的三十五年过得愉快而充实，得到的回报远远超过了我看似最不切实际的想象。

我当时做的决定就是放弃我厌恶的那份工作。由于我已经在密苏里州的沃伦斯堡州立师范学院学习了四年，做好了教书的准备，我计划通过在夜校教授成人课程谋生。这样，白天我就有时间阅读、备课并写作。我希望能够实现"以写作为生，为写作而生"。

那么在夜校我应该教授成年人什么内容呢？当我回顾自己在大学接受的教育时，我意识到无论在生活上还是工作中，在公众演讲方面接受的培训和积累的经验对我的帮助远胜于任何其他课程的总和。为什么呢？因为它扫清了我的胆怯和自卑，给了我和人打交道的勇气和信心。同时我的经历证明，那些敢于站起来说出自己想法的人更具有领导才能。

我同时申请了哥伦比亚大学和纽约大学夜间进修课程的公众演讲教师一职，但是这两所大学都认为没有我的帮助他们就能过得很好。

当时我自然很沮丧，但现在我非常感谢他们拒绝了我。基督教青年会给了我一个授课的机会，我必须尽快做出成绩，向他们证明自己。那是一个多么大的挑战啊！那些成年人来听我的课并不是为了学分或者荣誉，他们来只有一个原因——想要解决自己遇到的问题。他们希望在商务会议上能够站起来讲几句话，而不是害怕得昏过去。销售员希望在拜访难缠的客户时不用在街道上走来走去积攒勇气。一方面，他们希望能够沉着自信，在工作上取得成就，为家庭取得更多收入。另一方面，由于他们是阶段性付学费，如果看不到成果就会立即退课。而我挣的不是固定薪水而是分红，如果我还想有口饭吃，就必须脚踏实地地做出成绩。

尽管当时觉得困难重重，但我现在意识到，那对我而言是一个价值连城的锻炼机会。我必须激励我的学生，帮助他们解决面对的问题。我必须每堂课都让他们受到鼓舞，让他们想要再来上课。

这项挑战让人兴奋，我非常热爱这份工作。那些商界人士竟然如此迅速地培养出自信，并因此升职加薪，让我大为惊讶。课程取得的成功远远超过我的想象。基督教青年会一开始连每晚五美元的薪水都不愿意付给我，但不到三个学期，他们给我的分红就超过了每晚三十美元。一开始，我只教授公众演讲课，但随着时间一天天过去，我发现这些成年人还急需培养赢取友谊和影响他人的能力。由于找不到合适的人际关系教材，我就自己写了一部。这本书的创作过程不同以往，它完全由学生的切身经验发展而成。我将其命名为《人性的弱点》（如何赢取友谊并影响他人）。

由于这本书一开始纯粹是为我自己的成人课程创作的教材，并且我之前写的四本书都无人问津，我从未想过这本书能够一炮而红。我大概是在世的作家中对自己取得的成绩最不敢相信的一位。

时光流逝，我发现当今人们面对的另一个重大问题就是忧虑。我的学生大多数是商界人士，包括企业高级管理人员、销售员、工程师和会计师，各行各业都有，而他们的共同点是大部分人都有烦恼。课堂上也有女性，而无论是商界女性还是家庭主妇，也同样面对着各种烦恼！显然，我还需要找到一本关于如何战胜忧虑的教材。我走访了位于第五大道和第41街交汇处的公共图书馆。然而出乎我意料的是，全纽约最大的图书馆竟然只有区区二十二本关于"忧虑"的书。好笑的是，关于"蠕虫"的书多达一百八十九本——写虫子的书竟比写烦恼的书多九倍！简直让人难以置信，对不对？鉴于忧虑是人们面临的最大问题之一，你或许会想，每所高中和大学都应该专门开课讲授"如何战胜忧虑"。

然而，我却从未听说过全美有任何一所学校开设了这门课程。难怪戴维·西伯里在他的著作《如何自寻烦恼》一书中说："我们渐渐长大成熟，但面对压力，我们就像是让书呆子跳芭蕾舞一样丝毫没有准备。"

结果如何呢？医院的病患中有半数以上是由于紧张和情绪问题入院的。

我读了纽约公共图书馆的书架上那二十二本关于忧虑的书，还买了所有我能找到的探讨这一问题的著作，但是没有一本适合作为成人课程教材。于是我下决心自己写一本。

为了写这本书，我七年前就开始准备了。我做了哪些准备呢？我读了古往今来所有哲学家关于忧虑的论述，以及从孔子到丘吉尔的上百本传记。我还采访了各界杰出人物，包括拳击手杰克·登普西、奥马尔·布莱德利将军、马克·克拉克将军、福特汽车公司创始人亨利·福特、第一夫人埃莉诺·罗斯福和新闻工作者多萝西·迪克斯。但这仅仅是个开始而已。

我还做了比阅读和采访更重要的准备。我在一个研究如何战胜忧虑的实验室工作了五年——而这个实验室正设立在我们的成人教育课堂上。据我所知，这是世界上第一个也是唯一一个研究忧虑的实验室。我们的做法是给学生设立停止烦恼的若干原则，要求他们把这些原则应用到生活中，在课堂上分享实践结果。而其他人则汇报他们过去曾经使用过的技巧。

得益于这段经历，关于"我是如何战胜忧虑的"这个话题，我听过的经验分享比任何人都要多。此外，我还在北美一百七十座城市发起征文，阅读了许多关于战胜忧虑的来信。因此，这本书并非出自脱离实际的象牙塔，也不是关于战胜忧虑的学术说教。相反，我希望呈现给你的是一部紧凑并准确的报告，同你分享成千上万人战胜忧虑的真实经历。有一件事情是毫无疑问的：这本书是一本实用的著作，你完全可以将其付诸实践。

我很高兴能够确定地说，这本书里没有任何事例是想象出来的或是模棱两可的。除了极少数几个故事，这本书中的每一个名字和住址都是真实的。它权威可信，有据可查，确凿无疑。

法国哲学家瓦雷里曾经说过："科学就是一系列成功的方法。"这也正是这本书的本质——一系列成功并且经过时间考验的让生活远离忧虑的方法。然而，我还想提醒你一句：你在这本书中找不到任何标新立异的内容，只能找到许多被人忽略的事实。关于这一点，我想说的是，其实你我都不需要任何新论调。我们已经听说过太多人生道理，也读过太多金科玉律。我们的问题不是无知，而是无动于衷。这本书旨在重述古老的真理并加以例证，敦促你做出改变。

我明白你阅读本书并不是为了了解它的来龙去脉，而是寻找一部行动指南。好了，我们这就开始。如果你读了这本书的前两部分后，并不觉得自己获得了战胜忧虑、享受人生的力量和勇气，那就把这本书扔进垃圾桶吧。这本书对你没用。

戴尔·卡耐基

## 使用本书的九个建议：

1. 培养战胜忧虑的强烈欲望；

2. 每一章读两遍再读下一章；

3. 阅读过程中，不时地停下来问问自己，如何将每一条建议化为行动；

4. 标出要点；

5. 每个月温习；

6. 抓住每次应用这些原则的机会，把本书当作解决日常问题的行动指南；

7. 把学习过程当作游戏，每当朋友抓到你违反原则，就给他们一先令；

8. 每周回顾自己是否进步，问问自己犯了哪些错，有哪些提高，收获了哪些经验；

9. 在本书最后记录下应用这些原则的心得。

# 目 录

001 —— Chapter 01 关于忧虑的基本事实

002 活在当下 / 014 解决烦恼局面的神奇法则
021 忧虑的恶果

033 —— Chapter 02 分析忧虑的基本技巧

034 如何分析并解决烦恼
041 如何将生意上的烦恼减少一半

046 —— Chapter 03 打破忧虑的习惯

047 把忧虑赶出脑海 / 056 别让忙碌击垮你
063 战胜忧虑的定律 / 069 接受无法避免之事
079 为忧虑设置"止损线" / 086 不要试图改变过去

092 —— Chapter 04 心态平和的七个方法

093 改变生活的一句话 / 106 报复的代价太高
114 如何对待忘恩负义 / 120 想想你得到的
127 找到自己,做自己——请记住,你在这世界上是独一无二的
135 只有酸柠檬,那就做柠檬汁吧 / 143 如何在十四天内走出忧郁

## 158 Chapter 05 战胜忧虑的黄金法则
159 我父母战胜忧虑的经历

## 178 Chapter 06 如何避免因批评而焦虑
179 人红是非多 / 182 让批评无法伤害到你

## 192 Chapter 07 防止疲累和忧虑的六个方式
193 每天给人生增加一小时 / 198 疲劳的根源
203 家庭主妇如何永葆青春
209 防止疲劳和忧虑的四个工作习惯
214 厌倦会诱发疲劳、忧虑和不满
222 如何从失眠的焦虑中解脱

## 229 Chapter 08 怎样找到令你快乐的事业并取得成功
230 人生最重要的决定

## 238 Chapter 09 如何减少财务方面的烦恼
239 70%的忧虑与金钱有关

## 251 Chapter 10 32个战胜忧虑的真实故事

## 312 译后记 从生存到生活

# Chapter 01
Fundamental Facts You Should Know about Worry

## 关于忧虑的基本事实

# Section 01
# 活在当下

1871年春天，一位年轻人偶然拿起一本书，在书中读到了二十一个单词。这短短的二十一个单词对他的未来产生了深远影响。当时，这位年轻人是蒙特利尔综合医院的一名医科学生，满心忧虑的是期末考试成绩，未来何去何从，如何学以致用，怎样养活自己。

这二十一个单词让这个年轻的医科学生成为那个时代最著名的医生。他创立了全球闻名的约翰·霍普金斯医学院，并成为牛津大学钦定的医学教授——这是大英帝国授予医学人员的最高荣誉。英国国王授予他爵位。他去世后，后人为他撰写了厚达1466页的两卷巨著，讲述他一生的故事。

他就是威廉·奥泽尔爵士。1871年春天，他读到的那二十一个单词出自托马斯·卡莱尔，这句话令他的一生摆脱了忧虑："重点不是聚焦于模糊的未来，而是着手于清晰的当下。"

四十二年后，一个温柔的春日夜晚，威廉·奥泽尔爵士来到郁金香盛开的校园，为耶鲁大学的学生做演讲。他对这些耶鲁大学的学生说，人们觉得他一定天赋异禀，才有能力在四所大学担任教职，还著有一本畅销书。但他强调事实并非如此，他说他的好友都知道他的资质"再平庸不过了"。

既然如此，他成功的秘诀是什么呢？他说他的成功要归因于他首创的"活在当下的密室中"这个理论。这是什么意思呢？去耶鲁演讲的几个月以前，威廉·奥泽尔爵士乘坐远洋渡轮横渡大西洋。他注意到，只要船长站在船桥上按下一个按钮，渡轮的各个部件就会哐当哐当地分隔成密闭防水的独立舱室。奥泽尔博士对学生们说道："你们在座的每个人，都有比大型渡轮更精妙的结构，并且正走在更漫长的旅途中。为了确保旅途的安全，我强烈建议大家学会'活在当下的密室中'，这是掌控自己这台'机器'最有效的手段。站到船桥上，确保隔水舱壁在正常运转。按下按钮，凝神倾听，舱门把过去关在了门外——那是已逝的昨日。按下另一个按钮，凝神倾听，金属幕墙把未来隔断开来——那是未生的明天。于是你收获了安全。为了今日的安全，把过去关在门外吧，让已逝的过去埋葬自己，那是愚人走向死亡的尘灰之路。而明日的负担与昨日的负担叠加在一起，会让背负二者的今日步履踉跄。紧紧地把未来也关在门外吧，就像对待过去一样。未来就是今天，没有明天这回事。人类的救赎之日就是当下。如果终日对未来忧心忡忡，那么能量消耗、精神苦闷和紧张忧虑将与我们如影随形……关紧那船头至船尾的厚厚防水壁，养成'活在当下的密室中'这个人生习惯吧。"

奥泽尔博士的意思是说我们不应该花精力为明天做准备吗？不，完全不是。但是他在演讲中提到，为明天做准备最好的方式，就是发挥全部的才智与热情，专注完成今时今日的工作。这是我们唯一能够为未来做的准备。

威廉·奥泽尔爵士建议耶鲁的学生以基督教的这句祷告词开始新的一天："我们日用的饮食，请今日赐给我们。"

祈祷词只祈求今日的饮食，并没有抱怨昨天不新鲜的面包，也没有说:"主啊,近来麦田都没有降雨,我们可能很快会遇到旱灾,那我明年秋天吃什么呢?丢了工作可怎么办呢?主啊,我到时候上哪儿去找面包吃呢?"

不,这句祈祷词教导我们只祈求今日的饮食。一个人也只可能吃得下今日的饮食。

曾经,一位身无分文的哲人流浪到一片贫瘠多石的地区,那里的人们生活拮据。一天,这位哲人站在小山上讲话,人群聚拢在他周围。这番演说大概是时至今日被引述得最多的箴言了。它只有二十六个英文单词,却跨越了世纪,经久不息地在世人心中回荡:"不要为明天考虑,因为明天自有明天的忧虑,一天的难处一天当就够了。"

"不要为明天考虑",许多人都把耶稣的这句箴言当作耳旁风。他们认为这是无法实现的完美境界,甚至视之为谬论。"我必须为明天考虑,"他们反驳说,"我必须买保险给我的家庭提供保障,我必须存钱防老,我必须为成功提前做规划和准备。"

没错,你当然需要这样做。实际上,耶稣的那句箴言是三百年前的译文,当时詹姆斯王钦定本《圣经》的语义和现今的语义有所不同。三百年前,"考虑"这个词通常代表"忧虑"。《圣经》的现代译本更准确地将耶稣的话表述为:"不要为明天忧虑。"

尽力为明天做周全的考虑,谨慎地思考、规划、准备,但不要忧虑。

在第二次世界大战期间,我们的军事领导人预先为"明天"制定计划,但是他们不能有任何疑虑。统领美国海军的海军司令欧内斯特·约瑟夫·金说:"我派出最好的弟兄,给他们配备最好的武器,并且下达了看起来最明智的命令。我能做的只有这么多了。"

金司令接着说:"如果船已沉,我没法让它浮起来;如果船将沉，我也无能为力。与其把时间用来懊恼昨天的问题，我更愿意把时间用来处理明天的问题。如果我的头脑整天被这些忧虑占据，那我也撑不了多久了。"

无论在战时还是在和平时期，好心态和坏心态的最主要区别在于：好心态通常考量原因与结果，从而产生有逻辑并且有建设性的计划；而坏心态通常导致紧张不安甚至精神崩溃。

我曾有幸采访过阿瑟·海斯·苏兹贝格，1935年至1961年间，他是声名赫赫的报刊《纽约时报》的发行人。苏兹贝格先生告诉我，当第二次世界大战的战火燃遍整个欧洲的时候，他茫然无措，对未来忧心忡忡，几乎无法入眠。他常常半夜从床上爬起来，拿出画布和颜料，看着镜中的自己，尝试画一幅自己的肖像。他完全不懂绘画，但是他想通过画画把忧虑赶出脑海。苏兹贝格先生说，当时他并没有成功，直到他把一句赞美诗引为座右铭，才驱散忧虑，找回宁静。这句话便是："走好眼前这一步已是最好的褒奖。"

引领我吧，仁慈的光，
请你映亮我的脚旁。
我不求看清远方，
走好眼前这一步已是最好的褒奖。

几乎在同一时期，一个身在欧洲的年轻士兵学到了同样的一课。他名叫泰德·本杰米诺，来自美国马里兰州巴尔的摩市。由于过于忧虑，他患上了前线战士常见的严重的精神衰弱。泰德写道：

1945年4月，我整日焦虑不安，焦虑诱发剧烈疼痛，被医生诊断为"间歇性结肠痉挛"。若不是战争在那年终于结束，我的身体肯定彻底垮了。

那时我整个人已经筋疲力尽了。当时我是墓地登记处的军士，隶属于第94步兵师。我的工作就是建立并且维护所有在战争中牺牲、失踪和入院就医的人员记录，并要帮忙挖出双方战死士兵的尸体，把他们在战场上草草掩埋。我还得把他们的私人物品收集起来，确保这些私人物品被送还给他们的双亲或其他家属。我知道这些物品对他们有多么重要，因此终日忧心忡忡，很害怕出什么差错，犯下让自己无地自容的错误。我担心自己熬不过去，害怕活不到把孩子抱在怀中的那一刻——我儿子已经十六个月大了，而我还从未见过他。我太忧虑太疲惫了，那段时间瘦了34磅[1]。我惊惧不安，几乎要发疯。我看着自己瘦骨嶙峋的双手，一想到要拖着一副垮掉的病躯回家，就害怕极了。我精神崩溃，像孩子一样啜泣，整个人怕得发抖，只要自己一个人独处的时候，眼泪就止不住地流。突出部之役爆发后的那段时间，我哭得更频繁，几乎陷入绝望，觉得再也不可能恢复成正常人了。

最后我去了军队诊疗所。军医给我的建议完完全全地改变了我的生活。他给我做了彻底的体检，然后判断说我的问题是精神上的。他告诉我说："泰德，我希望你把生活想象成沙漏。你知道沙漏中有成千上万粒细沙，它们有条不紊地依次通过沙漏中间的狭窄瓶颈。除非损坏沙漏，否则谁都没有办法让几粒沙同时通过瓶颈。你和我，还有其他所有人，都像这个沙漏一样。每天清晨开始一天的生活时，我们会觉得有许多事情要完成，但我们要让这些事情像

---

[1] 1磅≈0.45千克。

沙子通过沙漏那样依次进行，否则必然会损害自己的身心平衡。"

从那一刻起，军医的建议牢牢印在了我的心里，我决定按他说的做。"一次一粒沙，一次一件事。"这个哲理拯救了我的身心，让我安然度过战争，甚至一直受益至今。我现在在巴尔的摩一间商业信贷公司担任库存管理员。我发现在工作中我面临着和战时同样的问题：如何在有限的时间内完成大量繁重的工作。我们公司是低库存经营模式，不仅要处理新的表单、适应新库存安排、更改地址，还要负责开设和关闭办事处等。我并没有焦虑不安，而是谨记那位军医告诉我的话："一次一粒沙。一次一件事。"我反复提醒自己，也因而更高效地完成了自己的任务。在战场上几乎击垮我的那种紊乱情绪再也没有影响到我的工作。

在当今这个时代，最骇人的问题是医院中有至少一半病人是精神疾病患者。他们背负着沉重的过去和可怕的未来，在二者压倒性的重负下濒临崩溃。如果他们留意过耶稣的箴言"不要为明天忧虑"，或是威廉·奥泽尔爵士的建议"活在当下的密室中"，他们中的大部分人原本可以愉快地走在街上，过上快乐而充满意义的生活。

你我都站在过去与未来这两个永恒的交汇点上。浩瀚的过去永远存在，而未来也将永远前进。我们不可能活在过去，也不可能活在永恒，一霎都不可能，因此任何尝试都将损毁我们的体魄和心魂。就让我们心满意足地活在当下，活在我们唯一拥有的这个时刻吧。英国小说家罗伯特·路易斯·斯蒂文森写道："无论负担多重，如果只需背负一天，任何人都能做到。无论工作多难，如果只需努力一天，任何人都能做到。如果只活一天，任何人都能够生活得甜美、耐心、纯粹并且充满爱意，直到太阳西沉。而这才是人生的真谛。"

是的，生活对我们的要求就这么简单。然而，住在密歇根州萨吉诺市法院街815号的希尔兹女士却一度陷入绝望，甚至差点儿自杀，直到她学会活在当下。希尔兹女士向我讲述了她的经历："1937年，我失去了丈夫。我情绪非常低落，并且身无分文。我写信给我以前的老板利昂·罗奇先生，想回以前的公司上班。我之前从事图书销售工作，把书卖给乡镇学校。两年前丈夫患病的时候我把车卖掉了，但是我想办法东拼西凑了一点儿钱，贷款买了一辆二手车，开始重操旧业。

"我原以为重新工作能缓解一些我的抑郁，但独自开车独自吃饭让我孤独得几乎崩溃。有些地方没什么销量，虽然我的车贷不多，但依然很难攒够钱还月供。

"1938年春天，我搬到密苏里州凡尔赛市找销路。那儿的学校很穷，路况很差，我又寂寞又灰心，一度想要结束生命。成功没有一丝希望，我找不到活下去的理由，害怕每天早晨醒来面对生活。我害怕还不上车贷，害怕付不起房租，害怕买不起吃的，害怕健康每况愈下却没钱看医生，害怕一切。唯有想到我死了姐姐会很伤心，何况我也没钱付丧葬费，我才没有自杀。

"后来有一天，偶然读到的一篇文章把我从绝望的沼泽中拖了出来，给了我活下去的勇气。我一辈子都会感激文章中鼓舞了我的这句话：'对聪明人而言，每天都是新生。'我把这句话打印出来，贴在汽车的挡风玻璃上，开车的时候时时刻刻都能看到它。我发现如果把目标定为只活一天，似乎并不是太困难。我学着忘记过去，也不去想明天。每天早晨我都告诉自己：'今天是你的新生。'

"就这样，我成功地克服了对孤独和贫穷的恐惧。现在的我很快乐，也还算成功，对生活充满爱与热情。如今我知道，无论生活将带给我什么，我都再也不会害怕了。只要把目标定为一天，我就不会再惧怕未来，因为'对聪明人而言，每天都是新生'。"

猜猜下面这首诗是谁写的?

他多快活，
独自一人也快活。
拥有今天，
他内心充满了安全感：
"明天，随你怎样，
今天我已活出自我！"

这些诗句听起来很现代对不对？但是古罗马诗人贺拉斯写下它们的时候，是在公元前30年。

我发现人性最大的悲剧，就是人人都习惯拖延。我们向往地平线另一端那座梦幻的玫瑰花园，却不懂得欣赏今时今日我们窗外盛开的玫瑰。

我们为何如此愚蠢？愚蠢得堪称可悲！

加拿大作家斯蒂芬·里柯克曾经感叹："我们短暂的生命旅程是多么奇怪啊！孩童说'等我长大的时候'，但那是什么时候呢？大孩子说'等我成年的时候'，成年后却又说'等我结婚的时候'。但结婚之后又如何呢？他的念头又变成'等退休了吧'。然而退休那天回首过去，他却感到一阵寒意——人生悄然逝去，他竟不知不觉错过了一切。我们总是太晚才懂得生活的意义在于当下，在于每一分每一秒如何度过。"

来自底特律的爱德华·S.埃文斯太晚才懂得这个道理，差点儿因忧虑送了命。他自幼出身贫寒，第一份工作是卖报纸，后来在杂货店当店员。因为一家七口的生计都靠他一人，他又在图书馆找了一份助理的工作。尽管薪水微薄，他却不敢辞职，工作八年后才鼓足勇气开创自己的事业。一开始他的生意势如破竹，他靠借来的五十五美元起步，做到了年入两万美元。然而好景不长，他为朋友做了巨额担保，不料朋友破产，给他的生意造成了致命打击。

雪上加霜的是，没过多久，他存有全部家产的银行也宣告倒闭。他不仅分文不剩，还背上了一万六千美元的债务，精神上完全无法接受这个现实。他对我说："我吃不下东西，睡不着觉，焦虑得病倒了。有一天我在街上走着走着，突然就昏倒在人行道上。我动弹不得，被人抬到床上，身上还突然起了好多疖子。疖子侵入身体内部，我的身体一天比一天虚弱，就连躺着都痛苦不堪。终于，我的医生宣布我活不过两周了。我震惊之余，写了遗嘱，躺在床上等死。我知道再怎么担忧也无济于事，就彻底放弃挣扎，放松地睡着了。在那之前，我已经连续好几周没有一口气睡超过两个小时了；而当尘世的烦恼即将宣告结束的时候，我睡得像个婴儿一样。筋疲力尽的感觉渐渐消失，我的胃口又回来了，体重也增加了。

"几周后，我竟然能拄着拐下地了。六周后，我重新回到工作岗位。以前我一年能挣两万美元，而现在我为一份周薪三十美元的工作感到心满意足。我的新工作是销售垫木，铁路货车运输的时候需要把垫木放在轮子后面防滑。现在的我已经学会了'无需忧虑'这一课——无需为过去发生的事情懊悔，也无需为未来尚未发生的事情担忧。我把我的全部时间、精力和热情集中在工作上。"

爱德华·S.埃文斯晋升得很快，没几年就成了公司总裁。前几年他的公司埃文斯产品公司在纽约证券交易所上市了。1945年他去世前，已经是全美国最优秀的商界领袖。如果你有机会飞越格陵兰岛，很有可能降落在以他名字命名的埃文斯机场。

这个故事的重点：如果爱德华·S.埃文斯没有觉察到忧虑是多么愚蠢，如果他没有学会"住在当下的密室中"，他就绝不会取得这样激动人心的商业成就。

公元前500年，希腊哲学家赫拉克斯特告诫他的学生："除了变化本身，万事皆变化无常。"他还说："人无法两次踏入同一条河流。"河流瞬息万变，踏入河流的人亦是如此，生活本身便是永无休止的变化过程。唯一能够确定的只有当下。那么为何要破坏"活在当下"的美好，非要为未来的难题焦头烂额呢？无穷的变化和不确定性笼罩着未来，没有任何人有能力预知。

古罗马人有一个词形容这个道理——"及时行乐"，或"把握今天"。是的，把握今天，并活到极致吧！

这也是洛厄尔·托马斯的人生观。最近我去他的农场过周末的时候，注意到他把旧约圣经《诗篇》第118篇中的这句箴言裱起来挂在播音室的墙上，以便时时看到：

这是耶和华所定的日子。
我们在其中，要高兴欢喜。

英国作家约翰·拉斯金的书桌上有一块普通的石头，上面镌刻着一个词："今天"。我虽然没在书桌上放石头，但是我在镜子上贴了一首诗，每天早晨剃须的时候都能看到。威廉·奥泽尔爵士的书桌上也有这首诗，它是著名印度剧作家迦梨陀娑的名篇：

敬黎明

珍视今日啊!
因为它就是生活,生活的本质
在它短暂的过程中
包含着你存在于世的一切意义:
成长的狂喜
行动的荣耀
以及成就的异彩

昨日无非一场旧梦
明日只是缥缈幻影
好好活过今日吧
让每个昨天成为幸福的美梦
让每个明天成为希望的憧憬

所以,珍视啊,珍视今日!
这就是对黎明的致敬。

因此,关于忧虑,你应该知道的第一件事:如果你想让烦恼远离你的生活,就请学习威廉·奥泽尔爵士的方法。

「原则1:
　　关上过去和未来的铁门。活在"今天"这个舱室中。
　　不妨问问自己这几个问题,并把答案写下来:

① 我是否习惯逃避现实,担心未来?我是否总在幻想"地平线另一端那座梦幻的玫瑰花园"?
② 我是否会为过去发生的事情懊恼,结果让当下变得痛苦?
③ 早上起床的时候,我有没有决心"把握当下",把这二十四小时活到极致?
④ 我能不能"活在当下的密室中",更充分地利用生活?
⑤ 我应当从什么时候开始改变?下个星期?明天?还是从今天开始?」

# Section 02
## 解决烦恼局面的神奇法则

想知道怎样又快又好地摆脱忧虑吗?这个技巧即学即会,你在读完全书之前就能立刻应用。

如果你的回答是肯定的,就请听我细细道来。这个方法是才华横溢的工程师威利斯·H.卡里尔发现的。他是空调产业的先驱人物,现在领导着世界知名的卡里尔公司,公司位于纽约州锡拉丘兹市。有一天,我和卡里尔先生在纽约工程师俱乐部共进午餐的时候,他亲口告诉了我他应对烦恼的方法,而这个方法堪称我听过的最佳方法。

"当我还是个小伙子的时候,"卡里尔先生说,"我在纽约州布法罗市工作,供职于布法罗锻造公司。当时公司分配给我一项任务,派我去给匹兹堡平板玻璃公司安装气体净化装置。那家工厂位于密苏里州克里斯特尔城,价值上百万美元。净化装置的作用是去除燃气中的杂质,防止燃烧时对设备造成损害。这项气体净化技术是新开发的,以前只试用过一次,而且试用时的条件不太一样。因此我到克里斯特尔城开展工作时,遇到了之前没预料到的难题——设备虽然勉强能够运行,性能却无法达到我们承诺的水平。

"我深受打击,就像是被人当头打了一棒,感觉五脏六腑搅在了一起,焦虑得睡不着觉。

"终于,我意识到忧心忡忡是根本无法解决问题的,于是我想出了一个化解忧虑的办法。这个方法管用极了,到现在我已经使用了三十多年。

"这个方法很简单,适用于所有人。它包含三个步骤:

"第一步:坦然面对问题,理性分析局面,找出万一失败的最坏结果。我总不至于因为设备失灵而蹲监狱或是被人枪杀,这一点是肯定的。当然,丢掉饭碗的可能性是有的,也有可能导致公司被迫拆除设备,损失投资的两万美元。

"第二步:找出可能发生的最坏结果后,调整心态接受它。我告诉自己,这次失败对我的职业生涯是一次重大打击,甚至有可能让我失去工作。但如果真到了这一步,我有能力另谋出路。至于公司方面,他们明白这项新技术仍处于测试阶段,如果这次经验教训要花两万美元,公司也承受得起。他们可以把这项费用计入研究成本中,毕竟这确实是一次试验。

"一旦想出了可能出现的最坏情况并调整心态接受它,非常重要的改变发生了:我立刻如释重负,感受到连日以来从未有过的平静。

"第三步:心平气和地思考对策,把时间和精力用于改善我心理上已经接受了的那个最坏状况。

"我努力想办法为公司降低损失。经过几次测试之后,我发现只要我们再投入五千美元安装辅助设备,问题就可以迎刃而解。果然,公司通过这个方法避免了两万美元的损失,反而盈利一万五千美元。

"如果当时我一直心烦意乱,我大概永远也想不出对策。忧虑最糟糕的一点在于它会摧毁我们的专注力。人们陷入忧虑的时候会不断担心这担心那,心乱如麻,因而丧失决断的能力。然而,一旦我们强迫自己面对最坏的结果,并且在心理上接受它的时候,那些胡思乱想就烟消云散了，让我们能够集中精力解决问题。

"这件事虽然已经过去很多年了，但因为这个方法行之有效，我一直沿用至今。如今我的生活完全从忧虑中解放了。"

为什么威利斯·H.卡里尔的神奇法则如此实用呢？从心理学的角度看，当忧虑蒙蔽了我们的双眼，令我们在层层乌云中跌跌撞撞地摸索的时候，这个方法能够把我们从云端拉回地面。它让我们立足于现实，明确自己的位置。倘若我们无法看清自己的处境，又如何指望自己把事情考虑清楚呢？

应用心理学之父威廉·詹姆斯教授在三十八年前离开了我们，如果他尚在人世，也一定会赞同卡里尔对待忧虑的方式。我怎么知道的呢？因为他曾经对自己的学生说过："要学会接受现实……接受既成现实是走出灾难的第一步。"林语堂在他广为人知的作品《生活的艺术》中表达过同样的观点。这位中国的思想家这样写道："一个人的心中有了那种接受恶劣遭遇的准备，才能够获得真平安。这从心理学的观点看来，它是一种发泄身上储力的程序。"

正是如此！从心理学的观点看来，它是一种发泄身上储力的程序。一旦我们接受了最坏情况，也就再没有什么可失去的了，这意味着情况只会更好。威利斯·H.卡里尔就是这么说的："直面最坏的情况之后，我立刻如释重负，感受到一种连日以来从未有过的平静，并且重拾了思考的能力。"

听起来合情合理，不是吗？成千上万的人在焦躁的喧嚣中毁掉了自己的生活，就是因为他们拒绝接受最不利的境况，拒绝尝试改善，拒绝从不幸中抢救财产。他们不试着重获财富，却不停地与已经发生的事情苦苦纠缠，结果成为抑郁症的牺牲品。

你想了解一下其他人是怎样应用卡里尔的神奇法则解决难题的

吗？好，下面是我班上一位纽约石油商人的经历。

"我被敲诈了！"这位学员开口说道，"真让人难以置信，我还以为这种事只会发生在电影里，但是我居然真的被敲诈了！事情是这样的：我是石油公司的管理者，我们公司有好几辆油罐车和相应的司机。那个时候物价管理局有很严格的规定，我们交付给客户的石油都有配额限制。个别司机给老主顾送货的时候私留了一部分，倒卖给他们自己的客户，但我当时并不知情。

"有一天，一个自称是政府稽查员的人来找我索要封口费，那时我才意识到我们公司有可能卷入了非法交易。他说手上有证据证明司机的行为，并且威胁说如果我不掏钱出点儿血，他就把证据移交地方检察官。

"我知道自己没什么好担心的，毕竟我个人没有触犯法律。但是我也清楚法律规定公司要对雇员的行为负责，另外，这起事件如果闹上法庭，势必会被报纸公之于众，这样的负面宣传会毁了我的生意。我一直都以这家公司为傲——它是我父亲二十四年前一手创立的。

"当时我急得病倒了，三天三夜吃不下饭，睡不着觉，像疯了一样坐立不安。我该掏这五千美元，还是任凭那家伙为所欲为？不管哪个决定都让我在噩梦中惊醒。

"那个周日晚上，我随手拿起卡耐基公众演讲课上发的那本《如何战胜忧虑》的小册子，并读到了威利斯·H.卡里尔的故事。书上说'直面最坏结果'。于是我扪心自问：'如果我不掏钱，诈骗犯把证据交给地方检察官，最坏的结果会是什么呢？'

"答案是：毁了事业——最坏也就这样了。我不会坐牢，最有可能发生的就是公司毁于舆论。

"于是我对自己说：'好吧，如果公司垮了，我只能在心理上接

受,那么接下来会怎样呢?'

"接下来么,既然事业没了,我大概得出去找份工作。这也不算太糟。我很懂石油,有几家公司大概会乐意聘用我……这么一想,我感觉好多了。紧绷了三天三夜的神经开始放松,情绪也渐渐开始平复。最让我感到惊讶的是,我又能思考了。

"头脑清醒之后,我开始面对第三步——改善最坏情况。当我开始思考对策的时候,事情展现出一个全新的角度——如果我把情况告诉律师,他大概能找出一个我没有想到的解决方案。我知道这听起来很蠢,我居然一直没想到这个方法——那是因为我之前完全没有用头脑思考,因为满脑子都是忧虑。我当即决定明天一早就去见我的律师。接着我就上床睡觉了,那天晚上我睡得很沉。

"事情最终是怎么解决的呢?第二天早晨,律师建议我去见地方检察官,把事实和盘托出。我照做了,而检察官的反应出乎我的意料。他告诉我说类似的敲诈事件已经出现好几个月了,而那个自称是政府官员的人是警方在通缉的诈骗犯。我折磨了自己三天三夜,纠结应不应该把五千美元拱手送给那个职业骗子,而听到这些话后终于松了一口气。

"这次经历让我学到了终身受用的一课。现在,每当面对让我烦忧的问题时,我就用这个被我称为'老威利斯·H.卡里尔法则'的方法来对付它。"

就在威利斯·H.卡里尔正在密苏里州的工厂里为气体净化设备忧心忡忡的时候,内布拉斯加州的一个小伙子正在写遗嘱。他名叫厄尔·P.哈尼,患了严重的十二指肠溃疡。三位医生断定哈尼先生已经无药可救,其中包括一位很有名望的溃疡专家。他们告诫他不要吃这不要吃那,不要担心不要忧虑,甚至告诉他可以立遗嘱了。

病痛迫使厄尔·P.哈尼放弃了体面又高薪的工作，现在他无事可做，无可期待，只等着死神降临。于是他做了个决定：一个罕见而宏伟的决定。"既然我只有很短的时间可活了，"他说，"我就应当活到极致。我一直想在有生之年周游世界。如果我真的要实现这个愿望，那么现在就是动身的时候了。"于是他当即买了船票。

医生被他的决定吓坏了。"我们必须得警告您，"他们对哈尼先生说，"如果您真要旅行，结果就是葬身大海。"

"不，不会的，"哈尼先生说，"我答应过我的家人，死后下葬在布罗肯鲍市的家族墓地中。所以我会买副棺材带着。"他真的买了棺材带到船上，并和船舶公司事先谈妥，倘若他不幸离世，就请船舶公司把他的遗体保存在冷舱中，直到客轮返乡。诗人欧玛尔·哈亚姆诗中的精神鼓舞着他踏上了旅程：

啊，趁我们尚能挥霍，

淋漓尽致地活；

随后尘归尘，土归土，我们在尘土之下长眠；

无酒，无歌，无诗人，永不复生！

不过，哈尼先生可没有让旅途"无酒"。"一路上，我喝高杯酒，品长雪茄，"哈尼先生在来信中这样写道，这封信此刻就在我面前，"我品尝各种各样的食物，包括那些号称会让我丧命的奇怪的土特产。我已经好多年没有这样尽情享受生活了！我们在海上遭遇了季风和台风，对胆小的人而言有可能让人送命，但我却从这样的冒险中得到了极大的乐趣。

"我在船上做游戏，唱歌，结交新朋友，半宿不睡觉。邮轮抵达中国和印度的时候，我意识到和东方的贫穷与饥饿相比，我以前在生意中遇到的种种烦恼简直不值一提。我放下了一切无谓的忧虑，身心感觉良好。等我回到美国，我增重了90磅，几乎忘了我患过胃溃疡。我这辈子从来没有感觉这么好过。我当即卖掉棺材，重返工作。从那之后我再也没有生过病。"

当时，厄尔·P.哈尼从没听说过卡里尔先生和他应对忧虑的方法。"但是我现在觉得，"哈尼先生最近告诉我说，"我当时下意识地用了一模一样的法则。我说服自己接受了最坏的情况——对当时的我来说，最坏的结果就是死亡。随后我在这个前提下尝试改善，尽力享受我生命中余下的时间……"他接着说道："如果我上船之后就一直忧虑，我无疑会躺在棺材里回来。但是我彻底放松了身心，完全忘记了忧虑。心灵的安宁让我获得了新生的力量，也正是这种力量救了我的命。"（写作本书时，厄尔·P.哈尼定居于马萨诸塞州温切斯特市韦奇米尔大街52号）

如果威利斯·H.卡里尔用这个神奇法则挽回了一笔价值两万美元的合同，如果一位纽约商人用这个神奇法则让自己在敲诈案中幸免于难，如果厄尔·P.哈尼用这个神奇法则救了自己的性命，那么这个法则会不会也能为你的烦恼找到答案，甚至令你的问题迎刃而解呢？

「原则2：
遇到令你担心焦虑的问题，请按照下面三个步骤，运用威利斯·H.卡里尔的神奇法则。
1. 问问自己："最坏的可能是什么？"
2. 万一发生了最坏情况，做好接受它的心理准备；
3. 冷静地着手改善最坏情况。」

# Section 03
## 忧虑的恶果

不懂得如何战胜忧虑的企业家往往英年早逝。

——亚历克西·卡雷尔博士

不久前的一个晚上,邻居按响我家门铃,提醒我和家人接种天花疫苗。他是纽约市几千名志愿者中的一名。人们惊恐地排队几个小时,等待接种。不仅医院开设了疫苗接种站,连消防队、警察局和工业厂房内都增设了站点。两千多名医护人员日夜奋战,给人们接种疫苗。什么事情引发了这样的骚动?原因是纽约市内有八人染上天花,其中两人不幸身亡。在纽约市将近八百万人口中,死亡数为二。

我在纽约已经住了三十七年,却从未有人按响我家门铃,提醒我警惕忧虑引起的情绪疾病——而就在过去这三十七年间,情绪疾病的杀伤力比天花要严重上万倍。也从来没有任何来访者警告我,全美国每十人当中就有一人经历过精神崩溃,绝大部分是由焦虑和情感冲突诱发的。此刻我写下这个章节,就是为了按响你的门铃,提醒你这一点。

伟大的诺贝尔医学奖获得者亚历克西·卡雷尔博士曾经说过:"不懂得如何战胜忧虑的企业家往往英年早逝。"这一判断同样适用于家庭主妇、兽医和砖瓦工。

几年前，我在假期驾车横越得克萨斯州和新墨西哥州，与我同行的是圣达非铁路公司的医疗主管O.F.戈伯医生，他的头衔全称是海湾地区科罗拉多圣达非医院协会主任医师。当我们聊到忧虑的危害时，他说："如果来看病的患者能够摆脱恐惧和忧虑，那么他们中有百分之七十都能够自愈。不过这并不代表他们的症状是想象的。"他说："他们的病痛和牙痛一样真实，有时甚至严重百倍。患者的症状包括神经性消化不良、胃溃疡、心律不齐、失眠、头痛，还有某些类型的麻痹症。"

"这些病痛都是确实存在的，"戈伯医生说，"我之所以这么肯定，是因为我自己就被胃溃疡困扰了十二年。"

"恐惧引起忧虑，而忧虑让人精神紧绷，进而影响胃部神经。确切地说，忧虑会令胃液分泌紊乱，导致胃溃疡。"

《神经性胃炎》一书的作者约瑟夫·F.蒙塔古医生也表达过同样的看法。他说："胃溃疡的成因不是人们吞食的食物，而是吞噬人们的心事。"

梅约诊所的W.C.阿尔瓦雷斯医生也说过："溃疡通常随着情绪的起伏而发作或平息。"

上述结论是通过严谨的研究得出的。梅约诊所一万五千名胃病患者的病例证实，每五名患者中就有四名的胃病并无生理诱因。精神上的恐惧、忧虑、仇恨、自私，以及面对现实生活没有调整自我的能力，这些才是他们的胃病或胃溃疡的主要诱因。胃溃疡甚至可致命。根据《生活》杂志的报道，胃溃疡在当代绝症中位列第十。

我最近和梅约诊所的哈罗德·C.海必因医生有通信往来。在全美工业界医生协会的年会上，海必因医生报告了他的研究成果。他对一百七十六位平均年龄为四十四点三岁的企业家做了一项调查，发现超过三分之一企业家患有心脏疾病、消化道溃疡或高血压，而这三种疾病都是高强度生活特有的代价。想想看，竟然有多达三分之一的管理者正在以心脏病、溃疡和高血压折磨自己的身体，而他们的平均年龄还不到四十五岁！看看成功的代价有多高吧！这种以胃溃疡和心脏病换来的成功，算得上真正的成功吗？如果失去健康，得到全世界又有什么用？就算真的拥有整个世界，一个人每天也只能睡一张床，吃三顿饭。连开渠的工人都能做到这些，甚至可能比手握重权的企业家睡得更酣，吃得更香。我宁愿在阿拉巴马州当个弹班卓琴的佃农，也不愿意成为四十五岁就开始折寿的铁路大亨或烟草商人。

说到烟草，世界头号烟草商最近在加拿大的森林中休养的时候倒地身亡，死因是心力衰竭。他积累了百万家产，却在六十一岁时就撒手人寰。所谓的"商业成功"大概是用数年生命交换而来的。依我看，这位家财万贯的富豪还不如我父亲的一半成功。我父亲是密苏里州的一位农民，他虽然一文不名，但享年八十九岁。

梅约医院的创始人梅约兄弟说，医院的住院病人有半数以上是神经问题患者。但是在高倍显微镜下观察，这类患者的神经看起来就像杰克·登普西一样健康。他们的"神经问题"并非神经的生理性退变，而是无用、沮丧、焦虑、担忧、恐惧、挫败、绝望等负面情绪造成的。柏拉图曾言："医生犯下的最大错误，是他们努力医治身体，却不尝试医治灵魂；然而灵与肉本为一体，又怎能分开对待！"

医学发展了两千三百年才认识到这一伟大的真理。近期，一门全新的学科——身心医学开始发展。这一学科致力于身体与心理的同步治疗，也该是发展这一学科的时候了。如今医学已经消灭了大部分由细菌引起的可怕疾病，譬如天花、霍乱、黄热病，以及其他将千万人过早送进坟墓的瘟疫。然而对于忧虑、恐惧、仇恨、沮丧和绝望等由情绪而非细菌造成的身心创伤,医学科学却始终无能为力。这类情绪疾病造成的伤亡正以灾难性的速度增加并蔓延。医生认为,当今每二十名美国人当中,就有一名曾在某段时期患上精神疾病。第二次世界大战期间,在应征入伍的年轻男子当中,有六分之一因为精神方面的疾病或缺陷未能通过考核。精神病的成因是什么?没人知道确切答案,但是恐惧和忧虑是大部分病例的主要诱因。在焦虑中煎熬的人们无法应对冷酷的现实世界,自行切断了与周遭环境的一切联系,躲入自己构建的幻梦中,从而再无忧愁。

写作这一章时,我书桌上有一本爱德华·波多尔斯基医生的著作,书名为《战胜忧虑,恢复健康》。这本书的一些章节名称如下:

忧虑对心脏的影响

血压因忧虑升高

忧虑可能引发风湿病

为了你的胃,少担忧一些吧

忧虑如何引起感冒

忧虑与甲状腺

忧虑的糖尿病患者

另一本在忧虑方面颇具启发性的著作是卡尔·门宁格医生的《与自己作对》。门宁格医生也是致力于精神病学研究的梅约兄弟中的一员。门宁格医生在书中揭示了令人震惊的事实——当人们任由消极情绪主宰生活时,就会毁了自己。如果你不想再同自己作对,就请读一读这本书,并把它分享给你的朋友们。这本书售价只有四美元,但它将成为你一生最好的投资之一。

就连最坚强的人，也会因忧虑患病。在内战将近结束的时候，格兰特将军意识到了这一点。故事是这样的：当时，格兰特将军围攻里士满整整几个月。李将军的部队衣衫褴褛，弹尽粮绝，已经濒临覆灭。士兵开始整团整团地叛逃，剩余的士兵则聚在帐篷里一起祈祷。他们呼号，哭泣，眼前出现幻象。一切将要结束。李将军的士兵纵火点燃里士满的棉花和烟草仓库，并且烧毁了兵工厂。黑暗的深夜里，火光冲天而起，士兵趁乱弃城而逃。格兰特全力追击，三面包抄，不断向联盟军开火。谢里丹的骑兵则一马当先，切断铁路线，拦截供给车，从正面围捕联盟军。

格兰特当时因剧烈头痛几乎半盲，远远落在部队后面，只好在一间农舍前停下了脚步。他在回忆录中记述道："我整晚用热水和芥末浸泡双足，把芥末药膏敷在手腕和后颈上，祈盼早上能够康复。"

第二天早晨，他果然痊愈了。不过治愈他的并不是芥末药膏，而是骑兵快马加鞭送来的李将军的降书。

"当信使找到我的时候，"格兰特写道，"我正在忍受头痛的折磨。但一看到信的内容，我的病就全好了。"

显然，格兰特的忧虑和紧张造成了身体不适。一旦他找回信心，因成功和胜利而情绪高涨，他就立即痊愈了。

七十年后，担任罗斯福总统内阁财政部部长的小亨利·摩根索也发觉，忧虑令他产生眩晕。当总统下令在一天内购入四百四十万蒲式耳小麦以提高小麦价格的时候，摩根索陷入极度忧虑，并在日记中记录了这件事："事情发生时，我真真切切地感到头晕眼花。我回到家中，用过午餐之后昏睡了两个小时。"

如果我想看看忧虑对人们产生的影响，我不用查资料或是问医生，只需在写作的间歇抬头向窗外看看。不出一个街区，就有邻居因焦虑而精神崩溃，也有邻居因担忧诱发糖尿病——每当股市下跌的时候，他的血糖就会上升。

著名的法国哲学家蒙田曾被选为家乡波尔多的市长。他对他的同胞们说："我愿用我的双手而不是五脏六腑处理你们的问题。"

而我那位邻居却用血管处理股市问题，并差点儿为此送命。

忧虑有可能引发风湿和关节炎，甚至让人因此坐上轮椅。在研究关节炎方面，康奈尔大学医学院的拉瑟尔·塞西医生是世界公认的权威。下面是他列出的四种最常见的关节炎诱因：

1. 婚姻触礁；
2. 财务危机；
3. 孤独及忧虑；
4. 长期不满。

当然，关节炎及其成因复杂多样，这四种情绪状况不是导致关节炎的唯一原因，但的确是常见原因。举例来说，在大萧条时期，我的一位朋友遭遇经济重创，煤气公司切断了他家的煤气，银行也提前终止了抵押房产的赎回权。于是他的妻子突然患上了关节炎，承受了极大痛苦。尽管她坚持服药并且注重饮食，但还是直到他们的经济状况缓和下来，她的病情才真正有所好转。

忧虑甚至会造成龋齿。威廉·I.L.麦戈尼格尔医生在美国牙科协会上演讲时提道："担忧、恐惧、抱怨等负面情绪有可能打乱人体的钙平衡，进而导致龋齿。"麦戈尼格尔医生讲述了他的一位患者的经历。这位患者的牙齿状况一直良好，但当他妻子突然患病时，他担心不已，在妻子住院的三周内产生了九个龋洞——这些蛀牙正是忧虑导致的。

你是否见过甲状腺分泌异常活跃的人？我见过，并且我可以告诉你，他们的身体控制不住地颤抖，看起来就像是被什么事情吓得半死——这基本就是甲状腺分泌过剩的症状。甲状腺是调节内分泌的腺体，一旦失去平衡，人就会心跳加快，整个身体全速运转，就像是所有出风口都大开着的熔炉。如果不通过手术或治疗控制这种状况，受害者可能会因衰竭而亡。

不久前，我陪一位身患甲状腺疾病的朋友去费城求诊。那位医生是知名专家，三十八年来一直致力于治疗甲状腺方面的疾病。不妨猜猜看，他的候诊室里挂着怎样的标语？为了让所有患者都能注意到，他把这则标语写在大木牌上，我等候时把这段话抄在了信封背后：

放松和休养
最能让人放松的休养方式，是合理的信仰、睡眠、音乐与欢笑。
相信上帝，学会安睡，热爱音乐，看到生活有趣的那一面，健康与幸福就会属于你。

见到我朋友后，他问的第一个问题是："你有什么情绪困扰吗？"他告诫我的朋友，如果他不战胜忧虑，有可能引起心脏病、胃炎或糖尿病等其他并发症。"这些疾病是相互关联的近亲。"这位名医说道。没错，它们是近亲——全部都是忧虑引发的疾病！

我采访好莱坞明星默尔·奥伯伦的时候，她告诉我说她从不担忧，因为她知道忧虑会毁掉她在电影行业的本钱——她的美丽容貌。

"一开始在电影圈闯荡的时候,"她说,"我很担心,也很害怕。那时我刚从印度来到伦敦找工作,一个人都不认识。我见了一些制片人,但没人愿意雇用我,仅有的一点儿积蓄也快用光了。后来的两周,我靠一点儿饼干和水勉强充饥,整日忧心忡忡,还饿着肚子。我对自己说:'你这个傻瓜大概永远也入不了电影的门。你连一点儿表演经验都没有,除了一张还算漂亮的脸蛋,还有什么资本呢?'

"我走到镜子前,望着镜中的自己,突然发觉忧虑对我容貌的改变。我看着忧愁引起的皱纹和自己焦虑的表情,告诉自己说:'你必须立刻战胜忧虑!你根本没资格担忧。你唯一能拿得出手的也就是外表了,而忧虑会毁了它!'"

没有任何事比忧虑更能让女人迅速衰老,变得刻薄,甚至毁掉她的容貌。忧虑让人们表情僵硬,下颌紧绷,脸上皱纹密布;忧虑让人们愁眉苦脸,头发花白,甚至造成头发脱落。忧虑影响气色,可能诱发各种皮炎、丘疹甚至面疱。

心脏病是当今美国头号杀手。第二次世界大战期间,约有三十万士兵战死沙场,然而同一时期,被心脏病夺去生命的人数高达两百万,其中有半数是因忧虑和压力诱发的心脏病。也正是因为心脏病,亚历克西·卡雷尔医生才得出本章开端的这一结论:"不懂得如何战胜忧虑的企业家往往英年早逝。"

美国南部的黑人和中国人几乎极少患上因忧虑引发的心脏疾病,因为他们总是淡然处世。而医生由于生活节奏紧张,因心力衰竭死亡的人数是农民的二十倍。"上帝或许会宽恕我们的罪,"威廉·詹姆斯说,"但我们的神经系统不会。"

一个几乎令人难以置信的惊人事实:在美国,每年因自杀而亡的人数比因常见的五种传染病丧生的人数还多。

为什么？答案通常是忧虑。

残忍的军阀折磨囚犯的时候，会把囚犯的手脚绑起来，在他们头顶放一个滴水的袋子。水日夜不停地滴答、滴答、滴答，一滴滴地落在囚犯头上，最终这声音听起来就像一记记重锤，会把人逼疯。

忧虑就像是不停滴答、滴答、滴答的水珠，而正是忧虑的滴答、滴答、滴答最终使人精神错乱，甚至走向自杀。

当我还是密苏里州乡下的少年时，福音传道者比利·桑迪描述的后世的地狱之火把我吓得半死。但是他从未提到人们现世的忧虑会导致如地狱之火一样可怕的病痛。譬如说，如果你长期忧虑，很可能某天会患上折磨人的心绞痛。

这种病会让你痛苦地叫嚷，呻吟声使但丁笔下的地狱听上去就像是玩具城历险记。那时你会对自己说："上帝啊上帝，如果我能好起来，我再也不会为任何事忧虑了！"（如果你觉得我是在夸大其词，不妨去问问你的家庭医生）

你热爱生活吗？你想健康长寿吗？秘诀就是亚历克西·卡雷尔医生的另一句名言。他说："置身于现代化城市的喧嚣之中，只有内心平静的人们才能对神经疾病免疫。"

置身于现代化城市的喧嚣之中，你能做到保持内心的平静吗？如果你是正常人，那么答案一定是"可以"，"绝对可以"。大多数人都比自己想象的更坚强。我们拥有许多尚未开启的内在力量。正如梭罗在他的不朽名著《瓦尔登湖》中所述：

我所知道的最激励人心的事实，是人们有能力通过主观的努力改善生活……如果一个人充满信心地向着梦想前进，努力要过上他向往的生活，就会取得意想不到的成功。

毋庸置疑，本书的读者一定像奥尔加·K.查维那样深具意志力与潜力。查维住在爱达荷州科达伦892号。她发现，即使是在最悲惨的境况下，她都有能力赶走忧虑。我坚信，如果我们能够把本书中讨论的真理付诸实践，你我也一样可以做到。奥尔加·K.查维在来信中讲述了她的故事："八年半以前，我被诊断为癌症，即将缓慢又痛苦地走向死亡。全美最好的医学专家梅约兄弟也确诊我患有不治之症。我站在绝路上，眼看着人生的终点一步步逼近。我还很年轻，我不想死啊！走投无路中，我给住在凯洛格的医生打电话，大声哭诉内心深处的绝望。他几乎是不耐烦地训斥我说：'怎么了，奥尔加，你就一点儿斗志都没有吗？没错，如果你再这样哭下去你就会死。没错，最坏的情况发生在你身上了。那么从现在开始正视现实吧！战胜忧虑，想办法做些什么！'从那一刻起，我在心里狠狠立了誓，我的指甲嵌入肉里，一阵寒意流过后脊。'我不会再忧虑，我不会再哭泣！如果再有任何情绪想要控制我，我一定要战胜它！我要活下去！'

"在这类晚期病例上，医生不能用镭射线，通常是每天接受10分半钟X射线治疗，连续三十天。而我却连续四十九天每天照14分半钟X射线。尽管我日渐衰弱，瘦骨嶙峋，双脚像灌了铅一样，但我再也没有忧虑，再也没有流泪。我微笑着面对这一切。即使笑不出来，也强迫自己微笑面对。

"我当然没有傻到以为只要笑就能治愈癌症，但是我确实相信积极的心态能够帮助身体抵抗疾病。最终，癌症奇迹般地治愈了。这几年，我的健康状况前所未有地好。这多亏了麦卡弗里医生激励我的那些话：'正视现实，战胜忧虑，想办法做些什么！'"

我想再度以开篇亚历克西·卡雷尔医生的话语结束本章："不知道如何战胜忧虑的企业家往往英年早逝。"

我想把这一章开篇的这句话印刻在每位读者的心里："不懂得如何战胜忧虑的企业家往往英年早逝。"

卡雷尔医生的这句话，是否正是说给你听的呢？很有可能。

「第一部分小结」

原则1：若想避免忧虑，请学习威廉·奥泽尔爵士的方法，活在"今天"这个舱室中。不要为明天烦恼，只要把当下活到淋漓尽致。

原则2：被忧虑逼到墙角的时候，请按照下面三个步骤，运用威利斯·H.卡里尔的神奇法则。

   ① 问问自己："最坏的可能是什么？"

   ② 万一发生了最坏情况，做好接受它的心理准备。

   ③ 冷静地着手改进最坏情况。

原则3：提醒自己，为了烦恼付出健康的代价是不划算的。"不知道如何战胜忧虑的企业家往往英年早逝。"

# Chapter 02
Basic Techniques in Analysing Worry

# 分析忧虑的基本技巧

# Section 04
## 如何分析并解决烦恼

六位忠臣伴我左右（我所知道的一切皆源自他们），
他们的名字是：什么、为何、何时、如何、何地及何人。

——鲁迪亚德·吉卜林

在第二章中，我们介绍了威利斯·H.卡里尔的神奇法则。它能化解世上的一切忧虑吗？当然不能。那该如何应对不同的忧虑呢？答案就是我们应当学会分析问题的三个基本步骤。这三个步骤是：

1. 了解情况；

2. 分析情况；

3. 做出决策，并依照决策采取行动。

很简明扼要吧？当然，这是亚里士多德使用并传授给我们的方法。若想解决眼前的烦恼，不让这些问题像地狱一样日夜折磨我们，那么我们也应当学会使用这一方法。

让我们先来看看第一个原则：了解情况。为什么了解情况这么重要？因为如果连发生了什么都摸不着头脑，就不可能明智地解决问题。不了解事实，我们就只能困惑地原地打转。这是我的理论吗？不，这是赫伯特·E.霍克斯先生的见解。他曾经在哥伦比亚大学哥伦比亚学院担任了二十二年院长，帮助二十万名学生解决了他们的困扰。他告诉我"困惑是忧虑的主要成因"。他是这样说的："世界上有一半的烦恼，都是源于人们尚未充分了解问题就试图做出决定。举例来说，如果我下周二下午三点要面对某个问题，下周二到来之前我不会尝试做任何决策，而是会集中精力了解一切与这个问题相关的事实。我不会忧虑，不会被问题绑架，更不会睡不好觉。我只是尽力去了解情况。等周二到来的时候，如果我对事实了如指掌，那么问题的答案自会浮现。"

我问霍克斯院长，这是否意味着他已经彻底战胜了忧虑。"是的，"他说，"我想我可以公正地说，现在我的生活中几乎完全没有忧虑。"他又接着补充道："我发现，如果人们把时间用于弄清客观事实，那么忧虑将在知识之光的照射下烟消云散。"

请让我再次强调这句金玉良言："如果人们把时间用于弄清客观事实，那么忧虑将在知识之光的照射下烟消云散。"

可是我们大部分人是怎么做的呢？托马斯·爱迪生曾经严肃地指出："为了逃避思考的辛苦，人类总是诉之于权宜之计。"一提到弄清事实，我们就像猎犬一样沿着我们预设的主观立场追寻，而忽略其他客观事实。我们只要那些与我们的行为相符的事实——那些顺应我们的心意，为我们的偏见辩护的事实！

诚如安德烈·莫鲁瓦所言："一切与我们个人的欲望相符的事都像是真理，而一切相悖的事都让我们暴跳如雷。"

难怪找出问题的答案这么困难！如果我们坚持认为"2+2=5"，那么在这样的前提下，又怎么可能解得出小学二年级的数学题？然而世界上却有这么多人坚称"2+2=5"，甚至"2+2=500"，因此让自己和别人的生活都不好过。

那应该怎样做呢？我们必须避免思考被情感左右，并且像霍克斯院长说的那样，确保以客观公正的态度了解事实。

当我们陷入忧虑时，这并不容易做到。忧虑的时候，我们的情绪占了上风。不过我发现有两个方法能够帮助自己暂时跳出问题，更加客观地看清事实。

第一，追寻事实时，我会假装自己正在为其他人收集信息，而不是为我自己。这样做能够帮助我以冷静公正的视角判断事实，摆脱情绪的干扰。

第二，搜集问题相关信息时，我有时会假装自己是反方辩护律师。换句话说，我试着找出所有与我自己的想法相反的事实，也就是那些与我的愿望相悖或是我不想面对的事实。然后我把问题的正反两个方面都写下来，通常真理就在两个极端中间。

我想要说明的是，无论你我，还是爱因斯坦或美国最高法院，面对问题都不够聪明，无法在不了解事实的情况下做出明智的决策。托马斯·爱迪生深知这一点。他离世时身后留下了两千五百个笔记本，里面记满了与他面对的问题相关的事实。

因此，解决问题的第一个原则就是了解事实。让我们效仿霍克斯院长，在没有客观公正地了解事实之前，先不要着手解决问题。

然而，如果只了解情况而不做分析和解读，即使掌握了全世界的事实，对我们也毫无帮助。

我付出了很大代价才得到这个教训——把事实写下来更容易分析。把问题阐述清楚，并将相关事实写在纸上，这个过程本身就有助于得出结论。正如查尔斯·凯特灵所言："充分阐述问题，问题就解决了一半。"

中国人有句话叫"百闻不如一见"，那么就让我们一起看看一个人是如何把上述方法转化为具体行动的。

这个故事的主人公名叫加林·利奇菲尔德。我认识他好些年了，他是远东地区最成功的美国商人之一。1942年，日本人入侵上海时，利奇菲尔德正在中国。有一天，他和另一位客人到我家做客的时候，他向我们讲述了这段往事：

"日本偷袭珍珠港后不久，"加林·利奇菲尔德说道，"又涌入上海。当时我是亚洲人寿保险公司驻上海的经理，日本人派来一个'军队清算人'——实际上他是个侵略者——并命令我协助他清算公司资产。当时我别无选择。我可以合作，也可以不合作，但不合作无疑等同于送死。

"我不得不按命令行事，不过把清单交给那个日本军官的时候，我故意漏报了一笔价值七十五万美元的保险费，因为这笔钱属于我们的香港公司，与上海公司的资产无关。但是我仍然很担心，如果被日本人发现我做的手脚，我就有大麻烦了。果然，他们很快发现了。

"被他们发现漏报资产的时候我不在公司，但会计主管在场。他告诉我那个日本军官勃然大怒，跺着脚大骂我是小偷和叛徒。我违抗了日军——我也知道这意味着什么——我会被扔进桥厦的！

"桥厦是日本盖世太保的酷刑室。我以前有好几个朋友宁愿自杀也不愿被关进那个监狱，还有朋友经受了十天拷问和折磨之后死在那里了。现在轮到我被送进桥厦了！

"我该怎么办？周日下午一得知这个消息，我就胆战心惊。如果我没有掌握解决问题的技巧，我大概已经被吓死了。多年来我有个习惯，每当我陷入忧虑的时候，总会用打字机打出两个问题和它们的答案：

"1. 我在担心什么？

"2. 我能做些什么？

"我以前不习惯把问题写下来,但是几年前我意识到,把问题和答案写下来的过程能够帮助自己理清思路。因此,那个周日下午,我回到位于上海基督教青年会的住所,拿出打字机,开始敲字:'一、我在担心什么?我担心明天一早会被扔进桥厦大牢。'接着,我又打出第二个问题:'我能做些什么?'我花了几个小时思考,写下了我可以采取的四个行动,以及每个方案的潜在后果:

"1. 我可以向那个日本军官解释缘由。但他说过'不许说英语'。如果我通过翻译向他解释,很可能会再次激怒他。而激怒他就意味着送死,以他的残暴,很可能不听我说就直接把我扔进监狱。

"2. 我可以试着逃跑。但这不可能,他们一直监视我的行踪。我进出基督教青年会的时候都要登记,如果我逃跑,很可能会被抓住枪毙。

"3. 我可以躲在房间里,不回公司。但如果这样,日本军官可能会产生怀疑,派兵把我关进监狱,不给我任何解释机会。

"4. 我可以周一早上照常上班。这样一来,有可能日本军官太忙,没空纠缠我的事情。就算他想起来了,也有可能已经冷静下来,不来找我麻烦。如果真是这样,那我就安全了。就算他真来找我,我也尚有解释的机会。这样一想,照常去办公室并且装作什么事情都没有发生,会让我获得两个脱险的机会。

"我一考虑清楚,就立即决定采取第四个方案,周一一早像平时一样去公司。做出决策后,我立刻释然了许多。

"第二天早晨,我走进办公室的时候,日本军官正叼着烟坐在那儿。他照例对我怒目而视,但什么都没说。六周之后——谢天谢地——他被调回东京,我也松了一口气。

"那个周日下午,我坐下来写出所有可能的方案及后果,进而冷静地得出结论,就这样救了自己一命。如果我当时没有这样做,很可能会自乱阵脚,犹豫不决,在一时冲动下做傻事。如果不是彻底思考问题并做出决定,我很可能整个周日下午都心乱如麻,整晚睡不着觉。如果是那样,我周一一早晨去公司的时候就会看起来很疲倦很焦虑,单单这一点就很可能引起日本军官的怀疑,刺激他采取行动。

"经验一次次证明果断做出决策的巨大价值。如果人们找不到确定的目标,无法从令人恼火的死循环中走出来,就很容易精神崩溃,走入人间炼狱。我发现,一旦自己做出明确的决定,50%的忧虑会烟消云散;一旦我开始执行计划,另外40%也会消失不见。因此,我通过下述四个步骤摆脱了90%的忧虑:

"1. 清晰地写出我在担心的事情;

"2. 写出我能做些什么;

"3. 决定应当怎么做;

"4. 立即按照决策执行。"

加林·利奇菲尔德现在是斯塔尔、派克与弗里曼有限公司的远东地区总裁,负责大型保险及金融权益,在纽约约翰大街3号工作。事实上,正如我之前所言,他已成为亚洲最成功的美国商人之一。他向我坦陈,他的成功很大程度上要归功于这一分析并且正视忧虑的方法。

他的方法为什么值得推崇呢?因为它有效、具体,直指问题核心。此外,其中第三个步骤是整个方法的重中之重:做些什么。

除非最终付诸行动,否则任何分析都是浪费精力。

心理学之父威廉·詹姆斯曾经说过:"一旦做出决定并且把执行提上日程,就把其他职责抛到一边,也不要在意结果。"威廉·詹姆斯所说的"在意"也就是"担心"。他的意思是,一旦你基于事实做出了谨慎的决定,就立即采取行动,不要再左思右想。不要停下脚步,踌躇不定；不要在自我怀疑中迷失自己；不要不停地回头看。

韦特·菲利普斯是俄克拉荷马州最著名的石油商人。我曾经问过他如何执行决策，他回答说："我发现如果对问题的思考超过一定限度，就会引发困惑和忧虑。到某个时间点，再多调查和思考反而变得有害。到那个时候，我们必须决定、行动，并且永不回头。"

「不妨试着运用加林·利奇菲尔德的方法，按照下述步骤，解决你眼下的某件烦心事。

问题一：我在担心什么？

问题二：我能做些什么？

问题三：我将采取哪些步骤？

问题四：什么时候开始付诸实践？」

# Section 05
## 如何将生意上的烦恼减少一半

如果你是商界人士,看到这个标题可能会暗想:"这标题起得可真荒唐,我做生意做了十九年,懂得不比任何人少。居然有人想指点我如何把生意上的烦恼减少一半,简直太可笑了!"

这种想法并没有错。如果我几年前看到这样的标题,一定也会有相同的感想。这种标题口气太大,而承诺总是廉价的。

开诚布公地说,我可能的确没有能力帮助你减少50%的商业烦恼——归根结底,除了你自己,没人能代替你做到这一点。我能做到的,是把其他人的经验分享给你,剩下的就看你自己了。

你大概还记得,在本书的第21页,我引用了亚历克西·卡雷尔医生的名言:"不懂得如何战胜忧虑的企业家往往英年早逝。"

既然忧虑有如此严重的后果,那么假如我能帮你减少哪怕10%的烦恼,你是不是也会很高兴?如果是这样,那就太好了。接下来我想同你分享一位企业家的经历。他不仅减少了50%的忧虑,还减少了75%开会讨论的时间。

这个故事可不是来自"隔壁某某"或"我在俄亥俄州认识的某个人"这类无据可查的含糊故事。这个故事的主角是一个真实人物——利昂·希姆金,他是全美最佳出版公司西蒙与舒斯特的合伙人兼总经理，公司位于纽约市洛克菲勒中心。

下面就是利昂·希姆金讲述的亲身经历：

"十五年来，我几乎每天都要把一半时间花在开会讨论问题上——我们究竟应该这样做、那样做，还是什么都不做？会议室里气氛紧张，人们或是坐如针毡，或是在房间里踱来踱去，争论不休，来回兜圈子。每天晚上我都精疲力竭。我觉得我这辈子都会在这样无休止的重复中度过。我已经这样做了十五年，而从未想到过更好的做事方法。如果之前有人告诉我能够在这些令人焦虑的会议上节约四分之三的时间，进而消除四分之三的精神压力，我一定会认为他是个激进又盲目乐观的空想家。然而我自己却找出了能实现这一点的方法。到现在，这个方法我已经用了八年。它为我的效率、健康和幸福创造了奇迹。

"听起来很像是戏法——但就像所有戏法一样，一旦你知道它的手法，就会觉得再简单不过了。诀窍是这样的：首先，我立刻停用了十五年来的会议程序。原本的程序是这样的，遇到问题的同事会向我汇报全部细节，然后问我该怎么做。而现在我规定所有来找我讨论问题的人都必须先提交书面报告，回答这四个问题：

"1. 问题是什么？（过去我们总习惯开会讨论，往往焦虑地讨论了一两个小时都还不清楚真正的问题是什么。我们唇枪舌剑地争论遇到的麻烦，却懒得把具体问题写下来。）

"2. 问题的成因是什么？（回顾我的职业生涯，我很惊讶自己竟然浪费了那么多时间开会，却没有试着弄清问题的根基。）

"3. 有哪些可能的解决方法？（过去开会的时候，一有人提出解决办法，就会有其他人跳出来反驳，以至于火药味越来越浓，最终离题万里。而会议结束后也没人把讨论中提到的方法写下来。）

"4. 你建议采用何种方法？（以前同事来找我开会的时候，往往已经焦虑了好几个小时,却还原地兜圈子。他们从来没有认真思考过可能的解决方式,更不会写出'我建议采取这样的措施'。)

"现在,我的同事很少再带着问题来找我。为什么?因为他们发现要想回答这四个问题,他们必须先深入了解事实,并且认真思考他们的问题。一旦这样做了,他们会发现在四分之三的情况下,他们完全不用再来咨询我。答案会自行浮现,就像烤好的面包片从面包机里弹出来一样。就算需要磋商,会议也只会花费之前三分之一的时间,因为讨论会有条不紊地依照逻辑进行,进而导向合理的结论。

"现在公司内部消耗的时间要少多了。我们不再浪费时间忧心忡忡或是争论哪里出了错,而是采取行动让事情走上正轨。"

我的朋友弗兰克·贝特格是美国保险行业的精英人才。他说他用类似的方法减少了工作烦恼,还让收入翻了一番。

弗兰克·贝特格说:"几年前我刚开始做保险这一行的时候,对工作充满了激情。但后来发生了一些事,让我灰心丧气,开始看不起我的工作,甚至想过放弃。如果不是那个周六早晨,我突然想到坐下来写出我忧虑的根源,我想我可能真的就放弃了。

"那天早晨,我先问自己:'到底是什么问题?'我当时面临的问题是,虽然拜访了大量客户,却没有得到足够回报。我很善于挖掘潜在客户,但无法成功做成业务。客户总会说:'我再考虑考虑,贝特格先生,改天再来吧。'一次次后续拜访浪费的时间让我觉得很沮丧。

"我又问我自己:'有什么可行的解决方案吗?'要找到这个问题的答案,我必须先研究目前的状况。我拿出记录簿,开始研究过去一年的数据。从白纸黑字的记录上,我吃惊地发现,70%的销售是我在初次拜访客户的时候达成的,另有23%的业务是第二次拜访时谈成的。多次拜访之后达成的交易仅有7%,但正是这些业务让我狠狠不堪，占据了我大量时间。换句话说，我浪费了一半工作时间在这区区7%的业务上！

"问题的答案是什么呢？显而易见，我应当立刻取消所有二度以上的拜访计划，把省下来的时间用于开发新客户。结果令人难以置信，在很短的时间内，我创造的业绩将近翻了一番。"

正如我先前提到的，弗兰克·贝特格现在是全美首屈一指的人寿保险销售员。如今他在费城的富达共同基金工作，每年制定的企业策略价值百万美元。而他曾一度想要放弃这份工作。在他正要向挫折缴械投降的时候，分析问题的方法成为他成功之路上的助推器。

「当你在工作上遇到烦恼的时候，不妨试着问问自己下述几个问题，看看这些问题能否帮助你减少一半烦恼。

1. 问题是什么？
2. 问题的成因是什么？
3. 有哪些措施有可能解决这个问题？
4. 你建议采取何种措施？」

「第二部分小结」

原则1：了解事实。请记住，哥伦比亚大学的霍克斯院长曾经说过："世界上有一半的烦恼，都是源于人们尚未充分了解问题就试图做出决定。"

原则2：认真评估事实，谨慎做出决策。

原则3：一旦做出决策，就立即行动吧！专注执行决策，不要为结果担忧。

原则4：当你或同事遇到烦恼的时候，不妨把问题写下来，然后问自己下述问题：

① 问题是什么？

② 问题的成因是什么？

③ 有哪些措施有可能解决这个问题？

④ 你建议采取何种措施？

# Chapter 03
How to Break the Worry Habit before It Breaks You

## 打破忧虑的习惯

# Section 06
## 把忧虑赶出脑海

我永远忘不了几年前的那个夜晚，学生马里恩·J. 道格拉斯在我的成人教育课堂上讲述的亲身经历（应本人要求，此处为化名）。他告诉我们，他的家庭接连承受了两次灭顶之灾。他先是失去了他深爱的五岁女儿，这让他和妻子陷入深深的悲恸。十个月后，上帝赐予了他们第二个小女孩，但她只在世界上活了五天。

两次丧亲之痛令人难以承受。这位父亲对我们说："我无法接受现实，吃不下饭，睡不着觉，精神无法放松。我的内心在颤抖，失去了对人生的信心。"他不得不去医院看医生，一位医生给他开了安眠药，而另一位建议他出去走走。

这两种方法他都试了，但丝毫没有奏效。他说："我感觉身体就像是被老虎钳紧紧钳住，钳子越收越紧。"这是悲痛的张力。如果你也曾因伤心事陷入无力，你会懂得他的感受。

"但是感谢上帝，我还有一个孩子，一个四岁的儿子。他给了我问题的答案。那天下午，我正沉浸在悲痛中不能自已，他问我：'爸爸，你可以给我造一艘船吗？'我哪有心情给他做船。事实上，我没有心情做任何事。但我儿子是个很执着的小家伙，我只得答应了他。

"造那艘玩具船花了我三个小时。完工的那一刻我突然意识到，这三个小时竟是我数月以来第一次感到平静的时刻!

"这个发现令我从低迷中惊醒,也让我几个月以来第一次找回了思考的能力。我意识到当人们专注于需要计划和思考的事情时,就顾不上再去忧虑了。以我为例,造玩具船这件事把忧虑从我的脑海中赶走了。于是我决定让自己忙起来。

"第二天晚上,我一个房间一个房间地仔细检查,列出一系列需要做的工作。有好些物件需要修补,包括书架、台阶、防风窗、百叶窗、门把手、锁、漏水的龙头等。说来吃惊,我在两周内列出了两百四十二项需要维护的物件。

"过去的两年间,我完成了列表上的大部分工作。此外,我还在生活中排满了富有激励性的活动。每周我都去纽约参加两次成人教育课程。我还积极参与家乡的社会活动,现在我是教育委员会的主席。我参加各类会议,帮忙为红十字会和其他活动募资。如今我的生活非常忙碌,没有时间忧虑。"

"没有时间忧虑",温斯顿·丘吉尔也说过同样的话。战争白热化的时候,他每天要工作十八个小时。人们问他,肩负的巨大的责任是否让他感到忧虑,他这样回答:"我太忙了,没有时间忧虑!"

查尔斯·凯特灵当初发明汽车电子启动器的时候也曾陷入困境。凯特灵先生曾是通用汽车的副总裁,主管世界知名的通用汽车研究公司,不久前刚刚退休。但在刚起步的时候,他穷得只能把牲畜用的干草棚当作实验室,一家人的衣食用度全靠妻子教钢琴挣来的一千五百美元。后来,他不得不用人寿保险做抵押,借了五百美元。我问他的妻子是否担心。"当然担心啊,"她回答说,"那时候我愁得整晚睡不着觉。但是凯特灵先生一点儿也不担心。他工作得太投入,顾不上忧虑。"

伟大的科学家巴斯德曾提到他"在图书馆和实验室中找到了宁

静"。为什么在这些地方可以找到宁静？因为在这些地方工作的人们通常沉浸于手上的工作，无暇顾及自我。研究员极少有精神崩溃的时候，他们可没时间做这么奢侈的事情。

为什么"保持忙碌"这么简单的行为能够赶走焦虑？因为它符合心理学揭示的一个基本规律：无论多聪明的人，都无法同时思考多件事。你不相信吗？那就让我们一起来做个实验吧。

请靠着椅背，闭上双眼，试着同时想象自由女神像和你明天要做的事情。（请继续，试试看）

你有没有发现，你可以轮流想其中一件事，却无法同时想这两件事？这一现象在情绪上同样成立。我们不可能一边热情洋溢地做一件令人兴奋的事，一边因忧虑而感到沮丧，二者无法同时发生，一种情绪会赶走另一种。而正是这个简单的发现令随军心理医生在战争期间创造了奇迹。

走下战场的士兵们因为饱受战争刺激而被当作"精神病患者"的时候，军队医生开出的药方是"让他们忙碌起来"。医护人员为这些精神上受到打击的男人醒着的每一秒都安排了活动，通常是钓鱼、打猎、打球、高尔夫、摄影、园艺、跳舞等户外活动，让他们没有时间再去回顾战场上的可怕的经历。

当代精神病学领域用"职业疗法"这一术语来形容这种疗法，并把"工作"当作一剂药写进处方。但这并不是新鲜事，古希腊的医生在公元前500年就提倡这种方法了。

在本·富兰克林时代，费城的贵格会教友也应用了同样的方法。1774年，一位拜访教会疗养院的游客惊讶地看到，患有精神疾病的病人正忙着用亚麻纺纱。他以为这些不幸的可怜人被教会剥削了，教友解释说他们发现轻体力活能够令患者的病情有所好转，并且帮助他们紧绷的神经放松下来。

心理学家公认，对于受到心理创伤的患者，保持工作忙碌是最好的麻醉剂。诗人亨利·沃兹沃思·朗费罗在承受丧妻之痛的时候发现了这一点。那日，他年轻的妻子在熔化封蜡的时候，不小心引燃了衣服。听到妻子的哭喊，朗费罗赶忙冲过去救她，但是妻子最终不幸罹难。那惨烈的景象折磨着朗费罗，让他几乎崩溃。但不幸中的万幸，他还有三个年幼的孩子需要照顾。他怀着悲痛的心情担起为人父母的责任，带孩子们散步，给他们讲故事，陪他们做游戏，并在诗篇《孩子们的时光》中永远地记录下这段相依为命的生活。他还翻译了但丁的作品。忙碌的工作令他忘了自己，重拾心灵的安宁。正如诗人坦尼森在失去挚友亚瑟·哈勒姆时曾经说过的："我在忙碌中忘记自我，才能避免在绝望中凋零。"

人们在埋头工作的时候，基本都能做到"在忙碌中忘记自我"。然而工作之余的时间才是最危险的。下班后的时光本应无忧无虑地享受幸福生活，却反而常常遭到忧虑的袭击。正是在这些闲暇的时刻，我们会疑虑自己的事业能否有所成就，生活是否已经成为一潭死水；我们会琢磨老板今天说过的话究竟有何深意，或是忍不住想自己的秃顶还有没有救。

人们闲下来的时候，思维接近于真空。学过物理学的人都懂得，"大自然厌恶真空"。生活中最接近真空的大概是白炽灯泡的内部，一旦灯泡碎裂，理论上的真空会立刻被自然中的空气填满。

大自然同样急于填满思想的真空。用什么呢？通常是用情绪。为什么？因为忧虑、恐惧、仇恨、猜忌、嫉妒等种种情绪由蛮荒丛林中的原始本能激发，这些情绪简单粗暴，会将一切平和愉快的情感从我们心中驱逐出去。

哥伦比亚市教育学院的教育学教授詹姆斯·L.穆塞尔把这一点诠释得很清楚。他说："忧虑袭来的时候往往并不是当你有事要做的时候，而是当一天的工作结束的时候。那时，你思虑万千，极尽想象之能事，提出所有荒诞的可能性，夸大每一个细微错误。你的心绪就像空驶的汽车，在路上狂奔，威胁要把轴承耗尽，甚至把自己撕成碎片。而治疗忧虑的方法是让自己全心投入建设性的工作。"

要想发现这个真理并付诸实践，不用非得是大学教授。战争期间，我结识了一位来自芝加哥的家庭主妇。她同样认识到"治疗忧虑的方法是让自己全心投入建设性的工作"，并告诉了我她发现这一真理的过程。当时我正要从纽约回密苏里州的农场，在餐车上邂逅了这位女士和她的丈夫（抱歉我没有询问他们的姓名——为了供您验证事例的真实性，我通常会在叙述时提供姓名和住址）。

这位女士告诉我，他们的儿子在珍珠港事件第二天加入了美军。她日夜牵挂独子，几乎毁掉了自己的健康。儿子现在在哪里？他是否安全？是否正在战斗？他会不会受伤？会不会死？我问她是如何走出忧虑的，她回答说："我让自己忙起来。"她告诉我，她先是辞退了家里的帮佣，自己操持所有家务，借此让自己保持忙碌。但这并没有起太大作用。她说："问题在于我做家务的时候几乎是机械式的，完全不用思考。所以我一边做家务一边还是很担心儿子。当我整理床铺、洗碗碟的时候，我突然意识到我需要一份不同的工作，让我从早到晚都能沉浸其中。于是我去一个大型百货公司应聘售货员。"

"这份工作满足了这一点，"她说，"我立刻忙得不可开交。顾客挤在我身边询问价格、尺码和颜色。除了眼前的工作，我没有一秒钟时间思考任何事情。而晚上下班的时候，我脑海中唯一的一件事就是赶快解放酸痛的双脚，好好休息一下。一用过晚餐，我倒头便睡，再也没有时间或精力去担心了。"

这位女士的发现与约翰·考柏·波伊斯不谋而合。约翰·考柏·波伊斯在他的著作《忘却烦忧的艺术》中曾言:"当人类这种生物沉浸在自己的工作中,舒适的安全感、内心深处的平静以及忘我的快乐共同抚慰着他们的神经。"

这是多么大的恩赐啊!全球最著名的女性探险家奥萨·约翰逊最近和我分享了她摆脱忧虑与悲伤的经历。你或许曾在她的著作《与冒险相伴终生》中读到过她的故事。如果说有人称得上与冒险相伴终生,那一定是她。十六岁那年,她嫁给了马丁·约翰逊,并由此从堪萨斯州的人行道走入了婆罗洲的蛮荒丛林。二十五年来,这对夫妇携手游历世界,到亚洲和非洲拍摄野生动物,为这些即将消失的生灵留下影像。九年前,他们回到美国,带着影片在全国展开巡回演讲。某天,他们从丹佛乘飞机前往海岸,不幸飞机撞到山峰,马丁·约翰逊当场身亡。医生判断奥萨也将终生卧床,但是他们并不了解奥萨。短短三个月后,奥萨就坐着轮椅,重新回到了演讲台前。那段时间,有上百名听众聆听了她的演讲。我问她为什么这样做,她回答说:"这样我就没有时间再去悲痛或是忧虑。"

奥萨·约翰逊发现的这个真理,正是坦尼森在一个世纪前吟唱的那句:"我在忙碌中忘记自我,才能避免在绝望中凋零。"

海军上将伯德曾经独自在南极大陆生活了五个月。他栖身的简陋小屋在冰雪覆盖的冰盖地带上。这片冰盖蕴藏着大自然最古老的秘密,在它下方的未知大陆,比美国和欧洲加起来还要广袤。伯德上将孤独地在这样的冰天雪地中生活了五个月。方圆几百英里[1]内,除了他

---

1. 1英里≈1609米。

自己，没有任何其他生物存在。天气严寒刺骨，当凛冽的寒风吹过耳边，他几乎能看到自己的呵气凝结成冰。在令人发狂的无尽黑暗中，他如何挨过了五个月？他在著作《孤身一人》中记载了那段日子。那时，白天像夜晚一样黑暗，他只有忙个不停才能防止自己崩溃。

他说："我养成了一个习惯，晚上熄灭灯火之前，要先安排好翌日的工作。我规定自己要花一小时完善逃生通道，半小时弄平雪堆，一小时整理燃料桶，一小时在储存食品的洞穴中凿书架，两小时修理人力雪橇的破损……"

"这样分配时间很有用，让我感觉能够掌控自己。"他还补充说，"如果没有规划，生活将失去意义；如果没有意义，生活将以崩溃告终。"

请注意最后这句话："如果没有规划，生活将失去意义；如果没有意义，生活将以崩溃告终。"

"忧虑的时候，请不要忘记把工作当作解忧良方。"这句话出自理查德·C.卡伯特医生，他曾经在哈佛大学任职临床医学教授，堪称医学界的权威。他在著作《人类以何为生》中写道："作为一名医生，我曾经见到过患者因怀疑、犹豫、踌躇和畏惧引发精神麻痹，我也亲眼见证了工作如何治愈了这些患者，并为此由衷感到快乐……工作带给我们的勇气如同爱默生笔下的'自立'二字，闪耀着永恒的璀璨光辉。"

如果不让自己忙碌起来，只是呆坐着忧虑，就会像查尔斯·达尔文所说的那样"胡思乱想"。这种"胡思乱想"就像一群麻烦的小妖怪，让我们变得空虚，摧毁我们的行动力和意志力。

我认识的一位纽约企业家同样以工作来击溃这些"胡思乱想"，忙到完全没时间焦虑。他名叫特朗博·朗曼，在纽约华尔街40号工作。

他曾是我开设的成人教育课上的一名学员。他在课上分享了自己战胜忧虑的经历，过程非常有趣，令人印象深刻。因此我邀请他课后同我共进晚餐。我们在用餐时讨论他的经历，一直聊到午夜。他告诉我的故事是这样的：

"十八年前，我因为忧虑整日失眠。当时我紧张易怒，患得患失，濒临精神崩溃。

"我这么焦虑是有原因的。当时我在皇冠水果制品公司担任财务主管，公司位于纽约市西百老汇大街418号。公司投资了五十万美元生产一加仑装的草莓罐头，主要客户是冰淇淋生产商，二十年来一直运营良好。

"结果突然有一天，我们的销售中止了。国家乳业、博登家等大型冰淇淋商开始扩大生产，为了节约时间和成本，他们决定改订桶装草莓。这样一来，我们不仅有价值五十万美元的浆果滞销，未来一年还必须按既有合同购入一百万美元的草莓。我们已经欠了银行三十五万美元，不可能还清这些贷款或延长贷款期限。我不焦虑才怪呢！

"我匆匆赶往位于加利福尼亚州沃森威尔市的工厂，希望能说服董事长，现在市场已经不一样了，我们正面临破产。但是董事长拒绝接受现实，反而指责纽约分部的销售无能，才引来了这些麻烦。

"经过数日的恳求，我终于说服他暂停生产罐装草莓，在旧金山的生鲜市场出售新鲜草莓。这样一来，问题几乎得到了完美解决。按理说我没什么好担心的了，但我却无法战胜忧虑。忧虑是一种习惯，而我已经染上了这种恶习。

"回纽约后，我开始担心一切——从意大利购入的浆果，从夏威夷购入的菠萝等。我焦虑得睡不着觉，就像我先前说过的，几乎要精神崩溃。

"在绝望中,我开始调整生活方式,从而治愈了失眠,并且不再忧虑。我让自己忙碌起来。我集中全部精力解决问题,忙得没有时间再去担心任何事。以前我一天工作七小时,而现在我一天要工作十五六个小时。每天早晨我八点就进公司了,一直工作到午夜才离开。我承担了新的工作职责,每晚到家都筋疲力尽,一躺到床上就立刻睡着。

"这种状态我保持了三个月。三个月后,我改变了忧虑的习惯,重新调整到每天工作八小时左右的常规状态。这段经历已经是十八年前的事了,从那时起,失眠或焦虑就再也没有困扰过我。"

萧伯纳的见解再正确不过了。他用这句话概括了忧虑的本质:"痛苦源自有时间琢磨自己是不是快乐。"所以别再琢磨了!摩拳擦掌,行动起来吧!让自己的头脑开始运转,血液开始沸腾,很快,生活的饱胀激情将带来身体的积极反应,把忧虑从你的心里赶走。忙碌起来,并保持忙碌,这是世界上最便宜最有效的解药。

若想打破忧虑的习惯,你需要:
「原则1:
保持忙碌。忧心忡忡的人们只有在忙碌中忘记自我,才能避免在绝望中凋零。」

# Section 07
# 别让忙碌击垮你

下面这个故事我一辈子都会记得。这是罗伯特·莫尔向我讲述的亲身经历，他住在新泽西州梅普尔伍德高地大街14号。

"1945年3月，我在中南半岛附近276英尺[1]深的水下，学到了人生中最大的教训。"他说，"当时，我随其他八十七人登上了巴亚S.S.318潜艇。雷达侦测到一支小型日本舰队正向我方逼近。破晓时分，我们潜入水下，准备发动攻击。我通过潜望镜看到对方共有一艘护航驱逐舰、一艘油轮和一艘布雷舰。我们向驱逐舰发射了三枚鱼雷，但鱼雷的机件似乎出了什么毛病，三枚都没有击中。对方驱逐舰毫无觉察地继续航行。我们正准备攻击队尾的布雷舰，不料它突然调头直接面向我们（当我方潜艇在水下60英尺的时候，一架日本飞机侦测到了我们，并用无线电把我们的位置报告给了布雷舰）。为了避开对方的侦测，我方潜至150英尺深，用螺栓加固舱口，准备应对深水炸弹。为了确保潜艇不发出声音，我们关掉了风扇、冷却系统和电气装置。

"三分钟后，我们身陷地狱。六枚深水炸弹在潜艇周围爆炸，把

---

1. 1英尺≈0.3米。

我们推向276英尺的海洋深处。所有人都惊恐万状。在不到1000英尺深的位置遭遇攻击相当危险，而在500英尺之内几乎致命。而我们受到攻击时位置只有500英尺的一半，就安全而言，相当于一个人站在没膝深的水中遭到攻击。日本布雷舰持续发射深水炸弹，攻击长达十五个小时之久。

"如果深水炸弹在距潜艇17英尺之内的地方爆炸，冲击力会把潜艇炸出一个洞。而当时大部分炸弹就在离我们50英尺之内的地方爆炸。我们奉命停止工作，静静地躺在铺位上，保持镇定。我吓得几乎无法呼吸。'死期到了，'我一遍遍地自言自语，'死期到了……死期到了……'由于风扇和冷却装置都已关闭，舱内的气温超过了100华氏度[1]，但是恐惧让我冷得发抖。我把外套和皮夹克都裹在身上，还是冻得打颤，牙齿咯咯作响，一阵阵冒冷汗。攻击持续了十五个小时后，突然中断了。布雷舰的炸弹耗尽了。而这十五个小时就像一千五百万年那样漫长。过去的一幕幕在我面前闪过，我想起所有曾经犯过的错，还有那些曾让我烦忧的可笑的小事。入伍前，我是银行职员。那时，我整天为工作时间太长、薪水太低、事业没有发展前途而心烦意乱。我担心买不起房，买不起新车，没钱给妻子买好衣服。我恨那个唠唠叨叨、责骂下属的上司，每晚下班回家我总是牢骚满腹，和妻子为小事吵架。我还担心以前的车祸在我额头上留下的那道丑陋的伤疤。

"这些忧虑在几年前的我看来是天大的事情，而如今当深水炸弹就要把我送上天国的时候，这些忧虑又是多么可笑！我当时暗暗对自己发誓，如果有机会再见到太阳与星辰，我将永远不再忧虑。永不！

---

1. 1华氏度 ≈ -17.22摄氏度。

永不！而我真的再也没有忧虑过！在潜艇中度过那地狱般的十五个小时让我学到的人生道理，比我在雪城大学读的四年书要有用得多。"

我们能够勇敢面对人生的重大挫折，却任由这些让人头疼的小事把我们击垮。塞缪尔·皮普斯在他的《日记》一书中提到曾经目睹哈里·文爵士在伦敦被砍头。哈里爵士被架上行刑台的时候竟然没有为自己求饶，反而请求刽子手不要碰他脖子上那个疼痛难忍的疖子！

伯德上将在南极极夜的黑暗与严寒中同样发现了这一点——他的士兵遇大事沉着冷静，却为小事心烦意乱。他们忍受着危险、困苦和-80摄氏度的寒冷，几乎从不抱怨。"但是，"伯德上将说，"我知道有队员因为怀疑对方把工具放在了自己的地盘而绝交，还听说弗莱彻主义者咽下食物之前一定要严肃地咀嚼二十八下，逼得其他人在食堂里躲着他才吃得下饭。"

"在极地的营房里，再自律的人也会被这类小事逼疯。"伯德上将说道。

我想伯德上将也会赞同，婚姻中的小事同样会把人逼疯。至少权威人士是这样说的："世界上有一半的心痛是琐事引起的。"芝加哥的约瑟夫·塞巴赫法官曾经仲裁过四万多起不幸的婚姻诉讼，他得出了这样的结论："大部分婚姻的不幸都源自鸡毛蒜皮的小事。"纽约郡的地方检察官弗兰克·霍根也曾说过："刑事法庭中有半数的案件是由小事引起。比如在酒吧里逗能、家庭口角、侮辱人的言辞、轻蔑的话语、粗鲁的举动——就是这些小事引发了暴力和凶杀案件。导火索往往都是刺痛了自尊心，侮辱了虚荣心，很少有人受到什么重大冤屈。世界上有一半的心痛是琐事引起的。"

罗斯福总统夫人埃莉诺·罗斯福刚结婚的时候，因为新来的厨师做饭有失水准，她便整日心烦意乱。"如果是现在遇到这样的事情，"罗斯福夫人说，"我会耸耸肩，把这件事抛在脑后。"很好，这才是成年人应有的反应。就连独断专行的凯瑟琳大帝，看到厨师搞砸了一餐饭的时候也只是一笑置之。

有一次，我和夫人去芝加哥的朋友家共进晚餐。那位朋友切肉的时候似乎做错了什么，我当时并没有注意到；就算注意到了，我也完全不会在意。但是他妻子看到后，立刻当着我们的面发起火来。"约翰！"她嚷嚷着，"看看你在干些什么！你就学不会招待客人吗？！"

她又转过身对我们抱怨："他一天到晚犯错，就不知道用点儿心！"或许他没有用心切肉，但至少他用心和妻子共同生活了二十年。老实说，我宁肯在和谐的氛围中潦草地吃几个加芥末的热狗，也不愿意一边听她骂街一边吃北京烤鸭和鱼翅。

那晚过后不久，我和太太也在家设宴招待朋友。宾客到来之前，我太太发现有三块餐巾和桌布不是一套的。

她后来告诉我："我马上跑去问厨师，才知道那三块餐巾还在洗衣机里。客人已经到门口了，来不及换了。我当时急得快哭了出来，满脑子想的都是：'为什么我会让这个愚蠢的错误毁掉整个晚上？'紧接着我意识到，那就不要让它得逞。我走进客厅，下决心好好享受这个夜晚。我也确实做到了。我宁愿朋友们把我当作一个粗心大意的家庭主妇，也不愿意他们把我当作一个神经兮兮的坏脾气妻子。话说回来，据我所知，那个晚上根本没人注意那些餐巾。"

有一句关于法律的名言是这样说的："法律对琐事不以为意。"忧虑的人们若想得到心灵的安宁，也应该这样做。

大部分情况下，如果不想被琐事扰乱心情，就应当转移关注点，建立一种全新的思维逻辑，用豁达的心态看待问题。我的朋友霍默·克罗伊是一位作家，曾出版《他们应当看看巴黎》及其他多部著作。他很好地证明了如何做到这一点。当他在纽约的公寓中潜心写作的时候，暖气的噪音快要把他逼疯。蒸汽嘶嘶作响，时不时还发出一声巨响，霍默无法专心工作，气得坐立不安。"后来有一天，我和几位朋友去野营的时候，"霍默说，"我听着树枝燃烧时的声音，突然觉得和我家暖气的噪音其实差不多。那我为什么要喜欢前者而厌恶后者呢？回到家中，我告诉自己：'木柴在火焰中噼里啪啦的声音让人愉悦，暖气的声音也差不多。上床睡觉吧，别去管噪音什么的了。'结果我真的做到了。刚开始的几天我还是很介意暖气的声音，但渐渐就忘干净了。其他一些琐事也是同样的道理。我们为这些讨厌的小事心烦意乱，是因为我们夸大了这些事的重要性……"

英国政治家迪斯雷利曾言："生命如此短暂，不值得为琐事计较。"法国作家安德烈·莫鲁瓦在《本周》杂志上写道："这句话帮助我熬过了许多痛苦的阶段。我们本应一笑置之，却总是纵容自己被琐事扰乱心绪……人生在世只有短短几十年的光阴，我们却把一去不复返的宝贵时间用于烦恼，计较那些一年后谁都想不起的琐事。不要这样！让我们把生命用于有价值的行动和感受，投入伟大的想法、真挚的情感和长久的事业。因为生命如此短暂，不值得为琐事计较。"

就连鲁德亚德·吉卜林这样大名鼎鼎的诗人都常常忘记"生命如此短暂，不值得为琐事计较"。结果如何呢？他和妻弟的争执闹上法院，成了佛蒙特州历史上最出名的一次诉讼。这场官司闹得沸沸扬扬，以至于有人专门为此写了一本书——《鲁德亚德·吉卜林在佛蒙特州同室操戈》。事情的经过是这样的：吉卜林娶了佛蒙特州女孩卡罗琳·巴莱斯蒂尔，他们在佛蒙特州的伯瑞特波罗共筑爱巢，打算在那里度过余生。吉卜林与妻子的弟弟比迪成了密友，两人一起闯荡，也一起玩乐。吉卜林从比迪手中买了几块地，并约定比迪有权每个季度在地里收割牧草。某日,比迪发现吉卜林竟然在那片草地上划出一块区域建了花园,不禁勃然大怒,吉卜林也不肯低头,两人之间一时剑拔弩张。

几天后,吉卜林骑自行车的时候,比迪突然驾着四轮马车冲出来,害得吉卜林狠狠跌了一跤。这位诗人曾经写过这样的诗句:"即使世人丧失理智,你也依旧要保持清醒。"然而他却自己丧失了理智,发誓要把比迪送进监狱。接下来的审讯轰动了全城,大城市的记者都纷纷涌入这座小镇。很快新闻就传遍了全国,人们议论纷纷,吉卜林夫妇被迫永远离开了在美国的家。而这些忧虑和仇恨的源头不过是一次微不足道的争执而已——就为了一捆干草!

古希腊政治家伯里克利在两千四百年前就曾说过:"诸位,我们在琐事上纠缠太久了!"此言着实不虚!

爱默森·福斯迪博士曾经讲过一个非常有趣的故事,关于一位"森林巨人"的战斗。在科罗拉多长峰的山脊上,有一棵死去的古树。自然学家判断它已经在那里伫立了四百年之久。当哥伦布在圣萨尔瓦多登陆的时候,它还是一株幼苗;当新教徒在普利茅斯定居的时候,它正在茁壮成长。漫长的一生中,它被雷电击中过十四次,暴风骤雨无数次从它身边咆哮而过。它顽强地挺过了这一切,不料小小一队蚂蚁的攻击却令它轰然倒塌。这些小虫子从树皮啃噬到树干,用微小却从不间断的攻击一点点摧毁了古树。四个世纪以来,这位正值盛年的"森林巨人"在雨雪风霜面前从未屈服,却倒在了微不足道的虫子面前。这些虫子是多么渺小啊,人用两根手指就能轻易碾碎它们。

我们不也像这棵大树一样吗?我们同样熬过了生命中的暴风骤雨,却任由心灵被这些叫作"忧虑"的虫子一点点地啃噬——而我们原本用两根手指就能碾碎它们!

几年前，我和查尔斯·赛弗里还有其他几个朋友去提顿国家公园旅行。查尔斯是怀俄明州的公路负责人。我们当时正要去参观约翰·洛克菲勒在公园里的私人住宅，但是我搭的车转错弯，在公园里迷了路。当时只有查尔斯有大门钥匙，他在蚊虫为患的炎热森林中等了我们整整一个小时。那里的蚊子多得足以让圣人发疯，但查尔斯却安之若素。等我们的时候，他随手折了个小树枝做成哨子。等我们到那里时，发现他并没有烦躁地咒骂蚊子，而是若无其事地吹哨子玩。我留下了那个哨子，时时提醒我向这个懂得不为琐事所扰的人学习。

「在忧虑击败你之前，先击败它！秘诀就是：

不要为琐事烦恼，一笑置之吧。请记住："生命如此短暂，不值得为琐事计较。"」

# Section 08
## 战胜忧虑的定律

我的孩提时代是在密苏里州的农场里度过的。还记得有一天,我帮母亲摘樱桃的时候,突然哭了起来。母亲问我:"戴尔,你哭什么呢?"我抽噎着说:"我好怕会被活埋呀……"

那个年纪的我脑海中充满了各式各样的担心。雷雨季节,我怕会被闪电劈中;困苦的日子里,我怕会饿肚子;我还害怕死后下地狱。一个叫山姆·怀特的大孩子威胁要把我的大耳朵割下来,我吓坏了;向女孩脱帽致意的时候,我怕会被她们笑话;我还担心没有姑娘愿意嫁给我,不知道结婚后要和妻子说些什么才好。我想象着我们在乡村教堂结婚,坐着车顶饰着穗子的四轮马车回到农庄,一路上我要说些什么才不会冷场呢?说什么呢?说什么呢?犁地的时候,我琢磨着这些惊天动地的问题,想了一个小时又一个小时。

很多年过去了,我渐渐发现我担心的这些事情有99%从未发生。

比如说,我刚刚提到我曾经怕闪电怕得要死,但现在我知道,根据国家安全局的统计数据,每年因雷击身亡的概率是三十五万分之一。

我对活埋的恐惧就更荒唐了,我估计一千万人里面被活埋的人连一个都没有,而我竟然会怕得直哭。

据统计,每八人当中就有一人死于癌症。如果我非要为什么事情忧虑的话,担心患癌大概比担心雷电或是活埋合理一些。

当然,我刚刚提到的那些都是年少时期的忧愁。但是许多成年人的忧虑几乎像小孩一样滑稽。如果我们能暂时把忧虑放在一旁,冷静地想一想,有90%担忧的事情发生的概率极低。

世界上最著名的保险公司——伦敦劳埃德保险公司利用人们的忧虑赚得盆满钵满,正是因为人们担心的这些事情通常极少发生。劳埃德保险公司赌的是让人们忧心忡忡的灾难永远不会发生,不过他们不把这叫作打赌,而是称之为"保险"。但它的本质就是基于平均概率下赌注。两百年来,这间伟大的保险公司始终生意兴隆,除非人性得以改变,否则五千年后它依旧会屹立不倒。它为鞋履、船舶和封口蜡作保,以防它们遇到灾害,但实际上这些灾害发生的概率远没有人们想象的那么高。

仔细分析概率,我们就会发现一个惊人的事实。假设我未来的五年内必须走上前线,参与像葛底斯堡战役那样惨烈的战争,我肯定会被吓坏。我会提前购买市面上所有人寿保险,起草遗嘱,把所有未尽之事料理清楚。我会告诉自己:"我大概熬不过这场战争,所以剩下这几年我应当好好珍惜。"但事实上,和平时期五十至五十五岁面临的风险和在葛底斯堡战役中面临的风险概率是一样的。也就是说,在和平盛世里,五十至五十五岁年龄段的死亡率和参加葛底斯堡战役的16.3万名战士的死亡率是一样的。

我创作这本书的时候,曾在加拿大落基山弓湖湖畔的森林小屋里住过一段时间。一年夏天,我在那里遇到了来自旧金山的赫博特·塞林格夫妇。他们家住旧金山市太平洋大街2298号。塞林格夫人温婉沉静,让人觉得她似乎永远没有烦恼。一天傍晚,我们在火焰熊熊的壁炉前闲坐,我问她有没有被忧虑烦扰过。"烦扰?"她说,"我的生活几乎被忧虑摧毁。我在自己亲手制造的炼狱中煎熬了十一年,才终于学会如何战胜忧虑。那十一年间,我脾气暴躁,每天都处于巨大的精神压力之中。每个礼拜,我会乘巴士从圣马特奥市去旧金山市购物,但就连购物的时候我都忧心忡忡,担心出门前会不会因忘记关电熨斗而失火,保姆会不会跑出去把孩子们丢在一旁不管,孩子们骑自行车的时候会不会被汽车撞倒……我担心得直冒冷汗,买东西买到一半就连忙赶回家查看,确保一切安然无恙。也难怪我的第一次婚姻以悲剧告终。

"我第二任丈夫是律师。他思维缜密,冷静又不多话,从来不为任何事情担心。每当我焦虑不安的时候,他都会安慰我说:'放松些,让我们冷静地想一想,你担心的是什么呢?这件事发生的概率有多大?'

"有一次,我们开车从新墨西哥州到卡尔斯巴德洞窟的时候遇到暴风雨,一路泥泞不堪,寸步难行。我们的车子不断打滑,不听使唤。我觉得我们马上就要翻到路边的沟里了。但是丈夫一直安慰我说:'我开得很慢,不会有事的。就算车子滑进沟里,受伤的概率也不大。'他的冷静和自信让我平静下来。

"有一年夏天,我们去落基山脉的托昆谷旅行。夜晚,我们在海拔7000英尺的地方宿营,不料突遇风暴,狂风快要把我们的帐篷撕成碎片。帐篷被系在木桩上,外侧在狂风中抖个不停,发出尖利的声响。我几乎能看到帐篷被撕扯着卷上高空,又被狠狠扔下。我真是吓坏了。但是我丈夫一直安慰我说:'亲爱的,我们的行程是按照布鲁斯特的旅行指南规划的,布鲁斯特的人知道他们在干什么。他们有六十年在这座山上宿营的经验,这些帐篷也在这里驻扎了许多个春夏秋冬。既然这么多年来从来没有帐篷被吹跑,那么按照概率,它们今晚也不会垮掉的。就算帐篷被吹跑了,我们也可以在别的帐篷里暂时避避风嘛。所以放松点儿……'我照他的话做了,那夜睡得很安稳。

"几年前,小儿麻痹症在我们居住的加利福尼亚州肆虐。要是在以前,我一定早就开始歇斯底里地恐慌了。但是丈夫安抚我镇定下来。我们采取了所有能做的预防措施,让孩子远离人多的地方,不去学校和电影院。我们咨询了健康委员会,得知在加州历史上,即使是小儿麻痹症最猖獗的时候,整个加州也只有一千八百三十五名儿童患病。而通常这个数字只有两三百。我们为这些患儿感到不幸,但是同时也觉得按概率来讲,孩子被传染的概率是很小的。

"'根据概率,不会发生这样的事。'这句话消除了我90%的忧虑,令我过去二十年的生活美妙平静。这是以前的我难以想象的。"

乔治·柯鲁克将军堪称美国历史上最伟大的印第安战士。他曾经在自传里提到,印第安人"所有的苦恼与哀愁几乎全部源自想象,而非现实"。

回首过去的这些年,我对柯鲁克将军的这句话深表赞同。吉姆·格兰特的经历同样如此。他是吉姆·格兰特贸易公司的老板,公司位于纽约市富兰克林街204号。每次进货的时候,他大概会定十至十五车佛州橙和葡萄柚。以前他常常会用这样的想法折磨自己:如果货车失事怎么办?我的水果会不会在乡下滚落一地?过桥的时候桥会不会垮?虽然货物已经投保,但他担心如果不能如期发货,他就有可能丢掉市场份额。忧虑使他患上了胃溃疡,他去医院看病,医生说他身体没什么问题,只是有些思虑过甚。"这时我才突然醒悟,开始反问自己。"他说,"我对自己说:'我问问你,吉姆,过去这些年,你经手的水果有多少了?'答案是:'两万五千辆货车的量。'接着我又问自己:'有几辆车出过事儿?'答案是:'大概五辆吧。'于是

我告诉自己：'两万五千辆中的五辆！你知道这意味着什么吗？这意味着车子出事的概率只有五千分之一！那你还担心什么呢？'

"我接着想：'那桥也有可能塌啊！'我就又问自己：'你有几车货物因为桥梁坍塌造成了损失？'答案是：'没有！'于是我又对自己说：'为了这样一座从来没塌过的桥，为了五千分之一的失事概率，你竟然担心到胃溃疡，你是笨蛋吗？'"

"这样一想，"吉姆·格兰特告诉我，"我觉得自己真是太傻了。我当即决定让概率替我烦恼。从那以后，胃溃疡再也没有困扰过我！"

阿尔·史密斯担任纽约市长的时候，面对政敌的攻击，他总是会说："让我们查查记录……让我们查查记录……"随即给出事实数据。下一次再为可能发生的事情担忧的时候，让我们学学阿尔·史密斯的小窍门，查查记录，看看我们的焦虑有多少根据。弗雷德里克·J.马尔施泰特正是这样做的。在纽约的成人教育课堂上，他同我们分享了自己的经历：

"1944年6月初，我躺在奥马哈海滩附近一个狭窄的掩壕里。当时我正在第999通讯连服役，我们刚刚登陆诺曼底。掩壕就是在地上挖的一个长方形的洞，我躺在里面左右看了看，自言自语说：'这看起来就像个坟墓。'当我躺下来试着睡觉的时候，感觉真像是在坟墓里睡觉。我忍不住想：'也许这就是我的坟墓了。'午夜十一点，德国的轰炸机开始投射炸弹，我惊恐万状，前三个晚上吓得完全睡不着。到了第四五天，我几乎要精神崩溃了。我知道如果我再不想想办法，肯定会疯掉。于是我提醒自己，五天五夜过去了，可我还活着，部队的兄弟们也都还活着。有两位战友受了伤，但不是被德国炸弹击中，而是被我们自己的高射炮误伤了。于是我决定采取实际行动赶走忧虑。

我在掩壕上面搭了一个厚木顶,以免被流弹伤到。我又想到我们部队分散得很广,只有击中又深又窄的掩壕才会伤及性命,而这种概率还不到万分之一。这样琢磨了几个晚上,我渐渐冷静下来,再遇到空袭也照睡不误。"

美国海军同样用概率鼓舞士气。一位退伍水兵告诉我,他们一开始被分配到油船上时,每个人都吓坏了。他们认为如果这艘载满高辛烷值汽油的油船被鱼雷击中的话,肯定会猛烈爆炸,把所有人都送上天国。

而美国海军的看法不同。他们公布了准确数据,表明每一百艘被鱼雷击中的油船中,有六十艘仍然漂浮在水面上。而另外四十艘被击沉的油轮中,只有五艘是在十分钟之内沉没的。这意味着士兵有充裕的时间逃生,伤亡人数极小。这些数据对士气有影响吗?"得知这个概率之后,我的紧张情绪一扫而光,"这位水兵说道,他叫克莱德·W.马斯,家住明尼苏达州圣保罗市核桃街1969号,"全体船员的情绪都好多了。根据概率,我们有很大机会逃生。"

在忧虑击垮你之前,先击垮忧虑吧!

「原则3:

让我们查查数据,问问自己:我在担心的这件事发生的概率究竟有多大?」

# Section 09
## 接受无法避免之事

孩提时代，我和小伙伴生活在密苏里州西北部。我们常常去一个废弃的旧木屋的阁楼上玩耍。一天，我从阁楼上爬下来的时候，先在窗台上歇了一会儿，然后直接跳了下去。当时我左手食指上戴了一枚戒指，往下跳的时候，戒指不小心钩在钉子上，连带扯断了我的手指。

我吓傻了，号哭不停，觉得我要死了。但是等手上的伤愈合之后，我就再没有为这件事忧虑过哪怕一秒。担心有什么用呢？我接受了无可避免的事实。

如今我很少会想起左手只剩下四根手指这件事。

几年前我遇到一位先生，他在纽约市中心的一栋大楼里负责操控货梯。我注意到他失去了左手腕部以下的部分。我问他这样的伤痛会不会常常困扰他。他说："噢，没有，我几乎都不会想起它。我又没有结婚。唯一一次想到这件事是在有一次穿针的时候。"

在必要的时候，人类几乎能够迅速适应一切环境，调整心态并且适度遗忘，这一点实在让人震惊。

我常常想起一行铭文，它镌刻在荷兰阿姆斯特丹一座15世纪的教堂遗址上。这行字是用弗莱芒语写就的，含义是："事成定局，没有其他可能。"

在漫长的人生中，总会有些境况不尽如人意。事成定局，没有其他可能。但我们仍然有选择的权利。我们可以选择接受现实，调整自己适应无法改变的事，也可以选择用抗拒毁掉自己的人生，甚至以崩溃为生命画上句号。

威廉·詹姆斯是我最欣赏的哲学家之一。他有一个睿智的忠告是这样说的："心甘情愿地接受吧，接受既成事实是走出不幸的第一步。"住在俄勒冈州波特兰市49街东北2840号的伊丽莎白·康利历经艰辛才懂得这一点。她最近给我写信说：

就在举国上下庆祝美军在北非取得胜利的那一天，我收到陆军作战部的一封电报，说我最爱的侄子在战斗中失踪了。过了一段时间，我又接到另一封电报，说他已经不在人世。悲伤淹没了我。在那天之前，我一直觉得生活待我不薄，我有一份热爱的工作，并且亲自把这个侄子养大。在我眼中，他代表着年轻人身上的一切正直与美好，我的所有付出都得到了甜美的回报。但结果呢，我等来的却是这封电报。我的整个世界都塌了，人生已经不再有任何意义。我怠慢了工作，疏远了朋友，任由一切与我渐行渐远。内心徒留痛苦与怨恨。为什么要把我可爱的侄子带走？为什么一个这么好的孩子会被人杀害？他原本应该拥有美好的生活！我无法接受事实。我被悲痛压垮，决定放弃工作，远离这片伤心地，躲在自己的眼泪和怨恨中度过余生。

就在我收拾办公桌，准备离职的时候，意外看到了一封被我遗忘的信。这封信是几年前我母亲去世的时候，侄子写给我的。信上说："当然，我们都会思念她，特别是你。但是我知道你能挺过去的，你的人生观会支撑你做到这一点。我永远不会忘记你教给我的那些美妙哲理。无论我在哪里,无论我们相隔多远,我都会记得你教我要做个男子汉,笑对人生,不管发生什么,都勇敢接受。"

我把这封信读了又读,觉得他好像就在我身边跟我说话。他好像在对我说:"为什么不按照你教我的那样做呢?不管发生什么,都勇敢走下去。把悲伤藏在笑容背后,勇敢走下去!"

于是我收起痛苦与愤恨,重新开始工作。我一次又一次地告诉自己:"事已至此,无可改变。但是我可以像孩子希望的那样,勇敢走下去。"我把全部精力投入到工作当中。我给战士们写信,给其他人的孩子们写信。下班后我去参加成人教育课程,试着寻找新的乐趣,结识新朋友。我几乎无法相信自己的变化:我不再悼念无可挽回的过去,每天都以愉快的心情迎接生活。侄子也一定希望我这样做。我与生命达成了和解,接受了命运的安排。现在我的生活更加丰富,更加完整,这是我以前从未想象到的。

伊丽莎白·康利在俄勒冈的波特兰学到了我们早晚都将要学到的一课——我们必须接受现实,与无可改变的事和解。"事成定局,没有其他可能。"就连高高在上的君王也必须时时提醒自己这一点。乔治五世在位时曾把这句话裱起来,挂在白金汉宫书房的墙上:"请教我不哭喊着要月亮,也不为打翻的牛奶流泪。"叔本华也表达过同样的想法:"在人生的旅途上,重要的是学会一定程度上的放弃。"

境遇本身并不能决定我们是否快乐,是我们对境遇的反应决定了我们的感受。耶稣曾言,天堂就在你的内心深处。而地狱也同样如此。

必要的时候,我们都有能力熬过灾难,战胜厄运。人们常以为自己做不到,但是我们都有惊人的内在力量。只要充分发挥潜力,它就会引导我们走出困境。我们比自己想象的更为强大。

美国小说家布思·塔金顿在世的时候常常说："我可以接受生活加诸我的任何境况，失明除外。只有这件事我无法忍受。"但是当塔金顿年过六旬的时候，他发现自己开始看不见地毯的图案，视野里只有一片模糊的颜色。医生给出了悲剧性的诊断：他的视力正在下降，一只眼睛几近失明，另一只也很快就会一样。他最害怕的事情真的发生了。

面对这个不幸中的不幸，塔金顿做何反应呢？他是否觉得"完蛋了！我的人生就此结束了"！不，他竟然从容地面对这一切，连他自己也感到意外。眼疾导致的飞斑困扰着他，这些斑点在他眼前浮动，遮挡了他的视线。但是他以幽默感应对，当最大的那个斑点从眼前飘过的时候，他会开玩笑地说："瞧瞧！老爷子又来啦！这么美妙的早晨，你要去哪儿啊？"

命运怎么能击败这样一个灵魂呢？当然无法击败。失明后，塔金顿说："我意识到我能够承受失明的痛苦，正如人能够承受任何状况。即使失去了五感，我也能够依靠内心的力量活下去。人们是用心灵在看，是用心灵而活，只是自己可能尚未察觉。"

为了恢复视力，塔金顿一年至少要接受十二次手术，而且只能采取局部麻醉。他抱怨了吗？他知道他必须勇敢面对，不能逃避，减少痛苦的唯一方式就是优雅地接受现实。他拒绝了医院提供的单人间，和其他患者一起住在了普通病房，并试着鼓舞其他人。

当他躺在手术台上清醒地感受着医生在眼睛上动手术的时候，他尽力提醒自己有多么幸运。"多么神奇啊，"他告诉自己，"现在的科学竟然发展到能在眼睛这么精细的器官上做手术了！"

倘若一般人接受十二次手术，还要忍受失明的风险，一定已经精神崩溃了。但是塔金顿却说："我不愿用任何快乐的经历交换这段体验。"这段经历教会他接受现实，告诉他生活带来的任何遭遇都不会超出他的承受力。这件事也让他懂得了约翰·弥尔顿的名言："悲惨的不是失明，而是没有能力承受失明。"

新英格兰著名女权主义者玛格丽特·富勒曾经把下面这句话视为人生信条："我接受整个宇宙。"苏格兰哲学家托马斯·卡莱尔听闻此事，愤愤不平地讥讽道："上帝啊，她最好能做到！"但她的确做到了。上帝啊，我们最好也能够学会接受无法改变的事。

如果我们抱怨、反抗，心生怨恨，也无法改变既成事实，唯一会被改变的是我们自己。我知道这一点，是因为我亲身体会过。我曾经在面对无可避免的事情时，拒绝接受现实。我愚蠢地抱怨、反抗，把夜晚变成失眠的炼狱，为自己招来了我不想要的一切。经过一整年的自我折磨，我不得不学会接受我明知道不可能改变的现实。

我早就应当喊出诗人沃尔特·惠特曼的名句：

啊，像草木与动物一样，
接受夜晚、风暴、饥饿、嘲笑、意外和拒绝吧！

我有十二年的放牧经验，无论是牧场干旱起火的时候，还是遭遇冰雹或严寒的时候，我从未看到过任何一头奶牛因此怒气冲冲，也没有一头泽西奶牛因为男伴向别的小奶牛示好而表示抗议。无论夜晚、风暴还是饥饿，动物总是从容面对，所以它们从来不会遭遇精神崩溃或是胃溃疡，也永远不会发疯。

我并不是在倡导向灾难低头，那样就陷入了宿命论。只要有一丝机会能够逆转局势，就应当抗争到底！但当常识告诉我们事情已成定局，无法改变的时候，就请理智应对，不要再瞻前顾后。

哥伦比亚大学的霍克斯院长曾经告诉我，他的座右铭是《鹅妈妈》中的一句童谣：

问题或许有解药，也有可能无良方；
若有就请将它寻，若无就请忘掉它。

写这本书的时候，我采访了好几位美国商界精英。他们的生活态度给我留下了深刻的印象。如果做不到与现实握手言和，令生活远离忧虑，他们大概早就在压力下崩溃了。我想举几个例子来说明：

全美连锁百货公司创始人J.C.彭尼告诉我："即便我手上一个子儿都不剩，我也绝不会担心什么，因为担心毫无意义。我会尽力把分内事做到最好，至于结果，就取决于上帝的旨意了。"

亨利·福特也跟我说过类似的话："如果无法掌控事态，我就任由它们掌控自己。"

我还问过克莱斯勒集团总裁K.T.凯勒如何远离忧虑。他说："当我面对棘手的难题时，如果我能做些什么，我会全力以赴；如果无能为力，我就把它抛在脑后。我从不为未来担忧，因为我知道世上没有任何人能预测未来。影响未来的因素太多，没人能够解释清楚，那还有什么可担心的呢？"如果称K.T.凯勒为哲学家，他大概会很难为情。他只是一个成功的商人，但是他的见解和19世纪前古罗马哲学家埃皮克提图如出一辙。埃皮克提图对罗马人民说："幸福之路只有一条，那就是不要为超出我们意愿及能力范围的事情而担忧。"

有"天赐名伶"之称的莎拉·贝恩哈特就是一位懂得接受现实的女士，她的人生轨迹是极佳的例证。五十年来，她一直活跃在世界舞台上，是全球最受欢迎的女演员。然而她却在七十一岁那一年破产了。祸不单行，巴黎的波齐教授告诉她，她的腿保不住了。她在横跨大西洋的旅途中遭遇了暴风雨，不慎在甲板上摔倒，腿部受了重伤。静脉炎导致她的伤腿萎缩，疼痛愈演愈烈，医生断定她必须接受截肢手术，但不敢把这个消息告诉这位脾气暴躁的"天赐名伶"，觉得这个可怕的消息一定会让她歇斯底里。可是他错了。莎拉看着他，愣了一会儿，低声说："如果命定如此，就如此吧。"这是命运。

当她被推入手术室的时候，她的儿子站在一旁啜泣。她优雅地向儿子挥了挥手，轻快地说："别走开，我马上就回来。"去手术室的路上，她背诵了昔日演出时的一段台词。有人问她是否想借此鼓舞自己，她说："不，我是想鼓舞医护人员，他们一定压力很大。"

身体恢复之后，莎拉·贝恩哈特重新踏上了全球巡演之路，一演就是七年。她的表演一如既往地让观众倾倒。

埃尔希·迈克-可米科在《读者文摘》的一篇文章中提道："当我们不再与已发生的事情作对的时候，才有力量开创更丰富的人生。"

没人有足够的情感和精力，能够一边纠缠于无法改变的事情，一边开创新的生活。非此即彼，只能二选一。面对人生无法避免的风暴，要么顺势而为，要么两败俱伤。

这是我在密苏里的农场里懂得的道理。我曾在农场里种了许多树。一开始，树木长得很快。不料暴风雨袭来，雨雪层层裹住新发的枝芽，凝结成厚厚的冰。树木并没有温顺地向重压低头，而是骄傲地硬撑，最终被冰雪压断摧毁。它们没有学会北方森林的智慧。我曾在加拿大北方森林旅行了数百英里，但从未见过云杉或松树的树枝在雨雪中折断。北方森林懂得弯下枝丫，与无法避免的事情和解。

柔术大师这样教他们的学生："当柔如柳，勿强如栎。"

你知道汽车轮胎为什么能在崎岖道路上不断前行吗？一开始，厂商想要制造能够对抗道路冲击的轮胎，但很快轮胎就被割成了碎片。于是他们研发了能够吸收道路冲击的轮胎。这种轮胎通过了考验。在崎岖的人生道路中，如果我们学会接受冲击，就能够走得更远，旅途也更加安稳。

面对人生的坎坷，如果我们以抗拒代替接受，会有什么后果呢？如果我们拒绝"柔如柳"，坚持"强如栎"，结局又会如何呢？答案很简单，我们内心会产生自我冲突，整日担心不已，紧张兮兮，神经过敏。

如果我们一意孤行，拒绝接受严酷的真实世界，躲入我们自己创造的幻梦中，就会逐步陷入疯狂。

战争期间，成千上万惊恐不安的士兵面前只有两条路：接受现实，或是在压力下崩溃。让我们来看看威廉·H.凯瑟柳斯的例子吧。他住在纽约州格兰岱尔市76街7126号。他在我的成人教育课上讲述的故事获了奖：

"加入海岸巡防队后不久，我被派到大西洋海岸线上的一处关卡，负责看管炸药。想想看，我，一个饼干销售员，竟然成了炸药监管员！只要一想到我站在上千吨炸药上面，我这个卖饼干的就吓得魂不附体。我只接受了短短两天培训，而培训中学到的知识让我更害怕了。我永远也不会忘记执行第一项任务的情形。在那个寒冷漆黑的夜晚，在新泽西雾蒙蒙的卡文角码头，我接到了上级的指令。

"我被分配到船上的五号货舱，和五个码头工人一起下到货舱里工作。这些工人虎背熊腰，但他们对爆炸物一无所知。他们正在搬运的每颗炸弹都含有大量TNT，足以把这艘旧船炸上天。锁链把这些炸弹一点一点放下来的时候，我不停对自己说：'要是链条滑开或是断了怎么办啊！我的天啊！'我吓得抖个不停，嘴唇发干，膝盖发软，心脏怦怦跳。但我又不能跑，那样违反军纪，不仅自己丢人现眼，父母也会因此蒙羞，我甚至可能被当成逃兵处死。我告诉自己不能跑，我得待在这儿。我看着这些工人粗心大意地搬运炸弹，觉得这艘船随时可能爆炸。就这样担惊受怕了一个多小时之后，我开始试着找回理智。我和自己好好谈了谈。我说：'听着，伙计，就算你被炸飞，又怎样呢？至少死得干净利落，没什么痛苦，总比得癌症强吧！别犯傻了，反正人早晚都要死的。不管怎样你都得把这活儿干完，否则就要被枪毙。那你还不如打起精神高高兴兴地工作呢！'

"我这样安慰了自己几个小时，开始渐渐放松下来。最终，我说服自己接受不可避免的现状，从而战胜了忧虑与恐惧。

"我永远都不会忘记这件事。每当我为无法改变的事情担心的时候，我就会耸耸肩，对自己说'别放在心上'。我发现这招很有用——虽然我只是一个小小的饼干销售员。"真是太精彩了！让我们为这位宾纳福号上的饼干销售员欢呼喝彩吧！

历史上最著名的死亡场景除了耶稣受难，还有苏格拉底之死。柏拉图对这件事的记载《苏格拉底之死》是文学史上最感人也最优美的著述，即使是百万年之后，人们依旧能够从柏拉图不朽的作品中了解那个时刻：苏格拉底被心怀嫉妒的雅典人捏造莫须有的罪名，被送上法庭，定了死罪。监狱看守把毒药递给苏格拉底的时候，友善地对他说："试着承受必经之事吧。"苏格拉底照做了。他在死亡面前的从容闪耀着圣洁的光辉。

"试着承受必经之事吧。"这句话诞生于公元前399年，而今这个焦虑又年迈的世界比以往更需要这句话："试着承受必经之事吧！"

过去八年，我阅读了所有和克服忧虑相关的书籍和报刊，并从中找到了最好的建议。你想知道这个建议是什么吗？它只有短短几十个字，但我们应当把它写下来贴在浴室的镜子上，这样每次洗脸的时候，也能洗净心中的烦忧。这就是美国联合神学院的应用基督教教授雷茵霍尔德·尼布尔博士写的祈祷文：

愿上帝赐予我安宁，接受无法改变之事；
赐予我勇气，改变能够改变之事；
并赐予我分辨二者的智慧。

在忧虑击败你之前，先击败它。

「原则4：
　接受无法避免之事。」

# Section 10
# 为忧虑设置"止损线"

想知道怎么从股市中赚钱吗？成千上万的人都想知道。如果我知道答案的话，这本书就要卖出天价了。不过我确实知道一些成功的操盘手使用的方法。下面这个故事是投资顾问查尔斯·罗伯特亲口告诉我的，他在纽约东42街17号工作。

"我刚从得克萨斯州来纽约的时候，兜里揣着朋友们托我代为投资的两万美元，"查尔斯·罗伯特说，"当时我以为自己对股市了如指掌，结果赔得一干二净。虽然我也从交易中赚过几笔，但最后全赔进去了。"

"如果赔的是自己的钱，我倒没有这么介意，"罗伯特先生解释说，"但因为是朋友们的钱，我心里难受极了。就算他们承担得起，我自己也无法接受。投资失败后，我实在没脸见他们，但是令我惊讶的是，朋友们不仅看得很开，还非常乐观。

"我知道自己的投资策略一直没有章法，很大程度上是在靠运气和别人的看法下赌注。就像H.I.菲利普斯评价的那样，我炒股全靠道听途说。

"我开始反思自己的错误，决心在重新投资之前，先弄明白股市究竟是怎么回事。在寻找答案的过程中，我结识了投资人伯顿·卡斯尔斯。他因每年都能够保持战绩而在投资界享有盛名，我知道单靠碰运气无法取得这样的成就。

"他围绕我之前的交易方法问了几个问题，然后传授给我一个重要的交易原则。他说：'我每次交易下单都会设置止损线。比如我以每股五十美元的股价买进，那么我会立刻设置一个四十五美元的止损线。'也就是说如果每股亏损达到五美元的话，系统会自动卖出，把损失控制在五个点之内。

"'如果你买进的时机比较明智，'这位投资大师继续说，'利润通常会达到十个点、二十五个点，甚至五十个点。因此只要把损失控制在五个点内，就算有半数以上的概率看走眼，你还是能盈利。'

"我当即采用了他的原则，并且沿用至今。这个方法为我和我的客户避免了许多损失。

"过了一段时间，我意识到止损的方法不仅可以用于股票投资，还可以应用于其他事情。我开始为遇到的一切烦心事设置止损线，结果产生了不可思议的作用。

"比如说，我和一个朋友会定期相约午餐，但他很少准时赴约，总是午餐时间过半才姗姗来迟。于是我告诉他，我准备用止损线的方法处理所有烦恼。我说：'亲爱的比尔，在等你这件事上，我的止损线是十分钟。如果你迟到十分钟以上，我们的午餐就告吹，我也不会再等你了。'"

我多希望自己几年前就能有止损的意识啊！这样我就可以为我的焦躁、坏脾气、辩解、懊悔，以及所有心理压力统统画上止损线。心烦意乱的时候，我为何不懂得告诉自己："喂，戴尔·卡耐基，面对这种局面，你发的牢骚已经够多了，到此为止吧？"为何我那个时候不懂这个道理？

不过，至少我有一件事处理得不错。当时的情况堪称是我人生的决定性时刻——我眼睁睁地看着我对未来的梦想规划和数年来的创作灰飞烟灭。事情是这样的：三十岁的时候，我立志投身于小说创作，想成为第二个弗兰克·诺里斯、杰克·伦敦或托马斯·哈代。我决定潜心写作，因此在欧洲住了两年。当时正值第一次世界大战过后，欧洲毫无节制地发行纸币，用美元在欧洲消费很划算。我花了两年时间完成了我的"杰作"，并把我的作品命名为《暴风雪》。

我的书名取得真是恰如其分，因为所有出版商对这本书的态度都冷漠得如同达科他州平原上凛冽的暴风雪。当我的代理商说这本书一文不值，我没有写小说的天分时，我的心跳几乎停止了。我呆滞地走出他的办公室，就像是遭受了当头一棒。我意识到我正站在人生的十字路口上，必须做出至关重要的决定——我该怎么办？该走哪条路？我花了好几周时间才走出迷茫。那时候我还没听说过要"为忧虑设置止损线"，不过现在回头看看，我当时的做法与这一方法不谋而合。我把呕心沥血的那两年当作一次宝贵的试验，然后重新出发。我回到讲台上，重拾成人教育，并在业余时间开始撰写传记和非虚构类作品——包括你此刻正在读的这一本。

我是否为这个决定感到满意？何止满意，每次我一想到当时的决定，我就高兴得想在大街上跳舞！我可以坦诚地说，从做出决定的那一刻起，我就接受了我不可能成为第二个托马斯·哈代这个事实，并且再也没有浪费时间为此伤心懊恼。

19世纪的某个夜晚，在瓦尔登湖湖畔，当猫头鹰在丛林中发出尖利的叫声时，亨利·梭罗用鹅毛笔蘸了蘸自制墨水，在日记中写下了这样的话：

每一事物都是我们用生命换取的,要么当即兑换,要么在未来的某一时刻兑换。

换句话说:把宝贵生命过多浪费在某一事物上是愚蠢的。

然而吉尔伯特与沙利文偏偏做了这样的蠢事。他们擅长用言语和音乐创造欢乐,却不懂得如何让自己的生活也充满欢乐。他们创作了世界上最美妙的轻歌剧,《忍耐》《宾纳福号》《日本天皇》等剧作让世人为之欢喜,可他们却控制不了自己的坏脾气。为了区区一张地毯,他们竟记恨对方数年。沙利文为剧院订购了一张新地毯,不料吉尔伯特看到账单后怒气冲天。他们为此闹上法庭,有生之年没有再和对方讲过一句话。必须合作的时候,沙利文把创作的音乐寄给吉尔伯特,吉尔伯特填词之后再寄回去。有一次,他们需要同台谢幕,为了不看到对方,他们竟然分别站在舞台的两端,向不同方向鞠躬致意。

吉尔伯特与沙利文不懂得为怨恨画上止损线,但是林肯懂得。内战期间,当朋友对林肯的仇敌大肆抨击的时候,林肯说:"你们心中的仇恨比我多。可能我对仇恨太不敏感了,我只是觉得不值得。人没必要把一半光阴都浪费在争执上。如果敌人不再攻击我,曾经的恩怨也就被我抛在脑后了。"

如果我的伊迪丝伯母能够有林肯这样的宽大胸怀就好了。她和弗兰克伯父住在一座已经抵押出去的农场里,农场里杂草丛生,土地贫瘠,沟壑遍地,像是被诅咒了一样。他们的日子很不好过,一分钱要掰成两半花。但是伊迪丝伯母很喜欢用窗帘布之类的小物件装饰简陋的房屋,总在丹·埃佛索的纺织品商店赊账购买这些小小的奢侈品,弗兰克伯父很担心这些欠款。出于农民本能对欠债的恐惧,他悄悄告诉丹·埃佛索别再让他的妻子赊账了。伯母知道之后,简直火冒三丈。而从那之后的五十年间，每次想到这件事她都依旧怒气冲天。我不止一次听她讲过这件事。上次见到她的时候，她已经年近八旬了。我对她说："伊迪丝伯母，伯父这样让你难堪是很过分，但是这件事已经过去半个世纪了，你还在抱怨，难道你不觉得比伯父还过分吗？"

伊迪丝伯母为这些不愉快的回忆付出了高昂代价——代价就是她自己内心的平静。

本杰明·富兰克林七岁那年犯的一个小错让他记了七十年。当时他喜欢上了一只口哨。他兴冲冲地跑进玩具店，把所有铜板摆在柜台上要买那只哨子，激动得连价格都忘记问。七十年后，他在给朋友的信中描述了当时的情景："我跑回家，吹着哨子在屋里来回转悠，把它视若珍宝。"但当哥哥姐姐发现他为了一只哨子多花了好多钱的时候，纷纷嘲笑他。就像富兰克林在信中写的，他"恼怒地大哭起来"。

多年后，富兰克林功成名就，成为美国驻法大使，但他依旧记得孩提时代为一只哨子多花的冤枉钱。他说这件事为他带来的懊悔远多于快乐。

然而这件事让富兰克林学到了宝贵的一课。他说："长大后，我走入社会，开始观察人类的行为。我意识到有太多的人同样为了一只哨子多花了许多冤枉钱。简而言之，我认为人类大部分苦恼源于他们对于事物价值的错误认知。他们在'哨子'上的花费远远超过它本身的价值。"

吉尔伯特和沙利文为他们的哨子花了太多冤枉钱，伊迪丝伯母也是如此，我自己在许多时候同样如此。著名文学家列夫·托尔斯泰也一样。他是世界名著《战争与和平》和《安娜·卡列尼娜》的作者。根据《大英百科全书》记载，在他人生的最后二十年，"大概是世界上最受尊敬的人"。在那段时期——也就是1890年至1910年间——不计其数的崇拜者慕名来到他的住宅朝圣，期望能够亲眼见到偶像的真容，亲耳听到偶像的声音，亲手触碰偶像的衣角。他说的每一句话都被崇拜者奉为"神谕"，记在纸上。然而说到对生活的认知，七十岁的托尔斯泰还不如七岁时的富兰克林，一点儿概念都没有。

我之所以这么说，原因是这样的：托尔斯泰年轻时娶了他深爱的姑娘。他们幸福地生活在一起，并祈求上帝让这种神圣而璀璨的喜悦能够天长地久。然而托尔斯泰的妻子天性善妒，她曾经乔装成农妇的样子监视托尔斯泰的一举一动，甚至在森林里跟踪他。两人因此产生龃龉。托尔斯泰妻子的嫉妒心愈演愈烈，甚至连她自己的孩子都饱受其苦。有一次，她出于嫉妒，竟然开枪在女儿的照片上射穿了一个洞。她甚至举着鸦片罐在地上打滚，威胁要服毒自尽，把孩子们吓得躲在墙角瑟瑟发抖。

而托尔斯泰做了什么呢？如果他把家具砸个粉碎我也不怪他，毕竟他有愤怒的理由。但是他的反应比这还要糟糕——他竟然记在了私人日记中！是的，他习惯把对妻子的所有抱怨都写下来，日记就是他的"哨子"。他把过错统统推到妻子身上，希望子孙后代能够同情他。那他的妻子对此做何反应呢？可想而知，她把这几页从托尔斯泰的日记中扯下来烧掉，并且自己也开始写日记。在她笔下，托尔斯泰才是罪魁祸首。她甚至写了一部名为《谁之错？》的小说，把丈夫形容成恶魔，自己则是受害者。

结局如何呢？这对夫妇亲手把自己唯一的家变成了托尔斯泰口中的"疯人院"。原因不止一个，但其中之一就是他们太在意给你我留下的印象。是的，我们这些后代的看法才是他们担心的重点！但我们在意他俩究竟谁对谁错吗？当然不！我们自己的问题还顾不过来呢，哪有时间关心托尔斯泰家的事情。这两个可怜人为他们自己的"哨子"付出了多么高昂的代价啊！他们在"地狱"中共同生活了五十年，只因为两个人都不懂得喊停。他们都没有足够的判断力说出："让我们画下止损线，停止浪费生命吧。是说'够了'的时候了！"

我相信内心安宁的秘诀之一就是树立正确的价值观。我还相信，如果我们有自己的标准，能够判断出什么事情真正值得花费生命，我们就能够消灭半数忧虑。所以，在忧虑击败你之前，先击败它。

「原则5：

每当我们持续浪费生命为某件事烦忧的时候，请先停下来，问问自己这三个问题：

1. 我在担心的这件事实际上对我有多重要？

2. 我应该把"止损线"定在什么位置，然后忘掉这件事？

3. 这个"哨子"值得我花费多少？我在这件事上付出的时间和生命是否已经超出了它的价值？」

# Section 11
# 不要试图改变过去

写下这章标题的时候,我透过窗子就能看到花园里的恐龙足迹化石。这些留有恐龙足迹的页岩是我从耶鲁大学的皮博迪博物馆购买的,博物馆策展人还附有一封信,上面提到这些足迹是一亿八千万年前留下的。连傻瓜都知道无法回到一亿八千万年前改变这些痕迹,那么为三分钟前发生的事情感到懊恼岂不是更傻?然而许多人正是这样做的。对于三分钟前发生的事情,我们或许能够改变它的影响,却不可能再改变事件本身。

想让过去对现在产生价值,只有一种方法,那就是冷静地分析过去的错误,从中受益,然后把它忘记。

我知道这个道理,但我是否有勇气和觉悟一直这样做呢?我想以我几年前的遭遇来回答这个问题。当时我白白让三十万美元从指缝溜走,一个子儿都不剩。事情的经过是这样的:我在成人教育领域的事业规模越做越大,在很多城市开设了分支机构,并在日常管理和广告营销上投入了大量资金。当时我忙着教书,没时间也没想到要管理财务。由于经验不足,我也没意识到我需要一位精明强干的业务经理来控制成本。

过了一年多,我才终于察觉到一个震惊的事实——尽管公司业务量极大,但是竟然没有任何盈余!我当时本应当采取两个措施。首先,我应当向黑人科学家乔治·华盛顿·卡弗学习。由于银行倒闭,他损失了一辈子辛辛苦苦攒下的四万美元。别人问他知不知道自己破产了,他是这样回答的:"是的,我听说了。"然后接着教书。他把这笔损失彻底从脑海中抹去,再也没有提起过这件事。我当时应当采取的第二个措施是分析自己的错误,从中汲取宝贵的经验教训。

但是坦白说,我当时并未想到要采取这些措施,而是陷入了慌乱和担心。一连好几个月,我精神恍惚,失眠,体重下降。我非但没有从巨大的失误中得到经验,反而在错误的道路上越走越远。

承认当时的我有多愚蠢实在是一件难堪的事。但是我很早以前就意识到"向别人传授人生道理,远比亲自践行这些道理要容易得多"。

我多希望年少时有机会就读纽约的乔治·华盛顿高中,拜在布兰德·维恩先生门下啊!他的学生桑德斯告诉我,布兰德·维恩先生教会了他人生中最宝贵的一课。"我当时十来岁,"艾伦·桑德斯对我说,"整天愁眉苦脸的。我总是对犯过的错误自责。每次交考卷之后我都睡不着觉,总是咬着指甲担心考试通不过。我总会反复琢磨做过的事情,希望能够重新来过;我也总会为说过的话懊悔,希望自己当时说得更好一些。

"一天早晨,我们全班涌进实验室上课。布兰德·维恩先生正在等我们,讲台的一角很醒目地放着一瓶牛奶。我们坐下来,不解地看着那瓶牛奶,不知道和这堂卫生保健课有什么关系。这时,布兰德·维恩先生突然站起来,挥手把牛奶打翻到水槽里,大声说道:'永远不要为打翻的牛奶哭泣!'

"随后他把我们叫到前面,看水槽里的碎片。'好好看看,'他对我们说,'我希望你们一辈子牢牢记住这堂课。你们也看到了,牛奶已经流走了,再怎么发牢骚或者抓头发都无法挽回。如果事前能够

多思考，做好预防措施，或许可以保住这瓶牛奶。但是现在一切都晚了，我们唯一能做的就是把它忘掉，专心去做下一件事。'

"长大后，我忘记了念书时拿手的几何学和拉丁文，但这个简单的示范却一直牢牢刻在我心里，"艾伦·桑德斯告诉我，"这件事教给我的人生道理远比四年高中生活中学到的任何东西都重要。它让我学会保持警觉，不要打翻牛奶，但如果牛奶已经洒落，就彻底忘记它。"

"不要为打翻的牛奶哭泣"，有些读者可能会对这个老掉牙的谚语嗤之以鼻。我知道这是老生常谈，也知道这句话你大概已经听过上千次，但这些古老的箴言中包含着世世代代验证过的大智慧。人们在生活的试炼中得出了这些经验，并且一代代传承下来。从古至今，任何伟大的学者关于"忧虑"的著述都不及这些言简意赅但影响深远的谚语，比如"船到桥头自然直"，或是"不要为打翻的牛奶哭泣"。如果人人都能够身体力行，而不是嗤之以鼻，那么这本书也就没有存在的必要了。只要将这些古老的箴言付诸实践，我们就能过上近乎完美的生活。知识在转化为行动之前只是一纸空谈，这本书的初衷也并非讲述什么新奇的道理。写下这本书，正是为了提醒你那些被你遗忘的真理，激励你采取行动。

我一直很崇拜弗雷德·富勒·谢德那样的伟人。他是《费城公报》的编辑，他有一种天赋，能够把古老的真理用生动新颖的方式表述出来。当他受邀给大学毕业生演讲的时候，他问这些毕业生说："在座的各位有没有人曾经锯过木头？举起手来让我看看。"大部分学生都举手了。他又问道："有人锯过木屑吗？"没人举手。

"显然，我们不可能锯开木屑！"谢德先生朗声说道，"因为它已经被锯开了。而过去的事情也同样如此。当你为尘埃落定的事情懊恼不已的时候，就相当于正在锯木屑。"

棒球名将康尼·马克八十一岁高龄的时候，我曾经去拜访过他。聊天的时候，我问他输掉比赛是否会让他介怀。

"当然，我以前总是这样，"康尼·马克告诉我，"但是我好多年前就不再这样愚蠢了。我意识到不管我是否介意，事情都已经无法改变。流逝的水无法再推动石磨。"

是的，如果水已经流逝，就无法再推动石磨，只会令你徒增烦恼，让你眉头紧锁，肠胃不适。

去年感恩节的时候，我和杰克·登普西共进晚餐。就着火鸡和蔓越莓酱，他给我讲了惜败滕尼·纳特里的那场重量级拳王争夺战。那一战极大地打击了他的自尊。他告诉我："比赛进行到一半的时候，我突然觉得自己老了……第十回合结束的时候，我虽然还能勉强站起来，但我心里清楚一切已成定局。我鼻青脸肿，伤口流血，眼睛几乎睁不开。我看到裁判举起滕尼·纳特里的手宣布胜利。我再也不是世界冠军了。我在大雨中穿过人群，回到更衣室。一路上，有些人想和我握手，有些人眼中含着泪水。

"一年后，我又与滕尼交战，再度失利。我彻底完了。我很难不去想我的失败，但是我告诉自己：我不打算活在过去，也不会为打翻的牛奶哭泣。我要咬紧牙关扛下这次打击，不会让它把我击倒。"

杰克·登普西是这样想的，也是这样做的。他是怎么做到的呢？是否一次次提醒自己，"不要为过去发生的事情懊恼？"不，这样只会让他一次次地想起过去。他采取的方法是接受失败并忘记它，集中精力制定未来的规划。他在百老汇大街上开了一间杰克·登普西餐厅，又在第57街开了北方大饭店。他推进职业拳击的发展，并参加拳击表演赛。他忙着做脚踏实地的实事，没有时间也没有心思沉湎于过去的烦恼。"过去这十年，我过得比当冠军的时候还要好。"杰克·登普西说。

我喜欢从历史类书籍和人物传记中了解人在逆境中的反应。那些有能力放下忧虑和灾难，重建幸福生活的人常常让我深感震撼。

我曾经参观过辛辛监狱，最让我惊讶的是那里的囚犯看上去像普通人一样快乐。我向典狱长路易斯·E.劳斯提及这一发现，他告诉我，当罪犯刚被押送到辛辛监狱的时候，大部分人都充满怨恨和抗拒。但几个月之后，聪明人就放下仇恨，平静地接受了监狱生活，并充分利用这段时间。劳斯典狱长提到了其中一个囚犯。这个囚犯原本是个花匠，他在监狱院墙内种花和蔬菜，还哼着他自己写的歌。

这个一边种菜一边唱歌的囚犯比我们大部分人都要睿智，因为他懂得：

造物主写下天书，
无论虔诚或智慧，
也无法撤销一行，
即使流干眼泪，
也无法洗掉一字。

为什么要白费眼泪呢？我们会犯错误，会做荒唐事，但是那又如何呢？有谁不曾犯错？就连拿破仑都曾在三分之一的关键战事中败北，我们的胜率没准还比拿破仑强一些呢，谁又说得准？

无论如何，普天之下所有骏马和良臣都无法再让过去重来。就让我们记住：

「原则6：
　把过去留在过去，不要试图改变过去。」

「第三部分小结」

原则1：用忙碌驱逐忧虑。行动是治愈忧愁的最佳药方。

原则2：不要为琐事烦恼。不要让生活的鸡毛蒜皮毁掉你的幸福。

原则3：用概率排除忧虑。问问自己："这件事发生的概率究竟有多高？"

原则4：接受无法避免之事。如果事情不是你的能力能够改变的，告诉自己："事成定局，没有其他可能。"

原则5：为忧虑设置止损线。判断事情值得焦虑多久，不要浪费更多时间。

原则6：把过去留在过去，不要试图做无用功。

# Chapter 04

## Seven Ways to Cultivate a Mental Attitude that Will Bring You Peace and Happiness

## 心态平和的七个方法

# Section 12
# 改变生活的一句话

几年前,在一档电台节目中,有人问了我一个问题:"你人生中学到的最重要的一课是什么?"

答案很简单:到目前为止,我学到的最关键的一课,就是思维方式的重要性。只要我知道你的思维方式,我就知道你是怎样的人。想法塑造人生。我们的心理状态决定了我们的命运。爱默生曾说过:"人等同于他每日的所思所想。"不然还能是什么呢?

如今我确信无疑,我们每天面对的最大的问题,实际上也是唯一的问题,就是选择正确的思维方式。如果能够做到这一点,一切问题都将迎刃而解。曾经统治罗马帝国的伟大哲学家马可·奥里利乌斯用一句话总结了这一点,而这句话将决定你的命运:"人生由思想决定。"没错,如果我们想法积极,就会感到快乐;如果我们想法消极,就会闷闷不乐。想到恐惧的事,我们会变得害怕;如果有病态的想法,那多半精神上出了问题。如果总是想着失败,一定会失败;如果沉溺于自怨自艾,周围人一定避之唯恐不及。正如诺曼·文森特·皮尔所言:"你并不是自己想象中的样子,但你是怎么想的却决定了你是怎样的人。"

我是在提倡面对问题一律盲目乐观吗?当然不是,生活并没有这么简单。但是我主张以积极代替消极。换而言之，要关心遇到的问题，但不要担心。二者的区别是什么呢？让我举个例子。每次我走过纽约交通拥堵的街道时，我都会注意路况，但并不忧虑。关心意味着找出问题，并冷静地采取步骤加以解决；而担心意味着茫然无措地兜圈子。

面对棘手问题，仍然有人可以做到昂首挺胸，衣冠楚楚，纽扣中别着康乃馨。洛厄尔·托马斯就是这样做的。他拍摄的著名战争影片上映时，我曾有幸陪在他身边。一战期间，他和助手屡次奔赴前线，在枪林弹雨中拍摄，带回T.E.劳伦斯和他那支阿拉伯军队的一手影像资料，并用影片记录下艾伦比在圣地取得的胜利。回到伦敦后，他发表了名为"巴勒斯坦的艾伦比，阿拉伯的劳伦斯"的演讲，绘声绘色地讲述他的非凡经历。一时间，他的影片在伦敦人人热议，并在世界范围内引发轰动。他在伦敦柯芬园的皇家歌剧院分享惊心动魄的冒险故事，展示影片的时候场场爆满，伦敦歌剧季为此推迟了六周之久。在伦敦大获成功之后，他应邀去许多国家进行巡回演讲。之后，他花了两年时间剪辑一部关于印度和阿富汗生活的纪录片。不料他遭遇了一连串难以置信的倒霉事，最终产生了貌似不可能的结果——他发现自己竟然破产了。那时我恰好和他在一起。我记得我们只能在廉价餐馆勉强果腹，饭钱还是苏格兰著名艺术家詹姆斯·麦克贝伊借给我们的。这个故事的重点是，在高额债务面前，虽然洛厄尔·托马斯感到万分沮丧，并且很重视这一事实，但他并不忧虑。他深知一旦被失败击垮，他的人生就不再有价值，也对不起他的债权人。每天早晨出门的时候，他都会买一枝花别在扣子上，抬头挺胸、精神饱满地走过牛津大街。他积极勇敢地看待问题，拒绝让失败主宰他的思想。在他眼中，挫折也是人生这场游戏的一部分，他知道若想走上人生巅峰，这种磨炼是必要的。

人们的精神状态会对身体产生不可思议的影响。英国著名心理学家J.A.哈德菲尔德在他的著作《力量心理学》中提到过一个惊人的事例。"我请三个人协助我测试心理暗示对身体力量的影响，"他在书中写道，"力量变化通过测力计观测。"他让这三个人尽力握紧测力计，在三种不同状况下进行测试：

首先，在清醒状况下进行测试的时候，三人的平均握力是101磅。

随后，哈德菲尔德给三名被试者催眠，暗示他们非常虚弱。结果平均握力只有29磅，还不到正常情况的三分之一。三人中有一名职业拳手，当他被暗示自己很虚弱的时候，他说感到自己的手臂"像小孩子的手臂一样短小"。

第三次测试中，哈德菲尔德催眠暗示三名被试者非常强壮，结果平均握力高达142磅。被灌输了积极的想法之后，他们的体能提升了将近500%。

这就是心理状态不可思议的力量。

为了进一步证明思想的魔力，接下来我要讲一个美国历史上最离奇的故事。我可以就这个故事写一本书，但在这里我们还是长话短说。十月里一个寒冷的夜晚，内战刚刚结束不久，一个无家可归的穷苦女人在马萨诸塞州埃姆斯伯里的大街上漫无目的地流浪，偶然敲开韦伯斯特太太家的大门。

韦伯斯特太太是一位退休船长的妻子。打开门，她看到面前这个瑟瑟发抖的姑娘"只有大概八九十斤，瘦得只剩皮包骨头"。这个陌生姑娘说自己是格洛弗的妻子，希望能找到一个好心收留她的地方，让她能够解决一个日夜困扰她的问题。

"就住在我家吧，"韦伯斯特太太热心地说，"反正这个大房子现在只有我自己一个人住。"

若不是突遇变故，这个瘦弱的女人或许会无限期地住在韦伯斯特太太家。那天，韦伯斯特太太的女婿比尔·埃利斯从纽约回来度假，他发现家里住进了一个陌生人，怒气冲冲地吼道："我家可不欢迎流民！"他把这个无家可归的女人推出门。当时屋外正下着倾盆大雨，女人在雨中瑟瑟发抖，只得沿路寻找暂时栖身的地方。

然而故事最让人吃惊的部分在于，这个被比尔·埃利斯扫地出门的"流民"命中注定会像世界上每一位女性一样，对这个世界的思考方式产生影响。这位全名为玛丽·贝克·艾迪的女性后来成为基督教科学的奠基人。

然而对于当时的她而言，人生中只有疾病、哀伤与灾难。她的第一任丈夫在婚后不久就亡故了，第二任丈夫与有夫之妇私奔，后来在贫民收容所离世。她原本生育了一个儿子，但是因为贫穷、疾病和他人的猜忌，她在独子四岁的时候被迫放弃了抚养权，之后的三十一年再也没有听到过儿子的消息，也再没有见过他一眼。因为自己健康状况不佳，她多年来一直对精神疗法很感兴趣。而她人生中最戏剧化的转折点发生在马萨诸塞州林恩市。在那个寒冷的冬日，她独自走在市区的路上，结果不小心在结冰的人行道上重重地滑倒，陷入了昏迷。她脊椎受伤，不住地痉挛，医生认为她活不久了。就算她奇迹般地保住性命，也将终生无法行走。

躺在床上等待死亡的时候，玛丽·贝克·艾迪打开《圣经》，读到《马太福音》中的这段话："……他们抬着一个瘫痪的人，到耶稣跟前来。耶稣对那瘫痪的人说：'孩子，放心吧，你的罪被宽赦了……站起来，拿你的褥子回家去吧。'那人就起来，回家去了。"

耶稣基督的这段话在她心中升起了一股力量。这信念和治愈力如此强烈，让她"立刻从床上起身，下地走路了"。

艾迪说："这段经历如同树上掉落的苹果，指引我发现了怎样令自己好转，令他人好转……科学证明，身体自愈的原因是精神力量，是一种心理现象。"

玛丽·贝克·艾迪从此成为基督科学教的创始人和领袖。基督科学教是唯一一个由女性建立的信仰，并在全球范围内有广泛影响。

在成人教育领域的三十五年经验让我深刻地了解到，无论男女老少，都有能力摆脱忧虑、恐惧和许多病痛，通过转变思想改造自己的人生。

我的学生弗兰克·J.惠利就曾经这样改变了自己的人生。他住在明尼苏达州西爱达荷街1469号。他一度经历过精神崩溃。是什么造成的？忧虑。

弗兰克·J.惠利告诉我："那时我对一切都感到忧心忡忡。我担心自己太瘦，担心掉头发，担心挣不到足够的钱结婚，担心无法成为合格的父亲，担心追不到我想娶的那个姑娘，觉得自己的生活简直一塌糊涂。我在意自己给他人留下的印象，疑心自己患了胃溃疡。这些心事让我无法工作，被迫辞了职。我不断给内心施加压力，变得像一个没有安全阀的高压锅，压力大到令我无法忍受，终于爆发了。如果你从未经历过精神崩溃，请祈祷上帝千万不要让你遭遇这种事，因为任何肉体痛苦都不及心灵挣扎之苦。

"我的精神崩溃非常严重，甚至没办法和家人正常交谈。我无法控制自己的思想，内心充满恐惧，一点儿细微声响都让我惊跳起来。我害怕见人，经常无缘无故地号啕大哭。

"每一天都变成煎熬。我觉得我被所有人遗弃了，连上帝都抛弃了我。我真想投河一了百了。

"最终我决定去佛罗里达，希望环境的改变能够帮助我。上火车的时候，父亲交给我一封信，告诉我到佛罗里达再打开。当时佛罗里达正值旅游高峰期，我订不到旅馆，只好租了个车库睡觉。我想在迈阿密的不定期货轮上找份工作，但无功而返，只好整日躺在沙滩上无所事事，比在家的时候还要苦闷。于是我打开父亲给我的信，想看看他写了什么。父亲在信中说道：'儿子，现在你离家1500英里，但你没有感到任何不同，对不对？我知道，因为你去佛罗里达的时候身上带着一切烦恼的根源，也就是你自己。你的身心都没有出问题，打败你的并不是你的遭遇，而是你对待遭遇的态度。一个人的想法决定了他的为人。当你理解了这一点的时候，儿子，就回家吧，你会好起来的。'

"父亲的信让我很生气。我希望得到同情，而不是教训。我简直气疯了，决定永远不再回家。那天晚上，我走在迈阿密的街上，路过了一座正在做礼拜的教堂。我反正也没地方去，就走进教堂，正好听到这样一段布道词：'战胜自己心灵的人比攻下一座城池的勇士更加强大。'在神圣的教堂中听到这句话，我想起父亲在信中写的同样的劝慰，心中累积的负面情绪突然一扫而空。我人生中第一次感到头脑无比清晰。我意识到自己过去有多傻。我看清了真正的自己，并为此感到震惊。我曾想改变世界，改变世上的每一个人，但唯一真正需要改变的，其实是我看待问题的焦距，而镜头就是我自己的思维。

"第二天一早我就收拾行李回了家。几周后，我找回了工作。又过了数月，我娶了那个我担心会错过的姑娘。如今我们已经有五个孩子，家庭幸福美满。无论物质上还是精神上，上帝都待我不薄。

"精神崩溃的那段时间，我是夜班工头，负责一个十八人的团队。现在我成为纸箱生产厂的主管，管理着四百五十名员工。如今我的生活更加充实，也更加平和。我理解了生活的真谛。当忧虑再来干扰我的时候，我提醒自己调整'相机'的焦距，一切就又相安无事了。

"坦白说，我很庆幸曾经经历过精神崩溃。尽管过程很痛苦，但这段经历让我意识到思想对身心产生的巨大影响。现在我可以让思想为我所用，而不是与我作对。现在我懂得了父亲那时说过的话，他是对的，让我痛苦的不是我的际遇，而是我对际遇的态度。一认识到这点，我就痊愈了，并且再也没有为忧虑所困。"这就是弗兰克·J.惠利的亲身经历。

我深信，内心的平静与生活的喜悦并不取决于我们是谁，在哪里，拥有什么，只取决于我们的精神状态。外在环境和心理状态关系并不大。让我们回顾一下老约翰·布朗的事迹。他夺取了位于哈泊斯费里的兵工厂，鼓励农奴反抗，因而被判处绞刑。他骑马到绞刑架前，即将赴死。和他并肩骑行的狱卒十分紧张，老约翰·布朗却沉着平静。他抬头看着弗吉尼亚州的蓝岭山脉，大声说："多么壮丽的国土啊！之前我从未有这样的机会，能好好看看它。"

让我们再来看看罗伯特·弗尔肯·斯科特和同伴的经历。斯科特是首位抵达南极圈的英国人，然而他的返程大概是人类历史上最残酷的冒险。当时他们一队人的食物和燃油都已耗尽，咆哮的暴风雪封锁了他们的前进道路，让他们在世界尽头困了十一天。凛冽的狂风在极地冰上划下一道道印痕，斯科特和他的伙伴们知道自己时日无多。旅行前，他们特意为这种紧急情况准备了鸦片，只要服下一定剂量，他们就会沉入梦乡，永远不再醒来。但是在最后的日子里，他们并未取出鸦片，而是"嘹亮地唱着歌"告别了人世。八个月后，搜索队发现了他们冰冻的遗体，并在诀别信中读到了这样感人的场面。

是的，如果拥有冷静果敢的思想，人就能够在赴死的时候从容欣赏景色，骑马向绞刑架而行，或是在饥寒交迫走上绝路之时，让帐篷里回荡着愉快嘹亮的歌曲。

三百年前，英国诗人弥尔顿失明后发现了同样的真理：

思想自成一体，

在其之中，

天堂能够化为地狱，

地狱能够变为天堂。

拿破仑和海伦·凯勒都是弥尔顿诗句的绝佳例证。拿破仑拥有世人渴求的一切荣誉、权利与财富，但是他却在圣·海伦纳说了这样一句话："我人生中数不出超过六天快活的日子。"而海伦·凯勒虽然双目失明，双耳失聪，无法像正常人一样说话，却断定："我发现生活如此美妙。"

如果说我从我这半辈子中学到了什么，那就是"除了你自己，没有任何人能给你带来安宁"。

这句精辟的妙语是爱默生在《论自立》的结尾中写到的："政治胜利，租金上涨，恢复健康，旧友重逢，诸如此类的外部事件会让你精神为之一振，觉得好日子就在眼前。但不要相信这些，世事绝非如此。除了你自己，没有任何人能给你带来安宁。"

斯多葛学派的伟大哲人埃皮克提图曾经劝诫人们，比起清除"身体上的肿块和赘物"，我们应当更加注意清除掉思想上的谬误。埃皮克提图的箴言出自一千九百年以前，但是现代医学证实了他的话。G. 坎比·罗宾逊医生称，约翰·霍普金斯医院患者中有五分之四是由精神压力导致的病痛。甚至连器官失调的病例中，这个结论也是成立的。罗宾逊医生说："归根结底，这些病痛都能追溯到生活的失衡。"

伟大的法国哲学家蒙田把这句话奉为一生的座右铭："造成伤害的并非某件事本身，而是人们对于这件事的态度。"而对事物的态度完全取决于我们自己。

我想说明什么呢？我是不是想说，哪怕是被麻烦击垮，神经紧绷的时候，只要你有这个意愿，就能改变你的心态？没错！我正有此意！不仅如此，我还要告诉你怎样做到。或许会需要一点儿努力，但方法很简单。

威廉·詹姆斯是应用心理学领域的专业人士。他发现："行为看似取决于情绪，但实际上，行为与情绪是并行的。意志能够改变行为，但无法改变情绪。因此，通过主观地调整行为，我们就能够间接地调整情绪。"

换而言之，威廉·詹姆斯告诉我们，虽然我们无法只凭"下决心改变"就立刻改变情绪，但是我们能够立刻改变行为。一旦行为改变了，情绪也会相应地改变。

"因此，"他进一步解释说，"如果你不快乐，那找回快乐的最佳途径，是高高兴兴地坐直身子，说话做事都假装像是很快乐的样子。"

这个简单的技巧有用吗？当然，就像整容手术一样有用！自己试试看吧，试着咧开嘴露出一个大大的笑容，双肩向后舒展，深呼吸，唱首歌。如果你唱不好，吹口哨也行，不会吹口哨的话就哼一段。你很快就会理解威廉·詹姆斯的意思——当你表现得兴高采烈的时候，心情不可能一直低落！

这个朴素的真理能够轻而易举地为我们的生活创造奇迹。我认识一位加利福尼亚州的女士——我在这里隐去她的名字——如果她知道这个秘诀的话，在短短二十四小时内，她的苦恼会一扫而光。这位女士年迈又寡居，我承认这的确很令人难过，但是她有没有尝试着快乐一些？并没有。如果你问她感受怎么样，她会说："还行吧。"但是她脸上的表情和声音中的哀怨无疑在说："老天啊，如果你知道我的遭遇，你就不会这么问了。"仿佛是在谴责你竟敢在她面前表现出快乐。事实上，许多女性的境况比她糟糕得多，至少她的丈夫留给她足够度过余生的保险金，孩子们也已经成家，能够把她接去赡养。但是我极少见过她笑。她抱怨三个女婿都自私小气，然而她在孩子家一住就是几个月；她抱怨女儿们从来不给她买礼物，然而她自己却不肯掏一分钱，说要留着钱养老。她不仅自己萎靡不振，还为整个家庭蒙上了阴影。但是真的有必要这样吗？最遗憾的正是这一点。如果这位女士愿意改变，她完全可以从一个痛苦、尖刻、不快乐的老妇人变成家庭中备受尊敬的长辈。她需要做的改变只是试着做出快乐的行为，表现得像是愿意付出一点点爱意，而不是把这一点点爱意全部浪费在充满怨恨和痛苦的自我身上。

我还认识一位名叫H.J.恩格勒特的男士，他住在印第安纳州特尔城1335街。他得以活到今天，正是因为发现了这个秘诀。十年前，恩格勒特先生患了猩红热。康复后，他发现自己肾部受了损伤，发展成了肾炎。他遍访医生，甚至包括江湖大夫，但是任何办法都无法令他痊愈。紧接着他又得了其他并发症，血压竟高达致命的214，医生诊断他的病情还会恶化，建议他做最坏的打算。

"回到家里，"他说，"确认保险金已经付清，为我曾经犯下的错向上帝请求宽恕，随即任凭自己陷入消沉。身边的所有人都忧心忡忡，妻子和家人痛苦万分，而我抑郁得无法自拔。过了一周自怨自艾的日子之后，我告诉自己：'你简直像个傻瓜！没准还能撑一年呢，为什么不趁着还没死，让自己高兴点儿呢？'我挺起胸膛，脸上挤出一个笑容，试着表现得一切如常。我承认一开始需要很大努力，但是我强迫自己做出乐观的样子。这不仅救了我的家庭，更救了我自己。

"我的第一个发现就是自己真的感觉好多了，就像我装出来的状态一样好！病况持续好转，我本来几个月前就该进棺材了，但我不仅快乐地活到了今天，而且血压也降低了！有件事我很清楚：如果我当初自我放弃，整天想着'活不长了'，那医生的预言早就成真了。但是我给身体创造了自愈的机会，不是靠任何药物，而是靠改变自己的心态！"

请允许我问你一个问题：如果挽救生命只需要假装愉快、建立健康勇敢的积极心态，为什么我们还要纵容自己小小的沮丧和烦恼呢？明明只要做出快乐的样子就能够开始创造幸福，为什么要让自己和周围的人都这么不快乐呢？

几年前读过的一本小书对我的一生产生了深远的影响。这本书是詹姆斯·莱恩·艾伦的著作《当人类思考时》。他在书中这样说道：

> 人们会发现，一旦改变对事物和他人的看法，事物和他人也会产生相应的改变……只要颠覆一个人的思维方式，他会惊讶地发现自己的物质生活条件也快速发生改变。人们无法吸引他们想要的事物，只会吸引与他们相似的事物……为我们写下结局的命运之神就在我们身体里，也就是我们自己……一个人的成就反映了他的思维方式……想要成就自我，有所作为，唯一途径就是升华自己的思维方式。思想僵化的人只会在自怨自艾中固步自封，软弱无能。

《创世记》中说，上帝赐予人类主宰广阔世界的权力。这是一份伟大的礼物，但是我对这类至高无上的特权没什么兴趣。我只希望能够主宰自己——主宰我的思想，控制我的恐惧，掌管我的理智和情绪。最美妙的是，我知道无论什么时候，只要我想，就能够实现这个愿望。我要做的就是控制自己的行为，而行为将控制我的反应。

请记住威廉·詹姆斯的这句话："很多被我们称为不幸的事往往

能够转变成令人振奋的好事，受难者只需要把内心深处的恐惧转变为斗志。"

就让我们为自己的幸福燃起斗志吧！

只要遵循下述富有建设性的规划，我们就能够积极思考，为自己的幸福燃起斗志。这个规划的名字叫作"就在今日"。我发现这个规划非常鼓舞人心，所以复印了许多送人。这是西比尔·帕特里奇三十六年前的作品。只要照着做，我们就能够消除大部分忧虑，将生之喜悦无限放大。

就在今日

1.就在今日，我决定快乐起来。让我们相信亚伯拉罕·林肯所言不假："大部分人决定多快乐，就会有多快乐。"快乐是内心的感受，并不取决于外部条件。

2.就在今日，我要试着让自己适应世界的步伐，而不是要求世界适应我的欲求。我会坦然接受我的家庭、事业和运气，调整自己适应它们。

3.就在今日，我要好好爱惜身体。我会锻炼身体，关心它，呵护它，不滥用它，也不忽视它的需求，这样身体才能完美地执行我的指令。

4.就在今日，我会试着强化头脑。我会学习有用的知识，不做精神空虚的人。我要阅读一些需要刻苦、思考和专注的书籍。

5.就在今日，我要通过三种途径磨炼灵魂：我要做好事而不被人知道，还要遵从威廉·詹姆斯的建议，为了磨炼自己，主动做至少两件不想做的事情。

6. 就在今日，我要做一个讨人喜欢的人。我要展现出自己的最佳状态，衣着得体，言谈谦逊，举止文雅，不吝惜夸奖，不苛求他人，不对任何事物吹毛求疵，也不尝试控制或改变任何人。

7. 就在今日，我会试着活在当下，不再奢求一次性解决所有人生问题。如果让我坚持一辈子，我大概会望而却步，但是坚持当下的十二个小时我一定做得到。

8. 就在今日，我要开始制定计划，写下每小时的安排。我或许不会完全按照计划执行，但至少计划会帮我避免仓促行事和优柔寡断这两大难题。

9. 就在今日，我会花半小时安静地放松独处。这半小时里，我要想想上帝，促使自己站在更高的角度看待生活。

10. 就在今日，我将不再畏惧。我要敢于快乐，敢于享受美好的事物，敢于爱，敢于相信我爱的人也同样爱我。

「若想拥有平静幸福的心态，方法1：
　积极地思考，快乐地做事，你就会真的感到快乐。」

# Section 13
# 报复的代价太高

几年前的一个晚上,我到黄石公园旅行。我和其他的游客一同坐在露天观景台上,望着面前繁茂的松林,等待那个让人闻风丧胆的可怕家伙出现。灰熊终于现身了,它大摇大摆地走进刺眼的灯光中,开始吞食在森林旅馆的厨房里丢弃的食物。护林员梅杰·马丁代尔坐在马背上,给我们这些兴奋不已的游客普及熊的常识。他告诉我们,灰熊的战斗力和北美野牛及科迪亚克棕熊旗鼓相当,几乎能够横扫西方世界的任何动物。然而那天晚上,我注意到灰熊默许了另外一种动物从森林深处走近,和它在灯光中分享食物——那是一只臭鼬,只有一只。灰熊知道它只要动一下威风的爪子就能轻易把臭鼬拍死,但是它并没有这样做。为什么呢?因为经验告诉它,这样做并不划算。

我自己也得出过相同的结论。作为一个在农场长大的男孩,我在篱笆边用陷阱捉过很多臭鼬。长大成人后,我也在纽约的人行道上遇见过几只不同品种的臭鼬。这些惨痛经验告诉我,不管是哪个品种,都不值得我去逗弄。

当你对敌人充满恨意的时候,你就给了对方掌控自己的权力——掌控你的睡眠、食欲、血压、健康和快乐的权力。要是敌人知道他们正在你的心里兴风作浪,让你忧心忡忡,他们肯定会高兴得跳起舞来。你的恨意伤不了对方一根汗毛，却让自己日夜心神不宁，陷入痛苦的深渊。

猜猜下面这句话是谁说的："如果有人自私地占你便宜，就把他的名字从朋友名单上划掉，但不要想着报复。当你一心想报复的时候，你对自己造成的伤害比对别人大得多。"这句话听上去像是出自某位理想主义者之口，但事实并非如此，它出自密尔沃基警察局发布的一则公告。

报复他人如何会伤害到你自己？这种伤害是方方面面的。根据《生活》杂志，这个想法甚至会毁掉你自己的健康。"高血压患者最主要的人格特征是心怀怨恨，"《生活》杂志如是说，"一旦长期处于愤恨之中，就会诱发慢性高血压和心脏问题。"

最近我的一位朋友心脏病发作。医生让她卧床休息，并且要求她在任何情况下都不能动气。医生都知道，对于心脏衰弱的人，怒气能要了她的命。你不相信吗？几年前，华盛顿州斯波坎的一个餐厅老板就因为发火命丧黄泉。我手边有一封杰瑞·施瓦托特的来信，他正是斯波坎警察局局长。信中说："六十八岁的威廉·法卡博是斯波坎本地一家餐厅的老板。几年前，因为手下的一个厨子非要用茶碟喝咖啡，他大动肝火，一气之下撒手人寰。当时这位餐厅老板气得拿起手枪就去追厨子，却因心力衰竭倒地身亡。躺在地上的时候，他手里还紧握着那把枪。验尸官的报告说明是怒火引发了心力衰竭。"

耶稣说"要爱你们的仇敌"的时候，也是在告诉我们如何变漂亮。你我都认识被怨恨扭曲面孔，脸上皱纹密布，表情冷漠僵硬的女人。一颗充满仁慈、柔情和爱的心对容貌的改善，是任何美容手段都无法做到的。

憎恨甚至会让我们食不知味。《圣经》如是说："素菜淡饭而彼此相爱，胜过酒肉满桌而彼此憎恨。"

如果敌人知道你正在用恨意折磨自己，让自己紧张疲惫，容颜憔悴，甚至影响心脏健康和寿命，他们一定会高兴得直搓手。

如果做不到爱敌人，至少要爱自己。只要全心爱自己，敌人就无机可乘，无法控制我们的幸福、健康和容貌。正如莎士比亚所说："不要为敌人把炉火烧热，以致烫伤自己。"

当耶稣说我们应当原谅敌人"七十个七次"的时候，他也在为我们提供做生意的机会。我写作的时候，翻出了乔治·罗纳从瑞典乌普萨拉寄来的一封信。他曾在维也纳担任律师多年，第二次世界大战爆发后，他逃到瑞典避难。当时他身无分文，急需工作。因为会好几种语言，他想在进出口行业担任联络专员。对口的公司大部分答复说因为战争的缘故暂时不需要这类服务，将来有需要再同他联系，诸如此类婉言谢绝的话。但是有一个人给乔治·罗纳的回信却毫不客气地说："你对我们的业务简直一无所知，不仅错得离谱，还愚蠢至极。我可不需要什么联络员。就算需要，我也不会雇你，你连瑞典语都写不好，信里错误连篇。"乔治·罗纳读到这封信，简直气得发抖。这个瑞典佬说我写不好瑞典语是什么意思！他自己的回信里才全是错误呢！乔治·罗纳立刻写信，精心措辞反击。但寄信前，他停了下来。他对自己说："等一下。我怎么确定这个人的指责是错的呢？虽然我学过瑞典语，但毕竟不是我的母语，或许我真的哪里写错了而自己却没意识到。如果真是这样，那我可得努力学习，不然别想找到工作了。这个瑞典人其实帮了我。虽然这不是他本意，而且他的措辞很不招人喜欢，但是我还是欠他的。所以我应当写信感谢他。"

于是乔治·罗纳撕掉刚刚写好的那封尖酸刻薄的回信，重新写了一封："非常感谢您的一片好意，在不需要联络员的情况下还费心回信给我。我很抱歉对贵司的误解。之前冒昧致信,是因为我研究之后,了解到您是行业领袖。我并没有意识到自己的信中有语法错误,对此我非常羞愧,也想向您致歉。我会努力提高瑞典语,改正我的错误。在此我想感谢您指引我走上自我改进的道路。"

几天后,乔治·罗纳收到了这个瑞典人的回信,邀请罗纳去公司见他。罗纳照做了,并且得到了一份工作。乔治·罗纳发现了《箴言》中的道理:"婉转的回答可以平息愤怒。"

我们不是圣人,或许做不到爱我们的仇敌。但为了自己的幸福和健康,至少学会原谅并忘记他们,这样才是明智的做法。孔子曾经说过:"被误解或者被抢劫都不算什么,除非你一直记着这件事。"我曾问过艾森豪威尔将军的儿子约翰,他父亲有没有怨恨过谁。"从来没有,"约翰回答说,"我爸从不浪费一分钟自己的时间去想那些他不喜欢的人。"

老话说得好,傻瓜不会愤怒,而智者拒绝愤怒。

这正是纽约前市长威廉·J.盖诺的处事原则。被低级小报恶毒攻击后,他又被疯子的子弹击中,差点儿丧命。躺在医院里性命垂危的时候,威廉·盖诺说:"每晚睡前,我会原谅一切,原谅所有人。"这是不是太理想主义了呢?是不是他待人太好,太轻易原谅?如果真是如此,让我们听听伟大的德国哲学家叔本华的意见吧。他是《悲观论集》一书的作者。叔本华视人生为徒劳而痛苦的旅程,整个人就像笼罩着一团阴云。然而叔本华却在绝望的深渊中呐喊:"如果可能,不要对任何人心怀恨意!"

伯纳德·巴鲁克是深受白宫信任的顾问,曾经辅佐过六位总统,包括威尔逊、哈丁、柯立芝、胡佛、罗斯福和杜鲁门。我曾问过他政敌的攻击会不会让他心烦意乱。"没有任何人有本事羞辱我或激怒我,"他回答说,"因为我不允许。"

也没有人有本事羞辱或激怒你我,除非你我允许。

"棍棒或许能折断我的肋骨,但语言永远伤不到我。"

我常常在加拿大的贾斯珀国家公园中流连,驻足眺望西方最美丽的艾迪斯·卡维尔山。这座山为了纪念艾迪斯·卡维尔而得名。1015年10月12日,这位英国护士如圣徒般倒在德国行刑队的枪下。罪名是什么呢?她偷偷在比利时的家中收留并照顾受伤的英法士兵,帮他们逃到荷兰。被捕后,她被关进布鲁塞尔的军队监狱。那个清晨,当英国牧师走进牢房,为她做临刑前的祷告时,她只说了两句话。这两句话被雕刻在纪念碑上世代传颂:"'我知道,空有一颗爱国之心并不够。我不应对任何人心怀恨意。'"

原谅并且忘记敌人的有效方法是专心追求更伟大的目标。只要专注于目标,其他任何事情都无法吸引你的注意力,不管遭遇怎样的侮辱或敌意都不再重要。1918年,密西西比州的松树林中发生了一起耸人听闻的可怕事件,一位名叫劳伦斯·琼斯的黑人教师兼牧师在那里被处以私刑。几年前,我刚去拜访过劳伦斯·琼斯创立的松林乡村学校,并在全体学生面前发表讲话。如今这所学校已经全国闻名,但我想讲的这起事件发生在很久以前,要追溯到第一次世界大战时期那些敏感动荡的日子。当时谣传德国人正在煽动黑人叛乱,流言传遍了整个密西西比州中部。正如我之前提到的,面临私刑的黑人劳伦斯·琼斯被冠上了煽动种族暴动的罪名。事情的起因是一群白人在教堂外听到劳伦斯·琼斯对教徒喊:"生命是一场战斗,每个黑人都应当穿上盔甲,为生存而战,为成功而战。"

"战斗"!"盔甲"!这几个字眼已经足够定罪。这些年轻人激动地东奔西跑,在深夜里召集了一群暴民,回到教堂把牧师捆起来,拖到一英里之外的柴堆上。他们点燃火把，准备把牧师吊起来烧死，这时有人喊了一句："让这个该死的混蛋死之前说两句！说！快说！"

劳伦斯·琼斯站在柴堆上，脖子上套着绳索，将他的人生和理想娓娓道来。1907年，他从艾奥瓦大学毕业。大学期间，他的人品、学识和音乐天赋让他在师生之中颇受欢迎。临近毕业，一位酒店老板邀他一同经商，他拒绝了；另一位富商提出资助他深造音乐，也被婉拒。为什么？因为他另有抱负。他被布克·T.华盛顿的人生故事激励，决心帮助同族裔那些不识字的穷人接受教育，并为这项事业奉献一生。于是他来到南方最落后的地区——密西西比州杰克逊镇以南25英里的乡下。他把手表拿到当铺换了一美元六十五美分，用树桩当桌子，在林间的空地上开设学校。

劳伦斯·琼斯告诉那些正等着动刑的暴民，他在教育那些从未上过学的孩子们的过程中遇到的种种挫折，以及他怎样把他们培养为农民、工人、厨师和管家。他说起在走投无路的时候，有一些白人资助他土地、木材、家畜和钱，帮他建起松林乡村学校，让他能够把教育事业继续下去。

事后，有人问劳伦斯·琼斯恨不恨那些想把他吊起来烧死的人。劳伦斯·琼斯回答说他正为理想而奔忙，没精力去怨恨。他沉浸在比个体更伟大的事业当中。他说："我没时间争执，没时间后悔，也没人能够迫使我去憎恨谁。"

劳伦斯·琼斯站在柴堆上说的话并非为了自己，而是为了自己的事业。他诚恳感人的言辞让暴动的民众开始平静。终于，人群中的一位同盟军老兵开口说道："我相信这孩子说的都是实话。我认识他刚刚提到的那几个白人。这孩子在做好事，错的是我们。我们应该帮他，而不是把他吊起来。"这位老兵摘下帽子，在人群中传递，最终募集了五十二美元四十美分。而刚刚正是这些人一心想吊死松林乡村学校的创始人。这位创始人说:"我没时间争执,没时间后悔,也没人能够迫使我去憎恨谁。"

19世纪前,爱比克泰德就一针见血地指出,我们播种什么,就会收获什么,命运总会让我们为自己的罪恶付出代价。爱比克泰德说:"长远来看,每个人最终都会为自己作的恶受到惩罚。只要记住这一点,我们就不会对他人燃起怒火,不会谩骂他人,责备他人,攻击他人,怨恨他人。"

美国历史上大概没有第二个人像林肯那样被那么多人谴责、憎恨甚至出卖。然而根据赫恩登为林肯撰写的经典传记,林肯"从不依据自己的个人好恶评判他人。执行任何法案的时候,他都明白他的政敌能够做得和他一样好。如果他认为某个人是合适人选,即便对方曾经中伤过他或对他无礼,林肯也会像对待朋友一样,毫不犹豫地聘请对方……据我所知,他从未因为某人是政敌或是不喜欢对方就给任何人革职"。

许多被林肯一手提拔起来的人都曾抨击甚至侮辱过林肯,其中包括麦克莱伦、苏华德、斯坦顿和蔡斯。但是据林肯的律师合伙人赫恩登所言,林肯相信"没有人应当为他的所作所为得到颂扬或者承担责难",因为"我们所有人都受到条件、环境、教育、习惯和遗传的制约,现在如此,将来亦是如此"。

也许林肯是对的。如果你我遗传了和仇敌相同的身心条件和情绪特征,并且经历了仇敌经历过的一切,我们行为处事的方式大概会和他们一模一样,不可能做出不同的事情。正如克拉伦斯·丹诺曾经说过的:"了解一切,就会宽恕一切,评判和谴责不再现身。"与其憎恨仇敌,不如怜悯他们,并且感谢上帝没有把我们变成他们那样的人。

别再累积怨气报复敌人,让我们给予敌人理解、同情、帮助、宽容和祈祷。

从小到大,我的家庭习惯每晚阅读《圣经》,并跪下来做祷告。直到今天,我仿佛仍旧能听到父亲在孤寂的密苏里农庄里重复着耶稣的话。只要人们心怀信念,这些话会被世世代代传诵下去:"要爱你们的仇敌。诅咒你们的,要为他们祝福;憎恨你们的,要待他们好;为那些逼迫利用你们的祷告。"

我的父亲一生都在践行耶稣的箴言,他在这些箴言中得到了任何人都求之不得的安宁。

若要培养幸福安宁的心境,请记住:

「原则2:

永远不要报复敌人,因为这样对自己造成的伤害远远大于对敌人的伤害。让我们像艾森豪威尔将军那样,不浪费一分钟自己的时间去想那些我们不喜欢的人。」

# Section 14
## 如何对待忘恩负义

最近，我在得克萨斯州遇到一个怒气冲冲的商人。别人提醒我，不出十五分钟，这位商人就会开口向我抱怨。事实也的确如此。惹他生气的那件事发生在十一个月前，但直到现在他还怒火中烧，从早到晚都在讲这一件事。事情是这样的：圣诞节的时候，他给三十四名员工发了一万美元节日奖金，平均每人三百美元，但没有一个人来向他表示感谢。"我后悔死了，"他愤愤不平地抱怨说，"我一个子儿都不该给他们！"

孔子曾言："愤怒的人充满怨毒。"我衷心同情这位充满怨毒的商人。他已经年近六旬了。根据人寿保险公司的数据，我们的平均寿命约为八十岁与目前年龄差额的三分之二。如果这位先生够幸运，那他大概还有十四五年的光景。但是他却在所剩无几的人生中浪费了宝贵的一整年，为一件早已发生并且过去了的事情大动肝火。我觉得他很可怜。

与其沉浸在愤怒中自怜，倒不如扪心自问为什么没人感谢他。也许他给的工资太低又让员工加班太多；也许员工把圣诞奖金当作应得收入而不是额外的礼物；也许他太挑剔或者太难接近，没人敢来当面道谢；也许员工觉得发奖金是为了避税，诸如此类。当然，也有可能员工都自私自利,不懂礼貌。原因可能是这样,也可能是那样,我和你一样不了解情况。但是我知道塞缪尔·约翰逊博士曾经说过:"感恩之情是教养的产物,在粗鄙之人身上见不到。"

我想说的是,那位商人期待得到感激,本身就是自寻烦恼。他实在不懂人性。

如果你救了别人的性命,会不会期望对方感激你?很有可能。但看看塞缪尔·莱博维茨的经历吧。他在成为法官之前是著名的刑事律师,曾经从电刑椅上救下了七十八条人命。猜猜看,这些人里有几个会去向塞缪尔·莱博维茨道谢,或者在圣诞节给他寄张贺卡?我想你猜对了,一个也没有。书中曾说耶稣在半天内治愈了十位麻风病人,又有几人去感谢他呢?只有一个。不妨在《路加福音》里查查看。当耶稣转身问门徒"其他九人在哪里"的时候,他们早就都跑掉了,一句谢谢都没说就走了!那么我们以及那位得克萨斯州的商人,有什么理由期望别人对我们小小的恩惠表示感谢呢?

假如这恩惠和钱有关,那就更没希望了。查尔斯·施瓦布告诉我,他曾经救过一个银行出纳。那个出纳挪用银行资金买股票,要不是施瓦布掏钱帮他补上亏空,他就进监狱了。那个出纳感谢他吗?确实感谢他,但好景不长,他没过多久就背叛了施瓦布,开始抨击中伤让他躲过了牢狱之灾的恩人!

如果你给亲戚一百万美元,他大概会很感谢你吧?安德鲁·卡内基就做过这样的事。但是安德鲁·卡内基在九泉之下肯定没有想到,这位亲戚竟然会为了这笔遗产咒骂他。骂他的理由是什么呢?因为卡内基向慈善机构捐赠了三亿六千五百万,却"用区区一百万打发他",这是那位亲戚的原话。

世事就是如此。人性与生俱来,估计在你有生之年都不会改变。

那为什么不坦然接受呢？不妨学学马可·奥里利乌斯的现实主义态度，这位全世界最富智慧的哲人曾经统治过罗马帝国。他曾经在日记中写道："今天我要去见一些话多的人。他们傲慢自私，不懂感恩。但我对此不会惊讶，也不会恼火，因为世界上要没有这种人才奇怪。"这话很在理，不是吗？当我们抱怨别人忘恩负义的时候，到底应该怪谁呢？怪人性，还是怪自己忽视了人性？不要再奢求别人感恩了。偶然收到致谢，是额外的惊喜；如果无人感激，也是理所当然，不应为此烦心。

这就是本章我想强调的第一个要点：别人忘记感恩是合乎常理的事情。如果我们期望得到感谢，那只是自寻烦恼。

我认识一位住在纽约的女士，她总是抱怨自己太孤单，没有一个亲戚愿意看望她。这倒也难怪。只要你去拜访她，她就会喋喋不休地跟你讲她是怎样把两个侄女带大的。她在她们患小儿麻疹、腮腺炎和百日咳的时候精心看护，多年来照顾她们的饮食起居，资助其中一个侄女念商学院，另一个侄女出嫁前也一直住在她家。

两个侄女来看望过她吗？偶尔也会，但仅仅出于义务，内心其实很抗拒。侄女们知道每次来看望她，都要坐下来听她半责备半诉苦地唠叨几小时。每次迎接她们的都是没完没了的抱怨和自怨自艾的叹息。当这位女士再也无法威逼利诱侄女们来看她时，她就使出"法宝"，让自己心脏病发作。

她真的患了心脏病吗？这倒是真的，医生说她"心脏神经质"，经常心悸。但医生还说他们无能为力，因为她的问题是情绪上的。这位女士真正想得到的是爱和关心，但是她自己却认为别人欠她"感激"，认为这是她应得的。但无论感激还是爱，都无法通过强硬手段要到。

世界上还有许多女士像她一样，因为别人"忘恩负义"、感到孤单和不被重视而郁郁寡欢。她们渴望被爱，但世界上唯一一种得到爱的方法，就是停止索求，不求回报地付出爱。

听上去太理想化了？不，这是常识。这个方法能够让你我获得幸福。我相信这一点，是因为这个方法为我自己的家庭带来了幸福。我的父母通过帮助别人得到了快乐。那时候我家很穷，总是被债务压得喘不过气。但是不管再穷，父母都会想办法每年挤出一点儿钱寄给孤儿院——坐落在艾奥瓦州康瑟尔布拉夫斯的基督教之家。父母从未去过那里，除了例行的回信，也从未有人对他们的慷慨表示感谢。虽然他们从来没有期待得到感激，但帮助孩童的快乐本身就是让他们心满意足的回报。

离家之后，每年圣诞节前我都会寄支票给父母，劝他们给自己买些平时不舍得买的东西，但他们从不这样做。当我回到家中，父亲告诉我镇上某个寡居的妇人没钱给孩子们买食物和柴火，他们给她送去了煤和杂货。父母得到了多么大的快乐啊！这就是给予而不求任何回报的快乐！

我相信我父亲的品格正是亚里士多德笔下的"理想人格"，也是最值得得到幸福的人。"理想人格，"亚里士多德如是说，"会为帮助别人感到快乐。但受恩于人会令其感到羞愧。因为付出帮助是优越的表现，接受帮助则是软弱的表现。"

这就是本章中我想表达的第二个要点：若想获得幸福，就请享受付出的快乐，不计较是否有人感恩。

父母总会因为孩子不懂感激而生气难过。就连莎士比亚笔下的李尔王也高喊："逆子无情，甚于蛇蝎！"

但是孩子怎么会天生懂得感恩呢？这是后天教养而成的。忘恩如同野草，是人的天性。而感恩则如同玫瑰，需要精心的培育和爱护。孩子不知报恩究竟是谁的过错？或许是我们自己的过错。如果我们从未教过他们向他人表达感谢，又怎能指望他们对父母充满感激？

我认识一位芝加哥的男士，他原本很有理由抱怨继子忘恩负义。他在纸箱工厂辛苦工作，一周薪水只有不到四十美元。他娶了一个寡妇，并在她的劝说下借钱供两个已经成年的继子读大学。这位男士的四十美元周薪不仅要应付全家的生活开销，还要用来还债。他像苦力一样干了四年，从来没有抱怨过。有人对他表示感谢吗？没有。妻子把他的付出视为理所应当，两个继子也同样如此。他们从不觉得自己欠继父一分一毫，就连一句谢谢都不肯说！

这该怪谁呢？两个孩子的确有错，但他们的母亲更有责任。她认为让年轻人心怀歉疚是一种耻辱，不想让儿子"一开始就背上债务压力"。所以她从未想过要说："继父辛苦供你们念大学是多高尚的举动啊！"反而采取了这种态度："这是他应该做的。"

她以为这是对儿子的保护，实际上却为他们培养了错误的观念，让他们觉得这个世界有义务养活他们。于是错误的观念演变成错事——其中一个儿子想从雇主那里"借"钱，结果进了监狱！

请记住，孩子是父母教育的结果。我的姨妈维奥拉·亚历山大就是一个正面例子，这样一位女士永远不用担心孩子们会不知感激。她住在明尼阿波利斯市西明尼赫拉公园大道144号。我小的时候，维奥拉姨妈把母亲和婆婆都接到自己家来照顾。直到现在，我还能回想起两位老妇人坐在壁炉前的温馨画面。她们有没有给维奥拉姨妈添麻烦？我想一定不少。但维奥拉姨妈从来不会表现出这一点。她用心去爱这两位老妇人，宠着她们，让她们觉得像在自己家一样自在。维奥拉姨妈自己还有六个子女要照顾，但她从不觉得自己有多崇高，也不觉得把两位老人接到自己家照顾有什么值得赞美。对她而言，这是自然而然的事，是正确的事，她发自内心地想要这样做。

维奥拉姨妈现在过得怎么样呢？她孀居二十多年，五个孩子已经长大成人，都成了家，并且争着把她接到自己家住。孩子们都爱她，和她在一起总是待不够。出于感激吗？当然不是，纯粹是出于爱。孩子们在孩提时代沐浴着善行的温暖，如今以同样的爱回馈母亲，又有什么好奇怪的呢？

所以，让我们记住，若想培养知恩图报的子女，我们自己要先懂得感恩。孩子"人小耳朵尖"，大人应当谨言慎行。在孩子面前，别再轻视别人的善意，也永远不要说这样的话："看看苏珊表妹圣诞节寄来的这些洗碗布！她自己缝的，半个子儿都不舍得花！"这种话或许只是顺口说的，但孩子们听着呢。所以，我们最好这样说："看看苏珊表妹花了多少时间亲自做这些圣诞礼物！她人多好啊！我们现在就写信感谢她吧！"这样，我们的子女就会在无意中养成赞美和感恩的习惯。

「不想因为别人不知感恩而生气或忧虑，就记住这三个原则：
1. 与其担心别人忘恩负义，不如不要抱有期待。
2. 请记住，获得幸福的唯一方法并不是期待回报，而是单纯地为了给予的快乐而付出。
3. 感恩是教养的结果。如果我们希望子女知恩图报，就要好好教育他们。」

# Section 15
## 想想你得到的

  我与哈罗德·阿尔伯特相识多年。他以前是我的课程管理人员，住在密苏里州韦伯市南麦迪逊街820号。有一天，我在堪萨斯市遇见了他，他开车把我捎回密苏里州贝尔顿的农庄。路上，我问到他怎么避免忧虑，他给我讲了一段让我终生难忘的感人经历。

  他说："我以前总是一天到晚忧心忡忡。但是1934年的一个春日里，我在西多尔蒂大街上看到的一幕让我的忧虑从此烟消云散。那一幕只有短短十秒钟，但就在这十秒钟之内，我顿悟了过去十年都没有领悟的道理——应该如何生活。"哈罗德·阿尔伯特告诉我："在那之前的两年，我在韦伯市经营杂货店。我不仅把积蓄都赔光了，还欠了七年都还不清的债。就在那天之前的星期六，我的杂货店刚刚倒闭。当时我正准备去商矿银行借钱，好回到堪萨斯市找份工作。我垂头丧气地走在街上，斗志和信心荡然无存。突然间，我看到前方一位没有双腿的男士。他坐在一块儿小木板上，木板上装着旱冰鞋上拆下来的轮子。他两只手各拿着一块儿木板用力，艰难地沿着街道滑行。我遇到他的时候，他刚过马路，正努力把自己撑起来，想越过几英寸[1]高的路边石挪到人行道

---

1. 1英寸 ≈ 0.03米。

上。他努力抬高小木板的时候,目光和我相遇了。他笑着向我致意。'早啊,先生。真是个美好的早上,是不是?'他朝气蓬勃地对我说。我站在那里看着他,突然惊觉自己有多富有。我有双腿,我能走。我为自己的自怜感到万分羞愧。我告诉自己,如果这位不幸失去双腿的先生能够这么快乐自信,我这个有两条腿的人为什么就不行呢?我顿时挺起胸膛。我本来想去商矿银行借一百美元,不过现在我有勇气借两百美元了。我本来只打算去堪萨斯市碰碰运气,但现在我有信心找到一份好工作。结果我借到了钱,也得到了工作。

"现在,我在浴室的镜子上贴了一句话。每天早上刮胡子的时候,我都会读一遍:我一直为没有鞋穿而伤心,直到我在街上遇到了一位失去双脚的人。"

著名飞行员埃迪·里肯巴克曾经在太平洋上迷失方向,绝望地和同伴在救生筏里漂流了二十一天。我问他这件事给他的最大经验教训是什么,他回答说:"我从那段经历中学到的最重要的一课,就是假如你每天有淡水和食物,你就没有理由再抱怨任何事。"

《时代》周刊曾经刊登过一篇文章,讲述了在瓜达康纳尔岛受伤的一名中士的故事。这位中士被弹片击中喉咙,输了七次血才从昏迷中醒来。他写字条问医生:"我能活下去吗?"医生回答他:"能。"他又写字问道:"我还能说话吗?"答案也是"能"。于是这位中士在字条上写下:"那我还担心什么呢!"

为什么不停下来,问问自己:"我还担心什么呢!"你多半会发现你担心的事情其实并没有那么重要。

我们人生中大概有90%的事情会很顺利,10%或许会有些波折。若想保持快乐,我们要做的就是把注意力集中在这90%顺利的事情上,忽略另外10%的不如意。如果有谁想忧虑烦恼,甚至患上胃溃痍，只要关注那10%的波折，忽略另外90%美好的事情就可以了。

在英国克伦威尔时代，许多教堂都刻着"思考、感恩"这几个词语。我们应当把这几个字也刻在心里，想想应当感恩的一切，感谢上帝的慷慨恩赐。

《格列佛游记》的作者乔纳森·斯威夫特大概是英国文学史上最悲观的人。他觉得自己根本不该出生，每年生日的时候都一身黑衣，甚至绝食抗议。然而这位绝望的悲观主义者却认为快乐是一种有益身心的伟大力量。他断定："世界上最好的医生是饮食有度、心境平和及充满喜悦。"

只要把注意力集中在我们拥有的财富上，我们每小时都能免费享受"喜悦"这位医生的服务。我们拥有的财富远远超过传说中阿里巴巴的财宝。你会为了一亿美元交换双眼吗？双腿？双手？听力？孩子？家庭？想想这些宝贵的资产你就会明白，你拥有的一切是洛克菲勒、福特、摩根三大家族世代积累的财富都换不来的。

但是人们感恩拥有的这一切吗？并没有。就像叔本华所言："我们很少想到我们拥有的，却总是想着我们缺乏的。"没错，"很少想到我们拥有的，却总是想着我们缺乏的"这个习惯是世界上最大的悲剧，比战争和疾病带来的苦痛还要多。

正是这个习惯让约翰·帕尔默"从正常人变成了牢骚鬼"，甚至差点儿毁了他的家庭。这是他亲口告诉我的。

帕尔默先生住在新泽西州帕特森市19街30号。"我从军队退伍后不久，"他说，"就开始自己做买卖。我日以继夜地勤恳工作，一开始还挺顺利。接着麻烦就来了。我买不到部件和原材料，开始害怕把生意搞砸。我整日忧心忡忡，从正常人变成了牢骚鬼。那段时间我又刻薄又乖戾，虽然当时我自己并未意识到，但是现在回头想想，我真的差点儿失去快乐的家庭。直到有一天,为我工作的一个年轻但残疾的退伍士兵对我说:'约翰,你应该为自己感到羞愧。你现在的样子就好像你是全世界唯一一个过得不顺心的人似的。就算这家店有可能关门一段时间,那又怎么了?等一切走上正轨,你还可以重新开始啊。你有那么多值得感激的事情,却总是怨天尤人。老兄,我多羡慕你啊!看看我吧,我就剩一条胳膊,半张脸也毁了,但我并没有抱怨。如果你还这么唧唧歪歪的,你丢掉的不仅是生意,还有你的健康、家庭和朋友!'

"这些话如同当头棒喝,让我幡然醒悟。我这才意识到我有多富有。我当即下决心要找回过去的自己,我也确实做到了。"

我的朋友露西尔·布莱克曾经在悲剧的边缘徘徊许久,直到她学会了应当为拥有的而快乐,而不是为缺乏的而焦虑。

我好多年前就认识露西尔了。当时我们一同在哥伦比亚大学新闻学院学习短篇写作。九年前,她的人生遭受了重创。当时她住在亚利桑那州图森市。她把事情的来龙去脉一五一十地告诉了我:

"那时我像陀螺一样忙得团团转。我在亚利桑那大学学习管风琴,在城里组织演讲讲习班,并在借住的荒柳牧场教音乐欣赏课。我还参加聚会、舞会,在深夜的星空下骑马。一天早晨,我整个人突然垮了。我的心脏出了问题。医生说:'你必须卧床一年,保证绝对静养。'他并没有说任何类似你会恢复健康之类的话来鼓励我。

"卧床一整年!变成一个废物,甚至有可能会死!我简直吓坏了。为什么这样的事情会发生在我身上?我究竟做了什么,老天要这样惩罚我?我哭个不停,心里充满怨恨。但我还是遵医嘱卧床休息。我的邻居鲁道夫先生是一位艺术家。他对我说:'现在你觉得在床上躺一年肯定很痛苦,但其实未必。你将有时间思考,静下心来了解自己。接下来这几个月，你心灵的成长将超越过去的任何时候。'他的话让我冷静了许多，让我试着重新看待问题。

"我读了一些励志图书。有一天，我听到播音员在电台中说：'你的表现反映了你内心的真正想法。'这类言论我曾经听到过很多次，但这一次，它真正进入到了我的内心，并且生根发芽。我决定让内心充满我真正想要拥有的想法——那些能够带来喜悦、幸福和健康的积极想法。我要求自己每天早晨一醒来，就想一遍我拥有的值得感激的一切——无痛无灾、可爱的女儿、视力、听力、电台中的美妙音乐、阅读的闲暇、美味的食物、几位挚友。于是我的内心总是充满喜悦。来看望我的人太多，以至于医生不得不贴了张告示，写着在规定探视时间内，一次只能有一位访客来看我。

"九年过去了，如今我的生活丰富多彩，积极向上。我对卧床的那一年充满了深深的感激。那是我在亚利桑那州度过的最快乐也最有价值的一年。那时养成的清晨感恩的习惯到现在还伴随着我，也是我最珍贵的礼物之一。在死亡的恐惧面前，我才真正学会生活。我很羞愧没有更早意识到这一点。"

我亲爱的朋友露西尔·布莱克，你可能并不知道，你和塞缪尔·约翰逊博士两百年前的想法不谋而合。他曾经说过："凡事都看光明的一面这个习惯价值千金。"我想提醒你，说这句话的人并不是什么乐观主义者，而是一位与忧虑、贫穷和饥饿抗争了二十多年的先生。塞缪尔·约翰逊博士最终成为那个时代最杰出的作家之一，也是古往今来最有名望的评论家之一。

洛根·皮索尔·史密斯的这句箴言只有寥寥数字，却饱含智慧："生活只有两个目标：第一，得到你想要的；第二，尽情享受它。只有最聪明的人才能做到第二点。"

想不想知道怎样把洗碗这么无聊的事情变成有趣的体验？不妨读一读波吉儿·达尔的著作。这是一本鼓舞人心的勇气之书，书名叫作《我想亲眼看看》。这本书的作者是一位失明了半个世纪之久的女士。"我只有一只眼睛，"她在书中写道，"这只眼睛伤痕累累，我的视力只有瞳孔左边极小的一部分。想看书的时候，我只能把书拿到离脸很近的地方，仅有的那只眼睛瞳孔用力向左。"

然而这位女士拒绝别人的怜悯，也拒绝被认为"与众不同"。小时候，她想和其他孩子一起玩跳房子，但是她看不见任何标记。于是等其他孩子回家后，她独自趴在地上，一边向前爬一边把眼睛贴近地上的标记查看。她用心记住和朋友们玩耍的地方的每一处细小特征，很快就成为赛跑游戏的常胜将军。

在家的时候，她把用大号铅字印刷的图书举到眼前阅读，近到睫毛都能扫到书页。通过这种学习方法，她获得了明尼苏达大学文学学士和哥伦比亚大学文学硕士两个学位。

她在明尼苏达州双子谷的小村庄里教书，并一路升迁，最终成为美国南达科他州奥古斯塔纳学院的新闻学及文学教授。她在那里任教十三年，并在女性俱乐部发表演讲，还担任电台节目的图书评论嘉宾。她在书中写道："我内心深处始终潜伏着对失明的恐惧。为了克服这种恐惧，我必须采取乐观甚至玩世不恭的生活态度。"

1943年，在她五十二岁的时候，奇迹发生了。她在著名的梅约诊所接受了手术。术后她的视力比之前增强了四十倍，一个可爱的新世界在她面前徐徐拉开帷幕。她觉得就连在厨房洗碗都如此妙不可言。她在书中这样描述："我开始玩盘子上那些蓬松的白色肥皂泡。我把手浸在里面，捧起小肥皂泡，把它们举到灯光下。每一个小肥皂泡里，都有一个色彩斑斓的小彩虹。"

从厨房水槽上方的窗户向外望去,她看到"麻雀拍打着灰黑色的翅膀,在飘落的雪花中翱翔"。

她从肥皂泡和麻雀中得到无限欢喜,并用这句话作为全书的结语:"'亲爱的上帝,'我低声祷告,'我们天上的父,我感谢你。我感谢你。'"

想想看吧,我们在洗盘子的时候能够看到肥皂泡里的彩虹,看到麻雀穿过大雪,就已经足够感激上帝了!

你我都应当为自己感到羞愧。过去的每一天,我们都住在美妙的仙境中,但无知的我们却视若无睹,习以为常,从不懂得珍惜。

若想战胜忧虑,开创生活,那么:

「原则4:
别总想着你的不如意,想想你得到的吧!」

# Section 16
## 找到自己，做自己
## ——请记住，你在这世界上是独一无二的

我手边有一封伊迪丝·埃尔瑞德夫人从北卡罗来纳州艾利伊山寄来的信。她在信中写道：

我从小就是个极其敏感害羞的孩子。那时候我体重超标，脸颊的婴儿肥让我看起来比实际还要胖。我母亲很古板，她觉得把衣服做得好看是愚蠢之举。她总说"宽松衣服穿得久，紧身衣服穿不住"，并且按这个标准打扮我。我从未去过派对，也从来没有开心地出去玩过。上学后，我从来不加入其他同学的室外活动，连体育课都不去上。我的羞怯已经成为一种病态。我觉得自己和别人不一样，不被任何人喜欢。

成年后，我嫁给了一个比我大好几岁的成熟男人，但我的性格还是没变。丈夫一家人是非常和睦而自信的家庭。他们是我理想中自己的样子，但是我偏偏还是老样子。

我尽力想成为和他们一样的人，但却做不到。每当他们试图帮我从我的小世界中走出来，我只会更怯懦地缩回自己的保护壳中。我渐渐变得紧张易怒，逃避所有朋友。情况越发严重，连门铃声都

让我恐惧。我知道我是个彻头彻尾的失败者,又害怕丈夫会发现这一点。所以每次和他外出的时候,我总是夸张地装出一副很快乐很放松的样子。我知道我表现得很过火,所以之后的几天又会陷入自我怀疑的痛苦中。终于,我抑郁得找不到任何存在于世的理由。我开始想到自杀。

后来是什么改变了这位不快乐的女士的一生呢?只是偶然的一句话。埃尔瑞德夫人在信中继续写道:

偶然听到的一句话颠覆了我的整个人生。那天,我婆婆聊起养育子女的经验,不经意地说道:"无论发生什么,我都坚持让他们做自己。"……"做自己"……就是这句话!就在那一瞬间,我突然意识到,我的一切痛苦都源于逼自己成为原本不属于的那一类人。

一夜之间,我简直脱胎换骨。我终于开始做自己。我研究自己的个性,了解自己是怎样的人。我了解自己的长处,学习不同配色和风格,按照最适合自己的方式着装打扮。我开始主动结交朋友,还加入了一个互助小组。一开始,每次他们让我发言,我都吓得手脚僵硬。但是每次开口讲话,我都会多一分勇气。改变的过程很漫长,但是如今我的快乐是之前从来不敢想象的。教育子女的时候,我总会告诉他们我从痛苦的经历中学会的一课:无论发生什么,都要坚持做自己。

詹姆斯·戈登·吉尔奇博士指出:"是否愿意做自己"这个问题"从人类历史诞生之初就存在","人类生活始终离不开这一问题"。许多心理疾病背后的原因都是不愿做自己。安吉洛·帕特里针对儿童养育这个课题撰写了十三部著作，并发表过几千篇文章。他说："那些明明并不适合，却非想成为他人的人最痛苦。"

想要成为他人的这种想法在好莱坞最为常见。大名鼎鼎的好莱坞导演山姆·伍德曾经说过，他最头疼的事情就是教那些雄心壮志的年轻演员做自己。他们都努力扮演着二流的拉娜·特纳斯，或是三流的克拉克·盖博。"观众已经熟悉这种口味了，"山姆·伍德反复告诉这些新秀，"他们想看到新意。"

在执导《万世师表》和《战地钟声》之前，山姆·伍德曾经在房地产行业摸爬滚打多年，锻炼出自己的营销能力。他说有些基本原则在商界和影视行业是共通的。模仿他人是不会有结果的，不应东施效颦。他说："经验告诉我，遇到装样子的人，放弃合作是最稳妥的做法，而且越快越好。"

不久前，我请教美孚石油公司人力资源总监保罗·博因顿，问他求职者犯的最大错误是什么。他面试过的申请者超过六万人，还曾经写过一本名为《找工作的六种途径》的书，因此这个问题他最有发言权。他答道："求职者犯的最大错误就是不做真实的自己。他们总想揣摩你的心思，回答问题的时候试图迎合你，而不是放下伪装坦诚相待。"

可是这样是行不通的，就像没人想收假币一样，没人喜欢伪君子。

有个女孩历经周折才懂得这个道理。这个女孩是电车售票员的女儿，她一心想成为歌星，但是她的相貌却是劣势。她嘴巴太大，还有龅牙。她在新泽西的一家夜总会初次登台的时候，总想用上唇遮住牙齿，装出一副迷人的样子。结果怎样呢？她让自己看起来像个笑话。眼看着快失败的时候，一名听众开口了。他听到了女孩的歌声，觉得她很有才华。"听着，"他直率地说，"我一直在观察你的表演，知道你想遮掩什么。你对自己的牙齿感到难为情。"女孩窘迫不已，但对方继续说道:"这有什么呢?牙齿不齐难道犯法了吗?别总想着遮掩!张开嘴放声歌唱吧,听众会喜欢你落落大方的样子。"另外,他一针见血地补充说:"你想遮掩的牙齿是你的财富啊!"

卡斯·戴利听从了他的建议,不再在意自己的牙齿。从此刻开始,她把注意力全部集中在听众身上。她带着发自内心的喜悦尽情歌唱,很快成为影视巨星和电台宠儿,并且成了其他演员的模仿对象。

著名心理学家威廉·詹姆斯曾经说过,普通人只挖掘出自身心智能力的10%。他指的正是从未找到真正自我的那些人。他在著作中写道:"和我们原本能够成为的样子相比,人类只觉醒了一半。我们只运用了身心潜能的一小部分。每个人都拥有广阔的开端,却活得越来越局限。人类拥有许多潜能,却被习惯性地漠视。"

既然你我都拥有这些潜能,又何必浪费时间担心自己无法成为他人呢?你是这个世界上全新的个体,自宇宙洪荒之始,世间就只有这样一个你;至漫长岁月之终,世间也不会再有第二个你。遗传学这门新的科学让我们了解到,来自父亲的二十四个染色体和来自母亲的二十四个染色体共同造就了独一无二的你。这四十八个染色体包含了你继承的全部信息。阿穆兰·沙因菲尔德曾经说过,在每个染色体中"包含着许多基因,而有时候一个基因就能改变一个人的一生"。是的,我们被创造的过程就是这样既奇妙又可畏。

不算父母相遇并结合的概率,单单是你出生的概率,就只有三百万亿分之一!换句话说,倘若你有三百万亿个兄弟姐妹,他们也全都与你毫不相同。这是猜测吗?当然不是,这是科学事实。如果你想了解更多,不妨去图书馆借来阿穆兰·沙因菲尔德的著作《你与遗传》一读。

我能够确信无疑地谈论"做自己"这个话题，是因为我亲身体会过它的重要性。我曾经付出了很大代价，才从痛苦中学会了"做自己"这件事。让我举个例子吧。当我第一次从密苏里的玉米田来到纽约的时候，我考入了美国戏剧艺术学院，并立志成为演员。当时我有个自以为是的想法，以为自己掌握了成功的秘诀。这个想法如此简单又如此完美，让我无法理解为什么其他那些野心勃勃的人从未发现这条捷径。我的想法是这样的：我要研究当时名噪一时的演员的表演方式，比如约翰·德鲁、华特·汉普登和奥蒂斯·斯金纳等，模仿他们的闪光点，把自己打造成他们的结合体。当年的我多傻多荒唐啊！我浪费了生命中宝贵的几年时光模仿他人，直到我这颗密苏里州的榆木脑袋突然开了窍，意识到我必须做自己，不可能成为别人。

这段坎坷的经历本应让我这辈子都吸取教训，但是我并没有。我太笨了，以至于又交了一次"学费"。几年后，我着手为商界人士撰写一本公共演讲的书，希望它成为这一领域最好的指导书。但写作前我又重蹈覆辙，产生了和几年前一模一样的愚蠢念头：我要大量学习其他作者的思想，把它们汇总到一本书里，这本书将成为集大成者。所以我借了大量公共演讲方面的著作，花了整整一年时间，把这些思想融入我的新书中。但是我终于再一次意识到我在做蠢事。别人的论述让我写的这本书成了大杂烩，生意人才没耐心去啃这么无聊的书。所以我只好把一整年的心血扔进纸篓，从头开始。

这一次我对自己说："你必须当戴尔·卡耐基，接受自己的缺点和局限。你不可能成为其他人。"我不再试着成为其他人的综合体，而是卷起袖子做了我一开始就应该做的事情：作为一名公共演讲者和演讲讲师，基于自身经验和观察写了一部公共演讲教材。

我希望自己永远记得这一课——和瓦尔特·罗里爵士学到的相同

一课（我指的并不是那个把自己外套扔在泥地上让女王踩的罗里爵士，而是1904年在牛津担任英语文学教授的另一位罗里爵士）。"我写不出能与莎士比亚比肩的作品，"他说，"但是我能写出我自己独一无二的作品。"

做自己。听从厄文·博林给乔治·格什温的明智建议。博林和格什温初次见面的时候，博林已是名噪一时的词曲作家，而格什温只是个在温饱线上挣扎的年轻人，在流行音乐集中地"锡盘巷"拿区区三十五美元周薪。格什温的个人能力让博林印象深刻，他给格什温提供了当音乐助理的工作机会，薪水是之前的三倍。"但是我个人并不建议你接受，"博林说，"如果你接受了这份工作，你或许会成为二流的博林。但假如你坚持做自己，总有一天你会成为一流的格什温。"

格什温把博林的告诫谨记在心，逐渐成长为那个时代美国最有影响力的作曲家之一。

本章我想强调的这个道理，查理·卓别林、威尔·罗杰斯、玛丽·麦克布赖德、吉恩·奥特里和其他无数人都像我一样，付出了高昂代价才懂得。

查理·卓别林刚踏入影视行业的时候，导演坚持让卓别林模仿一位正当红的德国喜剧演员，结果令卓别林一事无成。直到他开始按自己的方式表演，才成为喜剧大师。

鲍勃·霍普也有相似的经历。他的歌舞表演始终反响平平，于是他决定做自己。独一无二的语言天赋让他成为知名的脱口秀演员。威尔·罗杰斯在杂耍界沉默地表演了许多年，直到他发现了自己的幽默天赋，把脱口秀和绳索表演结合在一起，才一举成名。

玛丽·麦克布赖德第一次做电台节目的时候，刻意模仿爱尔兰喜剧演员，但是一败涂地。后来她开始把真实的自己——一个来自密苏里州的乡下女孩——展现在听众面前，结果成为全纽约最受欢迎的电台明星。

吉恩·奥特里一开始想改掉得克萨斯口音，刻意按照城里人的风格打扮自己，声称自己是纽约当地人，结果人们都在背后嘲笑他。待他重拾班卓琴，唱起牛仔民谣之后，他成为全世界最著名的牛仔，在电影和电台上都人气爆棚。

在这个世界上，你是崭新的存在。好好珍惜这一点，充分利用你的天赋。归根结底，所有艺术形式都带有自传色彩。你只能唱出自己，画出自己，也只能成为经历、环境和遗传共同塑造的自己。

无论顺境逆境，都要专心培育自己的小花园。无论顺境逆境，都要在人生的乐团中奏响自己的乐音。

正如爱默生在《论自立》中所言："随着学识渐长，人们总会在某一时刻意识到：嫉妒即无知，模仿等同于自杀。无论是好是坏，都必须接受自我。尽管广袤宇宙中充满了善与美，但只有在上天赐予的这块自留地上辛勤耕耘，才能够有所收获。每个人身上蕴藏的潜力都独一无二，除了自己，没有第二个人知道你有能力做什么，如果你不亲自尝试，就永远不知道自己能够胜任什么。"

这就是爱默生的观点。让我们再来听听诗人道格拉斯·马洛赫是怎么说的：

如果无法成为山顶上屹立的青松，
就当山谷中的小树吧，
让自己成为溪边最美的小树。

如果无法成为小树，

又何妨做一丛快乐的灌木。

如果无法成为灌木,
就当摇曳的小草吧,
让道路因你的存在而更加美妙。

如果无法成为大狼鱼,
就当一条小鲈鱼吧,
让自己成为湖中最活泼的小鲈鱼。

不可能人人都是船长,水手也有水手的精彩;
在这世界上,每个人都能找到自己的天地。
有宏伟大业,也有琐碎小事,
无论大小,做最适合你的事吧。

无法成为大道,就做小径;
无法成为太阳,就做星辰;
成功与失败不以大小决定,
只在于活出最好的自己,找到自己的使命!

若想培养远离忧虑的平和心境,请遵循:

「原则5:
　无需模仿别人。重要的是发现自我,成为自己。」

# Section 17
## 只有酸柠檬，那就做柠檬汁吧

在写这本书的过程中，我去拜访了芝加哥大学的校长罗伯特·梅纳德·哈钦斯，请教他如何远离忧虑。他回答说："西尔斯·罗巴克公司的总裁朱利叶斯·罗森沃尔德曾经给过我一个建议，我一直遵循至今：如果你只有一个酸柠檬，就做柠檬汁吧。"

伟大的教育家遵循这个方法，愚蠢的人却总是反其道而行之。假如生活交给他一个柠檬，他就会捶胸顿足地抱怨说："完蛋了，这都是命，连个机会都不给我。"随即他会咒骂世界不公，纵容自己陷入自怜的情绪中。而聪明人得到柠檬的时候会怎样做呢？他会思考："虽然不走运，但我能从中学到些什么呢？怎样能改善现在的境况，把酸柠檬变成柠檬汁呢？"

伟大的心理学家阿尔弗雷德·阿德勒终生致力于研究人类的潜能。他的结论是，人类最非凡的特质之一就是"变不利为有利的能力"。

我认识的一位女士恰恰做到了这一点。下面我想把她这段有趣又激励人的经历讲给你听。这位女士名叫西尔玛·汤普森，家住纽约市莫宁赛德街100号。她是这样说的：

"战争期间，我丈夫驻扎在新墨西哥州莫哈韦沙漠附近的一座军事训练营。为了和他在一起，我也搬到了那附近。但我恨透了那个荒凉的地方，这辈子从来没有感到那么痛苦过。我丈夫受命在莫哈韦沙漠里进行军事演习，我孤零零一个人留在狭小的棚屋里。棚屋建在大仙人掌的阴影下面，但气温还是高达五十多摄氏度，热得让人受不了。当地除了墨西哥人就是印第安人，没有人会说英语，我连个能聊天的人都没有。燥热的风不停地吹，所有食物都不合我胃口，而我每天呼吸的空气里全都是沙子，沙子，沙子！

"我觉得自己太悲惨太可怜了，写信给父母说我撑不下去了，我要回家。我还说多待一分钟我都受不了了，我宁愿蹲监狱也不愿意留在这里。父亲的回信只有短短两行，但这两行字却像歌声一般，在我的记忆中久久回荡，彻底改变了我的一生。

两个人透过监狱栏杆向外望去，
一个看到满地污泥，另一个看到漫天星辰。

"我把这两句话读了一遍又一遍，心中充满羞愧。我决心要在困境中找出优点，找到我的漫天星辰。

"我开始和当地人交朋友，他们的反应让我喜出望外。当我对纺织品和陶器表现出兴趣的时候，他们把舍不得卖给游客的珍品送给我当礼物。我了解仙人掌、丝兰和约书亚树的种类，研究土拨鼠的习性，欣赏壮观的沙漠日落，在沙子中寻找贝壳。数百万年前，当这片沙漠还是海洋的时候，那些贝壳就静静地躺在那里了。

"是什么令我的内心产生了如此惊人的变化？莫哈韦沙漠没有变，印第安人没有变，变的是我。我改变了心态，从而把悲惨的经历变成了人生中最兴奋的历险。在我面前徐徐展开的这个崭新的世界让我雀跃不已，我怀着激动的心情把这段经历写下来，并以《明亮的壁垒》之名出版了这本书。我从自己设下的监狱里向外望去，找到了属于我的星辰。"

西尔玛·汤普森女士发现了公元前500年希腊人流传下来的古老真理："最美好的事物最难得到。"

20世纪，美国牧师亨利·爱默森·福斯迪克也表达了同样的看法："幸福感绝大部分源于成功，而非愉悦。"是的，这种成功意味着成就感和超越，以及把柠檬变成柠檬汁的过程。

我曾经去佛罗里达拜访过一个快活的农夫。上帝交给他一个"有毒的柠檬"，他成功地把它变成了柠檬汁。当初买下农场的时候，他灰心丧气。那时土地贫瘠得既不能种水果，也不能养猪，整个农场一片荒芜，除了矮栎树和响尾蛇什么都无法存活。于是他灵机一动，决定化不利为有利，充分利用响尾蛇。他的决定让所有人大吃一惊——他竟然开始生产蛇肉罐头！几年前我去拜访他的时候，慕名而来参观响尾蛇农场的游客每年高达两万人次。他的生意越做越大，响尾蛇的毒液被运到各地实验室，制作抗蛇毒血清；蛇皮以高价售出，用于女士手袋和鞋履；蛇肉罐头被运至世界各地的客户手中。我买了一张当地的风景明信片，从镇上的邮局寄出，发现邮戳上赫然写着"佛罗里达州响尾蛇镇"——为了向这位把毒柠檬化为甜柠檬汁的先生致敬，小镇特意改了名字。

游历美国各地的旅途中，我有幸遇到过许多懂得如何变不利为有利的人。

《对抗诸神的十二伟人》一书的作者威廉·博莱索曾经说过："人生中最重要的并不是利用你所拥有的，傻瓜都能做到这一点；真正重要的是如何从损失中获益，这才需要智慧。智者和傻瓜的区别就在这一线之隔。"

说出这句话的时候，博莱索刚刚在火车事故中失去了一条腿。我还认识一位失去双腿的先生，也把不幸化为了长处，他的名字是本·弗特森。我在乔治亚州亚特兰大的一个酒店中偶遇了这位先生。当时我一走进电梯，就注意到了他。他坐在电梯一角的轮椅上，看起来很愉快。电梯到了他要去的楼层，他礼貌地问我能否挪到角落里，好让他的轮椅通过。"麻烦你了，真是抱歉。"说这话的时候，他的脸上露出暖人心扉的笑容。

走出电梯回房间的时候，他的乐观笑容仍然在我脑海中盘旋不去。所以我折返回去找到他，问他能否讲讲他的故事。他对我笑了笑，说道："那是1929年的事儿了。那天我出门去砍山核桃树，把树枝装到福特车上，想回家把园子里的豆藤架起来。往家走的路上，正当我急转弯的时候，一根树枝突然滚到车底，卡住了转向装置。车冲出路堤，我被重重地甩到树上，伤了脊椎，双腿瘫痪了。

"那年我才二十四岁。从那以后，我再也不能走了。"

一个正值二十四岁青春年华的年轻人，从此要在轮椅上度过一生！我问他是什么力量让他勇敢地接受了现实，他回答道："一开始我无法接受。"他说他也曾愤怒绝望，怨恨命运不公，但一年年过去，他意识到反抗只能给他带来痛苦。"我终于意识到周围人待我多么宽容友善，所以至少我可以用同样的善意回馈他们。"他这样说道。

我又问他，这么多年过去了，他是否依旧觉得这场灾难是可怕的不幸。他毫不迟疑地回答说"不"，又接着说："现在我几乎感恩这件事的发生。"他告诉我，熬过了震惊和愤怒阶段之后，他走进了全新的人生。他开始大量阅读，并爱上了经典文学。十四年间，他至少读了一千四百本书。这些书拓宽了他的视野，人生变得前所未有的丰富。他也开始听古典音乐，以前他觉得无聊的交响乐如今让他振奋不已。而最大的变化是他有了思考的时间。"人生中第一次,"他说,"我能够用心看一看这个世界,体会事物真正的意义和价值。我渐渐意识到,我之前追求的事物大部分只是过眼云烟。"

大量的阅读让他对政治产生了兴趣,他开始研究公众议题,坐在轮椅上发表演讲。他认识的人越来越多,认识他的人也越来越多。如今,尽管本·弗特森依然坐在轮椅上,但他已经成为了乔治亚州的州务卿。

过去三十五年间,我一直在纽约市开展成人教育课程。我发现许多成年人最遗憾的事就是没有上过大学。他们似乎觉得没有大学教育是一个巨大的障碍,但我知道这并不是事实,我认识的许多成功人士教育程度都只有高中。我总给学生们讲我认识的一位先生的经历。他在赤贫的家庭中长大,连小学都没有读完。父亲过世的时候,连丧葬费用都要靠父亲的朋友东拼西凑。他的母亲在一家雨伞工厂每天做工十个小时,下班后还要把零活儿带回家挣计件费,一直工作到午夜十一点。

男孩就在这样的环境中渐渐长大。他加入了教堂的业余戏剧团,对当众表演着了迷,于是他决定锻炼自己公开演说的能力。后来他开始涉足政治,并在三十岁那年当选为纽约州立法机关委员。可是他对这份重大的责任毫无准备,他坦诚地告诉我,他当时简直一头雾水。那些需要他表决的冗长复杂的法案在他看来就像是天书一样。当选为森林委员会成员的时候,他从未去过任何森林;当选为州立银行委员会委员的时候,他甚至连个银行户头都没有。他不知所措又灰心丧气,如果不是羞于向母亲承认失败,他早就从立法机关辞职了。在绝望中,他鼓起勇气,决心一天学习十六个小时,用无知的柠檬挤出知识的柠檬汁。通过学习,他从地方政治家逐渐成长为全国知名领袖,他的卓越贡献被《纽约时报》评选为"纽约最受欢迎市民"。

我说的这个男孩正是阿尔·史密斯。

自学政治十年后,阿尔·史密斯成为纽约政府最伟大的当权者。他连续四届当选为纽约州长,历史上从未有第二个人取得如此成就。1928年,他成为民主党的总统候选人。六所顶尖大学为这位小学都没念完的先生授予了荣誉学位,其中包括哥伦比亚大学和哈佛大学。

阿尔·史密斯亲口告诉我,当年若不是每天勤奋工作十六小时,化劣势为优势,就绝不会有后来的成就。

哲学家尼采认为,优秀的人"不仅要学会在逆境中忍耐,还要学会爱上逆境"。

我对成功人士的生平了解越深入,就越确信大部分人的成功源自逆境。逆境刺激他们付出超越常人的努力,从而得到超越常人的回报。正如心理学家威廉·詹姆斯所说:"我们的弱点意外地帮助了我们。"

是的,弥尔顿失明后创作出更美妙的诗歌,贝多芬失聪后写下了更伟大的音乐,身体的缺陷激励海伦·凯勒取得了辉煌成就。

若不是被悲剧的婚姻折磨得几乎自杀,柴可夫斯基大概无法创作出不朽的乐章《悲怆交响曲》。

如果陀思妥耶夫斯基和托尔斯泰的人生一帆风顺,他们伟大的作品或许也没有问世的一天。

"如果我身体不这么羸弱,我大概也没有机会完成这么多研究。"达尔文承认疾病在某个角度上意外地帮助了他,从而颠覆了人类对地球生命的科学观念。

就在达尔文在英国出生的那一天,美国肯塔基州的小木屋里也迎来了一个新生儿,他的名字叫亚伯拉罕·林肯。假如他在贵族家庭中长大,在哈佛大学取得法律学位并拥有圆满的婚姻,那么他的人生道路大概完全不同。人们或许永远也没有机会听到振聋发聩的葛底斯堡演说，也不会在他的第二次就职典礼上听到诗篇一样动人的话语——那是美国领袖说出的最美丽最高贵的语句："对任何人都不存怨恨，对所有人都慈悲为怀……"

哈利·爱默生·福斯迪克在著作《坚持到底的力量》中说："斯堪的纳维亚人有句谚语，很适合当作我们人生的战斗口号：'怒吼的北风成就了维京人。'从何时起，我们开始认为安全舒适的生活和没有困难的人生能让人们变好变快乐呢？正相反，即使舒服地躺在垫子上，自怜的人还是会继续可怜自己。然而纵观历史，无论顺境逆境，只有当人们肩负起自己的责任，才能完善品格，得到真正的幸福。所以，让我再重复一遍，正是怒吼的北风成就了维京人。"

即使我们灰心丧气，觉得没有希望把柠檬变为柠檬汁，至少还有两个理由鼓励我们无论如何应当放手一搏。我们已经没什么可失去的，却有可能赢得一切。

第一个理由：我们有可能成功。

第二个理由：就算没成功，尝试的过程也会迫使我们向前看，而不是回望过去。积极思考会代替负面想法，并且释放出创造性的能量，激励我们努力向前，没有时间浪费在对过去的忧伤和沉湎中。

有一次，世界知名的小提琴家欧里·布尔在巴黎举办音乐会的时候，小提琴的A弦突然绷断了。但是欧里·布尔从容不迫地用余下的三根弦完成了演奏。"这就是生活，"哈利·爱默生·福斯迪克说，"当A弦绷断的时候，用余下三根弦完成演奏吧。"

这不仅是生活，而且是人生，是生命的凯歌！

如果可以，我真想把威廉·博莱索的这句话刻下来，挂在这片土地上的每一所学校里：

人生中最重要并不是利用你所拥有的,傻瓜都能做到这一点;真正重要的是如何从损失中获益,这才需要智慧。智者和傻瓜的区别就在这一线之隔。

若想养成远离忧虑的平和心态,请遵循:

「原则6:
　假如命运交给你一个酸柠檬,试着用它榨出柠檬汁吧。」

# Section 18
# 如何在十四天内走出忧郁

刚开始动笔写这本书的时候,我发起了一次名为"如何战胜忧虑"的有奖征文比赛,最有启发并且鼓舞人心的真实故事将获得两百美元奖金。征文比赛的三位评审分别是东方航空公司总裁艾迪·里肯巴克、林肯纪念大学校长斯图尔特·麦克莱兰博士和电台新闻评论员H.V.卡滕伯恩。在我们收到的故事中,有两个故事难分伯仲,最终平分了奖项。下面的故事就是二者之一。故事的主角是C.R.伯顿,他住在密苏里州斯普林菲尔德市商业街1067号,目前在密苏里伟泽汽车销售公司工作。

伯顿在来信中写道:"九岁那年,我失去了母亲;三年后,我又失去了父亲。父亲死于意外,而母亲在十九年前的某一天走出家门之后,就再也没有回来,我也再没见过被她带走的两个小妹妹。直到离家七年后,她才给我寄了一封信。母亲走后的第三年,父亲出了事故。他和合伙人在密苏里州的一座小镇上买了一个咖啡馆,但当父亲出差的时候,合伙人背着他卖掉了咖啡馆,带着现金溜之大吉。父亲的朋友发电报让他赶紧回来,匆忙中,他在堪萨斯州萨利纳斯市遭遇车祸,撒手人寰。两个年迈体弱的穷姑姑把我的三个兄弟姐妹接去抚养,但没人想要我和弟弟。我们被抛弃了,只得看镇上人的眼色过活。恐惧笼罩在我们心头,我们害怕被叫作孤儿,也怕被当作孤儿任人摆布。不久,我们恐惧的事情变成了现实。一开始,我被安排寄居在镇上的一个穷苦人家,但当时谋生艰难,一家之主丢了工作,他们承担不起多一张嘴吃饭。之后洛夫汀夫妇收留了我,住在离小镇11英里的农场上。洛夫汀先生已经七十高龄,因患了带状孢疹卧床不起。他说只要我不说谎,不偷窃,守规矩,就能留在那里。于是我把这三个要求奉为圣旨,严格遵守。然而上学的第一周,我就回家像婴儿一样号啕大哭。学校的孩子们捉弄我,取笑我的大鼻子,说我是哑巴,还管我叫'小臭孤儿'。我难过极了,想把他们揍一顿,但是洛夫汀先生对我说:'记着,从打斗中脱身的人比留下打架的人更伟大。'于是我一直按兵不动。直到有一天,一个男孩在院子里捡了好些鸡饲料扔到我脸上,我终于忍不住了。我把他打得满地找牙,还因此交了几个朋友,他们都说那孩子活该被揍。

"洛夫汀太太给我买了一顶新帽子,我把它视为珍宝。有一天,一个高年级的坏女孩一把把它从我头上抢走,把帽子灌满水,说什么帽子里灌上水就能让我的笨脑筋开开窍,让我的爆米花脑袋别炸开。

"我在学校从来不哭,但是一回到家里,我就哭号着把这些事发泄出来。有一天,洛夫汀夫人给了我一些建议。这些建议不仅帮我赶走了所有的烦恼和担忧,还成功地让我化敌为友。她说:'拉夫,如果你对那些孩子表示友好,看看能帮他们做些什么,他们就不会再捉弄你,或是叫你"小孤儿"了。'我把她的建议谨记在心,并且还用功学习,很快成绩就在班里遥遥领先。没有人嫉妒我,因为我总是主动帮助别人。

"我帮几个男孩写命题作文和小论文,还帮另外几个孩子写辩论词。有个家伙不好意思让家人知道我在帮他,每次都告诉他妈妈说出门去捉负鼠,然后偷偷来洛夫汀先生的农场,把猎犬拴在畜棚里,找我给他补课。我帮另外一个男孩写书评,还花了几个晚上给一个女孩补习数学。

"好景不长,死亡的阴影重创了我的邻居。两位年迈的老农夫先后辞世,还有一个妇人被丈夫抛弃了,我成了附近四户人家唯一的劳动力。于是两年来,我主动去帮助这些孀妇。每天上下学的路上,我都会先到他们的农场里砍柴、挤奶,给牲畜喂食,给作物浇水。我收获的不再是恶毒的咒骂,而是满满的祝福和感激,所有人都把我当作朋友。我从海军退伍回到家乡的那天,他们流露出真挚的感情。远近农场来探望我的人有两百多位,有些人甚至从80英里之外赶来。他们对我的关心如此真诚。由于我一直忙着帮助他人,并从中收获了快乐,我几乎从不忧虑,这十三年间也再没有人叫我'孤儿'了。"

让我们为伯顿喝彩吧!他不仅知道如何赢得友谊,还深深懂得怎样战胜忧虑,享受人生。

华盛顿州西雅图的弗兰克·禄普博士同样如此。他因关节炎卧床二十三年,而《西雅图星报》的记者斯图尔特·怀特豪斯在给我的来信中写道:"我曾经多次采访过禄普博士,我从未见过如此无私的人,也从未见过把人生过得如此丰富多彩的人。"

这位卧床的病人是怎样把人生过得丰富多彩的呢?猜猜看。是通过抱怨和苛求吗?当然不是。通过自怨自艾,要求人人绕着他转吗?当然也不是。他把威尔士亲王的座右铭"服务于人"作为自己的行动指南,从而活出了精彩人生。他把其他卧床病人的姓名和地址留存下来,写信鼓励对方,字里行间洋溢着乐观和勇敢。通过这种方式,他组织了一个通信俱乐部,让身体不便的人们写信给彼此。这个俱乐部随后发展成为一个叫作"室内社团"的全国性组织。

卧床期间，禄普博士每年平均寄出一千四百封信，并寄赠收音机和图书，把温暖带给数以千计无法出门的患者。

禄普博士最与众不同的地方在于他的内心始终燃烧着信念的火焰，每个胸怀使命的人都是如此。他深知自己正在为一个高尚且意义深远的使命服务，这一点本身就给他带来了快乐。因此他并没有成为萧伯纳形容的那种："以自我为中心，内心充满不安与委屈，总在抱怨世界不愿意取悦他的小笨蛋。"

伟大的心理学家阿尔弗雷德·阿德勒博士的这一发现让我非常震动。他经常对忧郁症患者说："每天想想自己能够做些什么让身边人快乐的事情。如果你按照这个处方做，十四天之内就能痊愈。"

这个处方听起来简直不可思议，因此我想引用阿德勒博士的巨著《生命对你意味着什么》中的段落进行进一步的解释（顺便说一句，有机会你也应当读读这本书）。

阿德勒博士在《生命对你意味着什么》一书中这样写道：

忧郁症患者内心蓄积了对他人持久的愤怒及不满，但为了得到关心和同情，病患往往看上去像是在对自己的过错感到沮丧。忧郁症患者儿时最初的记忆往往是类似这样的情景："我记得我想躺在沙发上，但我哥哥占了那里。我大哭不止，所以他不得不把沙发让给我。"

忧郁症患者通常有通过自杀惩罚自己的倾向，医生首先要注意的就是不要给病患自杀的理由。我自己通常以下面这个建议缓解病患的紧张情绪，这也是我诊疗过程中的首要规则："不要做任何自己不喜欢的事情。"如果患者能顺心遂意，他还能指责谁呢？他还有什么理由惩罚自己呢？我告诉患者："如果你想去看场电影或度个假，那就去吧。如果半路上你又不想去了，那就回来。"这是人人都能达到的最好状态，一方面患者对优越感的渴求得到了满足，他就像万能的上帝一样，可以随心所欲。另一方面，这种行为方式对患者既有的生活模式也是一种挑战。他们总想夺取支配权，因此归咎他人，但假如人人都听从他们的意见，支配权也就无从谈起了。这个规则产生了很大的作用，我的病患中没有一例自杀。

很多患者会回答我说："可是我没有任何想做的事情。"这个回答我听了太多次，对此已经有了充分准备。"那么不要做你不喜欢的事情就好。"我会这样回答他们。有时候对方会说："那我就整天躺床上睡大觉。"我知道如果我表示赞同，对方反而不想那样做了；而如果我阻止他，他就会把我当仇人。所以不管对方说什么我都会顺着他。

这是一个方法。另外一个方法更直接地改变患者的生活。我建议他们："每天想一想能够做些什么让身边人快乐。如果你按照这个处方做，十四天之内就能痊愈。"看看这个规则对他们而言意味着什么吧。他们心里早被"怎样才能让别人担心我"这个想法占满，所以他们的反应也很有趣。有些人会说："这太简单啦，我一直都是这样做的。"但实际上他们从来没有主动做过让周围人快乐的事情。我让他们再好好想想，但他们并不会照做。我告诉他们："你可以在晚上失眠的时候琢磨琢磨怎样让别人高兴，这会让你的健康状况迈进一大步。"第二天见到他们的时候，我会问："昨天晚上有没有照我的建议做？"我得到的回答则是："昨天晚上我一上床就睡着了。"当然，这种方法必须以低调友好的态度执行，不能让患者觉得医生在给他下命令。

还有一些患者对此的反应是："我做不到，我太焦虑了。"针对这些患者，我会告诉他们："不用强迫自己不焦虑，但在焦虑的同时你也可以时不时地想想其他人。"我的目的是把他们的关注点从自身引向周围人。很多人会说："凭什么我要取悦其他人啊？为什么他们不来取悦我？""你得为你自己的健康着想啊，"我回答道，"其他人以后就会吃到苦头了。"但是极少有患者会说："我按照你的建议认真想过了。"其实我的一切努力都是为了增加患者对他人的兴趣。我知道患者忧郁的真正原因是缺乏互动，我希望能让他们自己也认识到这一点。一旦患者能够和周围人建立起平等协作的社会关系，他的忧郁症就会痊愈……宗教信仰提出的最重要的一个信条就是"爱你的邻人"……那些对同胞漠不关心的个体在人生中遭遇的困难最多，也对他人伤害最大。正是这样的个体让人类失去活力……我们对他人的唯一要求及以能够给予他人的最高赞赏就是，他应当是工作上的好同伴，生活中的好朋友，爱情与婚姻中的好伴侣。

　　阿德勒医生劝我们日行一善。怎样的事情叫作善行呢？先知穆罕默德如是说："善行就是让他人的面庞上露出喜悦的微笑的事情。"

　　为什么日行一善能够对行善者产生惊人的影响呢？因为取悦他人能够让我们不再总想着自己，而焦虑、恐惧和忧郁正是源于对自己的过度关注。

　　威廉·T.穆恩夫人是穆恩秘书学校的创始人，她的学校位于纽约市第五大道521号。她并没有花两周那么长的时间，就赶走了自己的忧郁症。她比阿尔弗雷德·阿德勒棋高一着——不，是"棋高十三着"。她一心一意地思考怎样让两个孤儿快乐一些，因此没有用十四天，而是在一天之内就让忧郁消失得无影无踪。事情的经过是这样的：

"五年前的十二月，"穆恩夫人说，"悲伤和自怜吞噬了我。多年美满的婚姻生活之后，我不幸失去了丈夫。随着圣诞节临近，我深陷在悲伤中。我这辈子从未只身一人度过圣诞节，节日的氛围让我感到恐惧。朋友们邀我和他们共度节日，但是我没有一丝庆祝的心情。我知道去参加派对只会让大家扫兴，因此拒绝了他们的好意邀请。平安夜越来越近，我也越来越触景伤情。其实现在想想，那个时候有许多事情值得我感恩，世界上每个人都有许多事情值得感恩。平安夜那天的下午三点，我走出办公室，在第五大道上漫无目的地走着，希望能摆脱心里的忧伤。街上充满了欢乐的人群，那幅景象让我的回忆汹涌而至，想起永远找不回的那些美好往昔。一想到回到家里就只剩下孤单的自己和空荡荡的公寓，我就无法忍受。我茫然无措，不知道应该做些什么，泪水止不住地一直流。我在街上徘徊了一个多小时，发现自己来到一个公交站前。我还记得过去常常和丈夫随意跳上一辆公交车，让它载我们去未知的地方探险，所以我登上了进站的第一辆公交车。车驶过哈德逊河，又开了一阵，我听到司机说：'终点站到了，女士。'我下了车，连自己到了哪里都不知道。这是一座安静祥和的不知名小镇。我一边等回城的公交车，一边沿着住宅区向前走。路过教堂时，我听到里面传来《平安夜》的优美乐音。我推门进去，教堂里只有一位风琴演奏者。我悄悄在角落的长椅上坐下。精心装点的圣诞树闪烁着节日的灯光，映得那些装饰物像无数繁星在月光中跳舞。悠扬的乐曲让我有些恍惚，再加上已经一整天没有吃过东西，我疲惫不堪，身子发沉，不知不觉地睡了过去。

"醒来的时候，我完全不知道自己身在何处，简直吓坏了。我发现两个来教堂看圣诞树的小孩子正站在我面前。其中一个小女孩指着我对另一个小孩说：'她是不是圣诞老人送来的呀？'看到我突然醒来，他们也吓了一跳。我安慰他们不要害怕，我不会伤害他们。两个孩子衣着寒碜，我问他们爸爸妈妈去哪儿了。他们说：'我们没有爸爸妈妈。'

"站在我面前的这两个没有父母的小孩子的境况比我糟得多，他们让我为自己的悲伤和自怜感到羞耻。我带他们去看那棵圣诞树，又把他们带到杂货店买了些点心、糖果和礼物。我的孤独奇迹般地消失得无影无踪。两个孤儿让我忘记了自己，给我带来了数月以来从未体会过的幸福感。和他们聊天的时候，我才意识到自己多么幸运。我感激上帝让我童年的每个圣诞节都沉浸在父母的爱与温柔中。这两个孩子为我做的远远胜于我为他们做的。这段经历再次告诉我，只有让他人幸福，自己才能获得幸福。快乐是会传递的，只有给予，才能收获。通过帮助别人，付出爱心，我战胜了忧虑和悲伤，感觉就像变了一个人。我也确实成了全新的自己——不仅在那个平安夜，在多年后也始终如此。"

像这样忘却自己从而找回了健康与幸福的故事，我可以写满一整本书。让我们再来看看玛格丽特·泰勒·耶茨的例子吧，她是最受美国海军喜爱的女性。

耶茨夫人是小说作家，但是她笔下的神秘故事远不及她本人的亲身经历跌宕起伏。事情发生在日本偷袭珍珠港的那个早晨。耶茨夫人当时因为心脏问题已经卧床休养了一年多，每天有二十二个小时要在床上度过。她能承受的最远途旅行也只能是从房间走到花园晒晒太阳，即便这么短的距离，她也必须依靠女佣的搀扶。她亲口告诉我，那段日子里，她以为自己这辈子都是个废人了。"如果不是因为珍珠港空袭，让我从自己的世界中惊醒，"她对我说，"我永远也不可能找回真正的生活。"

耶茨夫人对我讲起她的故事："事件发生时一片混乱。一颗炸弹在我家附近爆炸，冲击力把我从床上掀到地上。军车赶往希卡姆基地、斯科菲尔德兵营和卡内奥赫湾机场，护送战士的妻儿撤到公立学校中暂避，红十字会打电话给有空房间的人家，再把军属转移过去。他们知道我床边就有一台电话，请求我暂时当信息中转站。所以我知道每位军人家属的暂住地，红十字会也通知军人找我了解家人的下落。

"我很快发现我的丈夫罗伯特·罗利·耶茨指挥官安然无恙。我试着鼓励那些不知道丈夫是死是活的妻子振作起来，并安慰阵亡将士的家属。伤亡太过惨重，美国海军及海军陆战队共有两千一百十七名将士牺牲，还有九百六十名不知下落。

"一开始我只能躺在床上接听电话。随后我渐渐坐起身子。后来因为电话响个不停，我的心绪难以平复，我忘记了自己的虚弱，下床坐到桌边。我尽可能地帮助那些比我还要不幸的人，完全忘记了自己。从那之后，我除了每晚的八小时睡眠，再也没有整日躺在床上。如果不是因为珍珠港空袭，我大概一辈子都是个卧床不起的残疾人。直到现在我才意识到，那时我舒舒服服地躺在床上接受别人的照顾，在不知不觉中丧失了恢复健康的斗志。

"珍珠港空袭是美国历史上最大的惨剧之一，对我个人而言，这段经历也是最重要的人生转折点。这次可怕的危机挖掘了我的潜能，让我把注意力从自身转向他人，并且赋予我一个至关重要的生活意义，让我不再有多余的时间担心自己。"

假如向心理医生寻求帮助的人们能够效仿玛格丽特·耶茨，把帮助他人当作一种兴趣，大概有三分之一的患者能够自愈。这并不是我个人的想法，而是心理学家卡尔·荣格的结论。如果说有一个人有资格下这个结论，那一定是荣格。他说过这样的话："我的患者中有三分之一并没有明显的临床症状,折磨他们的是生活的空虚与无意义。"换句话说,他们总想在生活中搭便车,眼睁睁看着前进的队伍从他们面前走过,却指望心理医生能够帮他们摆脱琐碎而无用的生活。他们就像错过登船时间的乘客,独自站在码头上怪罪所有人,要求整个世界绕着他们转。

你大概会心想:"这些故事可打动不了我。要是我在平安夜遇到孤儿,我也会献出爱心;要是我在珍珠港空袭的现场,我也会乐于扮演耶茨夫人的角色。但是我的环境和他们不一样啊,我的生活既平凡又单调,每天要花八小时应付无聊的工作,从来没有什么戏剧性的经历。那我怎么能够有兴趣帮助别人呢?为什么我要这样做呢?这样做有什么好处?"

问得很好,请让我试着给出答案。不管你的生活有多平庸,你每天都会遇到一些人。你为他们做过些什么吗?你只是盯着他们看,还是会尝试了解他们背后的故事?比如那个邮差,他每年走上百英里路把邮件送到你的门前,但你有没有费心了解过他住在哪里,或者看看他妻儿的照片?你有没有问过他一句累不累,是否厌倦自己的工作?

还有杂货店的男孩,卖报纸的小贩,以及街角为你擦鞋的小伙子,他们都是和你一样的人,内心充满烦恼、梦想和隐秘的雄心壮志。他们渴望和别人分享心事,但你有给过他们机会吗?你有没有对他们的生活真诚地表示兴趣?这就是我的答案。并非只有弗洛伦斯·南丁格尔或是社会改革家才能让世界变得更好。若想让自己的世界变得更好,你可以从明天早晨遇到的第一个人开始改变。

这样做能得到什么呢?更多幸福感、满足感和自豪感。亚里士多德把这种心态称为一种"开明的自私"。琐罗亚斯德曾言:"为他人做好事并不是一种义务,而是一种喜悦,因为这样做对你自己的健康和幸福都有益。"本杰明·富兰克林简单地总结概括为："当你让他人受益时，最受益的是你自己。"

纽约心理服务中心主任亨利·C.林克曾经写道："现代心理学验证了自我牺牲和自律对于自我实现与幸福的必要性。在我看来，现代心理学中没有任何发现的重要性比得上这一科学证明。"

心中有他人不仅会让你忘记自己的忧虑，还会帮你建立友谊，找到生活的乐趣。如何实现的呢？我曾经问过耶鲁大学的威廉·里昂·费尔普斯教授他是怎样做的，他这样回答我：

"不管是去旅馆、理发店还是商店，我都会和遇见的人聊几句。聊天的时候，我会把他们当作与众不同的个体，而不让他们觉得自己仅仅是机器上的齿轮。我会称赞商店售货员美丽的双眸或亮丽的头发，我会问理发师站一整天会不会觉得很累，或者问他是怎么入行的，这行做了多久，为多少人理过发。我帮他一起回想这些问题，真诚的兴趣会让他们的脸上露出愉快的笑容。我会和帮我拿行李的搬运工握手，这个小小的举动对对方是一种鼓励，让他一整天都神采飞扬。

"夏日里的一天，烈日炎炎，我正在纽黑文火车上。我走到餐车用餐，车厢里挤得像火炉，服务也极慢。当乘务员终于把菜单拿给我的时候，我说了一句：'后厨做饭的小伙子们今天肯定热坏了。'乘务员开始骂骂咧咧的，语气十分不满。一开始我还以为他生气了。他嚷嚷着：'我的老天爷啊，进来的每个人都在抱怨，嫌食物不好吃，服务跟不上，天气热，价格高。这些牢骚我已经听了十九年了，您是第一位也是唯一一位对后厨那些满头大汗的小伙子表示关切的客人。真希望上帝赐予我们更多像您这样的乘客。'

"只因为我没有把那些黑人厨师当作铁路公司里的螺丝钉，而是把他们当人看，乘务员就如此惊讶。"费尔普斯教授继续说，"人们渴望的无非是一点儿关心。如果我在街上遇到遛狗的人,我总会夸他的狗有多漂亮。当我回头看的时候,往往会看到遛狗的人蹲下来拍拍小狗,高兴地夸夸它。我的夸奖感染了对方。

"有一次我在英国遇到了一位牧羊人。我真诚地赞美他那只聪明的大牧羊犬,问他是怎么把牧羊犬训练得那么好的。我离开后,回头看到牧羊犬的爪子正搭在牧羊人的肩上,牧羊人摸了摸它的脑袋。我对牧羊人和他的狗表示了真诚的关心,不仅让他快乐,他的狗快乐,也让我自己感到快乐。"

这样一位和搬运工握手、向闷热厨房中的厨师表示同情、夸赞别人的小狗的先生,你觉得他有可能忧心忡忡,需要求助心理学家吗?不可能,对不对?正如中国的一句古谚所言:"予人玫瑰,手有余香。"费尔普斯教授不需要知道这句古谚。他深深懂得这个道理,并且在生活中践行了这句话。

如果你是男士,大概不会对下面这个故事感兴趣。这个故事讲了一个焦虑的姑娘怎样让好几个追求者向她求婚的经历。这个姑娘如今已经当祖母了。几年前,我在这对夫妇家留宿。我在她住的镇子上办了一次讲座,第二天一早,她开车送我到50英里外赶火车回纽约。我们聊到怎样交朋友,她告诉我说:"卡耐基先生,我想跟你说个秘密。这件事我从来没告诉过任何人,连我先生都不知道。"(顺便说,这个故事比你想象的要有趣一倍!)她告诉我,她在费城一个领社会救济的家庭长大。"贫困是我少女时代挥之不去的阴影,"她说,"我无法像身边其他姑娘那样享受生活。我的衣服破破旧旧,款式过时,早已经不合身。我觉得很丢脸,常常哭着睡着。在绝望中,我终于想到一个主意。在参加晚餐聚会的时候,我会请男伴讲讲他的经历、想法和对未来的计划。问这些问题并不是因为我对对方多么感兴趣,而是为了让对方不要注意到我寒酸的衣着。但是奇怪的事情发生了：当我认真聆听这些年轻男士的言谈，增加了对对方的了解的时候，我真的对他们的谈话内容产生了兴趣，以至于我自己都忘了难为情。而更令我震惊的是，因为我很善于倾听，又鼓励男孩子讲述他们自己，让他们觉得快乐，我渐渐成为小圈子里最受欢迎的女孩，曾有三位年轻男士向我求婚。"（就是这样，姑娘们，这就是锦囊妙计！）

读到这一章，有些读者可能会想："说什么要对他人产生兴趣，这都是无稽之谈！纯粹是宗教信仰那一套，不适合我！我只想赚钱，得到我想要的一切，谁要管其他那些人呢！"

别人当然无权干涉你的想法，但如果你是对的，那么孔子、柏拉图、亚里士多德、苏格拉底这些人类历史上最伟大的导师就都错了。如果你对宗教领袖的学说嗤之以鼻，那我们不妨再来看看几位无神论者的观点。剑桥大学的A.E.豪斯曼教授是那个时代最杰出的学者。1936年，他在剑桥大学发表了一次题为《诗歌的名与实》的演讲。在演讲中，他说道："耶稣说过：'得着生命的，将要失丧生命；为我失丧生命的，将要得着生命。'这句话是古往今来最伟大的真理，也是道德上最意义深远的发现。"

这句话我们从牧师口中听到过太多次。然而豪斯曼先生作为一位无神论者、悲观主义者和想过自杀的教授，却也认为自私自利的人不可能活得有意义，而无私忘我的人将从对他人的奉献中获得生命的欢愉。

如果豪斯曼教授的话没有打动你，那么我们再来听听20世纪美国最著名的无神论者西奥多·德莱塞的建议。德莱塞视宗教信仰为童话，认为人生是"傻瓜讲的故事，充满噪音和暴怒，毫无意义可言"。但是德莱塞却赞同耶稣"服务他人"的倡导。德莱塞说："如果想从人生中得到快乐，就不能只想着自己，还要为他人着想。你的快乐源自他人，他人的快乐也同样依赖于你。"

如果我们打算听从德莱塞"为他人着想"的建议，那么最好从现在就开始，不再浪费时间。"此生之路，我将走过；走过这一次，便再也无法重来。所有力所能及的善行，所有充盈于心的善意，请让我毫不吝惜，即刻倾予。请让我不再拖延，不再淡漠，只因此生之路，再也无法重来。"

若想赶走忧虑，得到喜乐安宁，请遵从：

「原则7：
忘记自我，关心他人。每天做一件能够让别人微笑的好事。」

「第四部分小结：心态平和的七个方法」

原则1：让心中充满平和、勇敢、健康与希望，因为"思想塑造人生"。

原则2：不要报复敌人，因为得不偿失。让我们像艾森豪威尔将军一样，不要浪费一秒钟时间想那些我们讨厌的人。

原则3：与其别人忘恩负义而烦恼，不如不对别人抱有期待。

请记住，耶稣在一天之内治好了十个麻风病患者，却只得到了一人的感谢。我们凭什么期待自己比耶稣得到更多感谢呢？

请记住，获得幸福的唯一方式，是享受给予的快乐，不期待对方的感激。

请记住，感恩是教养的结果。如果希望子女懂得感恩，就要以身作则。

原则4：多想自己的收获，少想自己的烦恼。

原则5：不要模仿他人。找到自我，从容做自己，因为"嫉妒源自无知""模仿无异于自杀"。

原则6：如果命运交给我们一颗酸柠檬，试着用它榨出柠檬汁。

原则7：让我们忘记自己的不幸，试着为他人创造幸福。"善待他人就是善待自己。"

# Chapter 05
the Golden Rule for Conquering Worry

## 战胜忧虑的黄金法则

# Section 19
# 我父母战胜忧虑的经历

正如我之前提到过的,我在密苏里州的农场里出生长大。那个年代,我的父母像大多数农民一样,艰难地养家糊口。我的母亲在乡下当老师,我的父亲是农场的雇农,月薪只有十二美元。母亲不仅亲手缝制我的衣服,就连洗衣服的肥皂都是自己做的。除了每年卖猪的时候,家里几乎总是囊空如洗。我们把自家的黄油和鸡蛋拿到杂货店,换来面粉、糖和咖啡。等我长到十二岁,全年的零用钱也不到五十美分。我到现在还记得,全家去参加国庆日庆典的那天,父亲给了我十美分,让我想怎么花就怎么花。当时我简直觉得像拥有整个西印度群岛那么富有。

我念书的那个乡村学校只有一间教室,离我家有1英里远。温度计颤抖着显示零下二十八度的时候,我也要踏着厚厚的积雪走到学校。直到十四岁,我都没有橡胶鞋或套鞋。在漫长严寒的冬季里,我的双脚始终又湿又冷。当时还是孩子的我天真地以为全世界人的脚冬天都是这样又湿又冷。我的父母每天拼命工作十六个小时,但还是常常被债务压得喘不过气,霉运也不断地袭击我们。我儿时最早的记忆就是眼睁睁地看着洪水淹没我家的玉米和干草地,摧毁了一切。七年里,洪水六次毁掉了我们的作物。每一年,家里养的猪都会死于霍乱,我们不得不亲手掩埋那些辛苦养大的猪。直到现在，我闭上眼睛还能清晰地想起焚烧时那刺鼻的气味。

有一年，洪水终于放过了我们，精心养育的玉米终于迎来了丰年。我们买了家畜，用玉米养得肥肥壮壮。然而玉米田还不如被洪水淹掉算了——那年，整个芝加哥市场的家畜价格大幅下跌，我们辛辛苦苦地把这些牲口喂壮，却只挣到了三十美元。一整年的辛苦劳作，换来的只有可怜的三十美元！

不管做什么，我家都在赔钱。我还记得父亲曾经买过几匹小骡子。当时我们花了三年时间把它们养大，雇人给它们装上缰绳，拉到田纳西州孟菲斯市卖掉，谁知价格竟然比我们三年前买它们的时候还低。

十年的辛苦劳动快要把我们累垮，然而家里却始终一贫如洗，还负债累累。我们的农场是按揭购买的，然而不管我们怎么努力，连贷款的利息都还不起。银行辱骂我的父亲，威胁要把农场从他手中收回。

当时父亲已经四十七岁了。三十年如一日的努力工作换来的只有债务和羞辱。他撑不住了，整日忧心忡忡，身体一下子垮了。他什么都吃不下，尽管一整天都在田里干重体力活，却要借助药物才能有一点儿胃口。他瘦得脱了形，医生告诉我母亲，父亲顶多只有六个月了。父亲整日陷于忧虑之中，已经没有求生的欲望。

我听母亲说过很多次，那时，每次父亲去谷仓喂马或是挤牛奶的时候，只要没有按时回来，她都会心急如焚地跑去谷仓，怕他想不开做傻事。有一天，父亲独自从马里维尔回家，银行刚刚威胁他要取消抵押的赎回权。过桥时，他勒住马，走下马车，望着桥下的滚滚河水出神。他在那里站了很久很久，内心挣扎着自己是不是应该跳下去一了百了。

多年后，父亲告诉我，当时他没有跳河的唯一原因是我的母亲。

母亲始终心怀坚定的信念，她深信，如果我们爱上帝，遵从上帝的诫命，一切都会好起来的。最终，一切都好起来了。父亲又度过了四十二年幸福的光阴，1941年，在八十九岁高寿的时候离世。

在想起来就令人心碎的那些年里，我们挣扎求生，但母亲却从不担忧。她每天祈祷，把烦恼交给上帝。每晚睡觉前，母亲总会为我们读一章《圣经》。父亲和母亲常常会诵读耶稣这些抚慰心灵的箴言："在我父的家里，有许多住处……我去原是为你们预备地方去……我在那里，叫你们也在那里。"随即我们在椅子前跪下来，在孤零零的密苏里农舍中祈求上帝的爱与护佑。

威廉·詹姆斯担任哈佛大学哲学教授的时候，曾经说过："治愈忧虑的最佳疗法是宗教信仰。"而我母亲没上过哈佛大学，就在密苏里的农场里觉察到了这一点。无论洪水、债务还是灾祸都无法压垮她的乐观态度和必胜精神。她在劳作的时候唱的那首歌至今仍萦绕在我耳边：

*每当祈祷时，*
*天父赐予我安宁，*
*无尽的爱意，*
*抚慰我的心灵。*

母亲一直希望我投身宗教工作，我也曾经认真考虑过成为一名传教士。后来我上了大学。随着一年年过去，我的想法渐渐有了变化。我学习了生物、科学、哲学和比较宗教学，阅读关于《圣经》诞生的著作，并对它的一些主张产生了疑问。我开始怀疑那个年代的乡村牧师对教义的一些狭隘解读，并陷入困惑。就像诗人沃尔特·惠特曼所言："一些新奇的疑问突如其来地搅乱了我的心。"我不知道应当相信什么，也看不到生活的意义。我不再祈祷，并变成了不可知论者。我开始相信人生是无目的并且无计划的。我觉得和两亿年前在地球上漫步的恐龙相比，人类并没有什么更神圣的使命，总有一天人类会像恐龙一样灭亡。科学令我了解到太阳正在缓慢地降温，一旦太阳的温度降低哪怕10%，地球上任何形式的生命都将不复存在。我对"仁慈的上帝按照自己的模样创造了人类"这种想法嗤之以鼻。我相信在冰冷黑暗、死气沉沉的太空中，那亿万颗旋转的星球是偶然产生的。可能它们根本就不是被任何力量创造出来的，而是像时间和空间一样，原本就一直存在。

当然，我并不是说自己找到了上述问题的答案。我们被谜团环绕着，人体的运转是深奥的秘密，家里的电力系统、墙缝中冒出的花朵、窗外的绿色草地，无一不是深奥的秘密。通用汽车研究实验室的天才领导者查尔斯·F.凯特灵曾经自掏腰包，每年捐给安提俄克学院三万美元，用于研究为什么草是绿色的。他说如果我们能够知道青草如何把阳光、水和二氧化碳转化为糖，我们就能够改变人类文明。

就连汽车引擎的运转方式也是深奥的秘密。为了研究汽缸中的火花如何引发爆炸性燃烧让汽车跑起来，通用汽车研究实验室花费了数年时间，投资上百万美元，但是他们到现在还没有找到答案。

虽然不了解身体、电或是燃气发动机的奥秘，但这并不影响我们的使用。同理，虽然我依旧不懂得祈祷和宗教的奥秘，但这不再影响我享受宗教信仰带来的更丰富更幸福的生活。我终于明白了哲学家桑塔亚纳的睿智箴言："人类的使命并不是理解生活，而是体验生活。"

我本想说我重新找回了信仰，但是这个说法并不准确。确切地说，我找到了宗教信仰的新概念。我对不同教派所持的不同教义不再有任何兴趣，但是却热衷于了解宗教对我的影响，就像了解水电和食物对我的影响一样。它们都帮助我过上了更丰富更幸福的生活，而前者给予我的远不止如此。宗教信仰提供了一种精神价值，正如威廉·詹姆斯的形容，它带给我"一种全新的对生活的热忱……更多层次的生活，更广阔、更丰富、更令人满足的生活"。信仰带给我信念、希望和勇气，把压力、焦虑、恐惧和担忧阻隔在外。它赋予我人生的意义和方向，极大地增加了我的幸福感和生命力。它帮助我"在生命的流沙中"为自己建造了"一座安宁的绿洲"。

早在三百五十年前，英国哲学家弗朗西斯·培根就道出了真相："一知半解的哲学思考令人成为无神论者，但深入的哲学思想却引导人们走向宗教信仰。"

我还记得人们争论科学与宗教之间的冲突的那个年代，但是现在我们听不到这种争论了。精神病学这门全新的科学学科传授的道理与耶稣如出一辙。为什么这么说呢？因为心理医生发现坚定的信仰能够赶走担忧、焦虑、压力和恐惧，而半数以上的疾病是由这些精神因素引发的。心理医生认同精神分析领域的先驱亚伯拉罕·A.布里尔博士的结论："真正虔诚的人不会患神经官能症。"

如果宗教不是真实的，那么人生就毫无意义，只是一场悲剧性的闹剧而已。

亨利·福特去世前几年，我曾经采访过他。他一手建立并掌管着世界上最伟大的商业帝国。见他之前，我以为多年来的工作压力一定会在他身上留下痕迹。然而我面前这位七十八岁高龄的老人如此冷静平和、神采奕奕，让我不由得深感意外。我问他是否担心过任何事情，他说："没有，我相信上帝会照料一切，不需要我的任何建议。有上帝的掌控，我相信最终一切都会有圆满的结果。既然如此，还有什么好担心的呢?"

如今,就连精神病学家都变成了现代传教士。他们推崇宗教生活并不是为了让我们在另一个世界里免受地狱之火的煎熬,而是为了让我们在这个世界里免受煎熬——胃溃疡、心绞痛、精神崩溃和精神错乱的煎熬。

如果想进一步了解当代心理学家的看法,不妨读一读亨利·C.林克博士的著作《回归宗教》,你在当地的图书馆大概就能借到这本书。

基督教在某种程度上的确鼓舞人心,并且有益健康。耶稣说:"我来,是为了给你们更丰富的生命。"耶稣谴责当时那些流于表面的形式和僵化的惯例。他是一位反叛者。他倡导的是一种新的宗教——一种预示要改变世界的宗教。这也是为什么耶稣会被钉在十字架上。他告诫人们,宗教应当为人类存在,而不是人类为宗教存在;安息日是为人类而设,人类并非为安息日而设。他对恐惧的探讨远多于罪恶。错误的恐惧本身就是一种罪恶——对健康犯下的罪恶,对耶稣倡导的更富足、幸福、勇敢的生活犯下的罪恶。爱默生称自己为"快乐学教授",而耶稣同样是"快乐学"导师。他要求信徒"要喜悦,并为欢喜而雀跃"。

耶稣称宗教信仰只有两件重要的事:全心全意地爱上帝,像爱自己一样爱邻人。凡是做到这两点的,都是有信仰的人,无论他是否自知。我的岳父就是个很好的例证。他的全名是亨利·普赖斯,住在俄克拉荷马州塔尔萨。他在生活中一向遵守内心的道德法则,从来不会做任何卑鄙自私或不诚实的事情。他从不去教堂做礼拜,因此认为自己是不可知论者。但事实并非如此。基督徒是如何界定的呢?爱丁堡大学最富声望的神学教授约翰·贝利是这样解答的:"成为基督徒并不取决于他是否认可某一观念,也不取决于他是否符合某一规则,而是取决于他是否具有某一精神，以及他对生活是否抱有某一态度。"如果这是基督徒的界定方式，那么约翰·贝利无疑是一位高尚的基督徒。

现代心理学之父威廉·詹姆斯写信给他的朋友托马斯·戴维森教授，信中说，随着年事渐长，他发现自己"越来越需要上帝"。

本书的前几章，我提到过我举办的一次有关忧虑的征文活动。评委们想从我的学员交来的故事中选出最佳，但在其中两个最出色的故事中难以取舍，于是这两位作者平分了奖金。下面就是获得并列一等奖的另一个故事。作者在故事中讲述了她的难忘经历。她历经艰辛，最终觉察到"没有上帝，就撑不下去"。下面我将用"玛丽·库什曼"这一化名来称呼这女士。她担心子女和孙辈在书中读到她的故事会觉得难为情，所以我同意为她保密身份。不过这位女士的故事是真实发生过的。几个月前，她就坐在我桌边的扶手椅上，给我讲了她的故事。她是这样说的：

"大萧条期间，我丈夫的平均周薪只有十八美元，很多时候我们连这个数都拿不到。因为只要请病假就没有薪水，而他遭遇了一连串小意外，先后得了腮腺炎、猩红热并且反复患流感，不得不三天两头地请病假。我们在杂货店赊了五十美元，失去了亲手建起来的小屋，还有五个孩子嗷嗷待哺。我给邻居洗熨衣服贴补家用，从慈善二手商店买旧衣服改改大小给孩子们穿，自己整日忧虑不堪。有一天，我十一岁的儿子哭着告诉我，我们赊账的那家杂货店污蔑他偷了两支铅笔。我知道他是个诚实敏感的孩子，也知道他当众被人羞辱的难堪。这成了压垮我的最后一根稻草。我想着我们一直以来忍受的所有困苦，看不到一丝希望。我被忧虑折磨得丧失了理智，关掉洗衣机，把五岁的女儿拉进卧室，用报纸和破布把窗子和门缝堵得严严实实。我的小宝贝问我：'妈妈，你这是在做什么？'我说：'这儿有点儿漏风。'我打开了卧室的煤气暖炉,但没有点火。我搂着女儿躺在床上,她说:'妈妈,好好玩呀,我们刚刚才起床呢!'而我对她说:'别担心,我们小睡一会儿。'

"我闭上眼睛,听着煤气泄漏的声音。我永远也忘不了那刺鼻的气味。

"突然间,我似乎听到了乐音。我凝神听了听,原来是厨房的收音机忘记关了,但这已经无关紧要了。然而音乐一直在继续,有人唱起了一首古老的赞美诗:

> 那仁慈的天主啊,我们的挚友,
> 背负我们的原罪,我们的烦忧。
> 倾听我们的祈祷,我们的烦恼,
> 这是何等的荣幸,何等的荣耀。
> 失去了心中的安宁,忍受着不必要的痛苦,
> 全因未将一切交付天主。

"听着赞美诗,我突然意识到我犯了个多么可悲的错误。在艰苦的生活面前,我一直孤军奋战,却从未想过向耶稣倾诉。想到这里我一跃而起,关掉煤气,打开门窗。

"那天,我一直流着泪祈祷。我并没有向上帝祈求帮助,而是全心全意地感激上帝的恩赐——五个健康快乐、身心强健的好孩子。我向上帝发誓,我再也不会像这样辜负他的祝福。而我至今仍然遵守着这个誓言。

"我们没了家,不得不搬进月租五美元的乡下校舍。即便如此,我也诚心诚意地感谢上帝,至少我们有个屋檐可以避雨。我诚心诚意

地感谢上帝事情没有变得更糟，我相信上帝也听到了我的心声，因为生活一点点好转起来。当然，改变并非发生在一夜之间，但是当经济逐步复苏之后，我们的收入多了一点儿。我在一个乡村俱乐部的衣帽间找到一份工作，同时还兼职卖袜子。为了挣出大学学费，我儿子在农场里找了个活计，每天给十三只奶牛挤奶。如今我的孩子们都成家立业了，我有了三个活泼健康的孙辈。

"每次想起打开煤气的可怕的那一天，我都会感谢上帝让我及时醒悟。如果我当时一意孤行，我将错过多少快乐的时刻，失去多少美妙的岁月啊！如今，每当我听说有人想要结束生命的时候，我都想大声告诉他：'不要这样做！千万不要！'人生中最黑暗的时刻只有短短一段时间，只要坚持挺过去，就能看到未来的曙光……"

在美国，平均每三十五分钟就有一人结束自己的生命，平均每一百二十秒就有一人精神失常。如果人们能够从信仰和祈祷中找到安慰，大部分自杀事件甚至精神失常的惨剧都能够避免。

印度圣雄甘地是伟大的领袖。如果不是祈祷的力量持续鼓舞着他，他或许早就崩溃了。我怎么知道的呢？甘地曾经这样写道："若不是祈祷的力量，我早就疯了。"

许多人的经历都能够证明祈祷的力量。正如我之前所述，如果不是母亲的祈祷和信念鼓舞了我的父亲，父亲或许已经投河自尽。

成千上万受折磨的灵魂在精神病院中尖叫，假如他们尝试向更高的力量寻求帮助，在生活的战场上不再单打独斗，或许能够早些获得救赎。

许多人在疲惫不堪，达到能力极限的时候，才绝望地向上帝求助。就像那句格言说的："战壕里没有无神论者。"但为什么总要等到走投无路的时候呢？为什么不每天汲取力量，总要等到礼拜日的那天才做祷告？多年来我一直有一个习惯，在工作日下午走进空荡荡的教堂。每当我忙到连几分钟时间都抽不出，没空思考的时候，我会告诉自己："等一下，卡耐基，等一下。你这样匆匆忙忙、急急躁躁的，究竟是为了什么呢，伙计？你得停下来问问自己的内心。"这个时候，我就会在路过教堂的时候走进去。虽然我是新教徒，但我经常去第五大道上的圣帕特里克教堂。我告诉自己，三十年后我大概就不在人世了，但教堂传授的真理是永恒不灭的。闭上双眼祈祷的时候，我的内心渐渐找回平静，身体放松，想法明确，并且有助于重新调整价值观。我想把这个习惯也推荐给你。

写作这本书的六年里，我搜集了上百个翔实的例证，证明人们如何通过祈祷战胜了恐惧和忧虑。我的档案柜里塞满了文件夹，每一个文件夹都是一部个人史。沮丧的书商约翰·R.安东尼的故事就是一个典型的例子。如今安东尼先生成为得克萨斯州休斯顿的一名律师，他的办公室位于亨布尔大厦。他原原本本地给我讲了他的故事：

"二十一年前，我关掉了自己的律师事务所，转行成为一家美国法律书籍公司的州销售代表。我的业务是把一整套行业必备的法律书籍卖给律师。

"经过完善的业务培训，我把销售话术记得滚瓜烂熟，对于所有可能出现的拒绝理由我也想好了有说服力的应对方式。每次拜访潜在客户之前，我会先了解对方的律师等级、业务类别、政治主张和兴趣爱好。会面时，我巧妙地利用这些信息套近乎。但是不知道哪里出了问题，我就是拉不到生意。

"我渐渐没了信心。一天天过去，一周周过去，我加倍付出努力，但还是入不敷出。恐惧在我心里蔓延开来，我开始害怕拜访别人。走进潜在客户的办公室之前,强烈的恐惧感让我在门外的走廊里徘徊不前,有时甚至促使我转身走出大厦,在街上来回兜圈子。浪费了许多宝贵时间之后,我勉强用意志力鼓起勇气,想回到大厦一鼓作气地敲开大门。然而当我站到门前的时候,我转动门柄的手却在软弱地颤抖,同时心里还暗暗希望客户不在办公室。

"销售经理威胁说,我要是再拉不来生意,就要停掉我的预付款。家乡的妻子求我寄点儿钱应付她和三个孩子的日常开销。忧虑攫住了我。一天天过去,我越来越绝望,不知道何去何从。像我之前说的,我家乡的律师事务所已经停业了,我放弃了当时的所有客户。而现在我已经破产了,连旅馆的房租都付不起。我没钱买车票回家,即便有钱买票,我也没脸回去。又是糟糕的一天,我迈着沉重的步子痛苦地走回旅馆。这是最后一次了,我心想。我已经彻底被打败了。

"心碎绝望的我已经无路可走。我不在乎自己是死是活,甚至恨不得自己没有生在这个世界上。我没有任何东西可吃,晚餐只有一杯热牛奶,就连这杯牛奶对当时的我也是难得的奢侈品。那天夜里,我终于懂得了为什么绝望的人会打开旅馆窗户跳下去。如果我有那个胆量,我也会这样做。我开始想人生到底有什么意义,怎么也想不明白。我找不到答案。

"我没有任何人可以投靠,只好向上帝求助。我开始祈祷。被绝望压迫得无法喘息的我祈求万能的主赐予我光明与关爱,指引我走出这片不见天日的黑暗荒原。我祈求上帝帮助我获得图书订单,让我的妻儿能吃上饭。祈祷之后,我睁开双眼,突然看到空荡荡的旅馆房间里,一本《圣经》正静静地躺在梳妆台上。我翻开《圣经》,开始阅读耶稣基督那些不朽的美丽承诺。长久以来,这些承诺鼓舞了一代又一代孤独忧虑的失败者。耶稣基督鼓励信徒:

不要为生命担心吃喝，不要为身体担心衣着。生命不胜于饮食吗？身体不胜于衣裳吗？你们看那天上的飞鸟，它们不种、不收，也不在仓里存粮，你们的天父尚且养活它们。你们不比飞鸟贵重得多吗？……你们要先求他的国和他的义。其他东西自会赐予你们。

"我一边读这些文字，一边祈祷，于是奇迹发生了——我紧张不安的神经渐渐放松下来。我的焦虑、恐惧和担心转变成了温暖的勇气、希望和成功的信念。

"尽管我依旧没有足够的钱付旅馆账单，但我很快乐。我上床睡觉，心中无忧无虑，我已经很多年没有睡得那样踏实了。

"第二天清晨，我几乎无法抑制雀跃的心情，客户还没上班就已经早早在门口等待了。那个细雨绵绵的美好上午，我迈着轻快而坚定的步伐，大步走向办公室，毫不迟疑地紧握住门把手。一进门，我就挺胸抬头地径直走向目标，充满活力又不卑不亢地微笑着说：'早上好，史密斯先生！我是全美法律图书公司的约翰·R.安东尼！'

"'啊，你好，你好，'他同样露出微笑，起身同我握手，'很高兴见到你！请坐。'

"那一天我卖出的书比过去几周加起来都多。晚上，我像得胜的英雄一样骄傲地回到旅馆，觉得自己仿佛脱胎换骨了一样。我也确实脱胎换骨了，因为现在的我有了全新的积极心态。那天晚上的晚饭不再是热牛奶了。不，先生！那天晚上我吃光了一整块牛排和所有的配菜。从那天开始，我的业绩不断飙升。

"二十一年前那个绝望的深夜，我在得克萨斯州阿马里洛狭小的旅馆房间里获得了重生。第二天，连续几周的失败这个外部现实并没有改变，但是我内心深处产生了巨大的变化。我突然觉察到了自己与上帝之间的联系。形单影只的个体很容易被打败，但是与上帝的力量同在的人将无往不胜。我深知这一点，因为我亲身体会了它对我的生活产生的作用。

"'你们祈求，就会得到；寻找，就能找到；叩门，门就会开启。'"

伊利诺伊州高地第八街1421号的L.G.比埃尔德太太面对灾难的时候，总会跪下来祈祷说"主啊，我愿遵从你的旨意，求你决定我的道路吧"，从而找回内心的平静与安宁。

她在来信中这样写道："一天晚上，我家的电话响了。响了足足十四声，我才有勇气拿起听筒。我知道那一定是医院打来的，所以我很害怕。我怕我们的小男孩撑不住了。他患了脑膜炎，医生用了盘尼西林，但他的体温还是时升时降。医生担心病毒影响到大脑，可能会诱发脑瘤，甚至有生命危险。而我的担心应验了。电话确实是医院打来的，让我们立即去医院。

"我和丈夫坐在候诊室里等待的时候内心有多痛苦，你大概想象得到。候诊室里的每个人都搂着自己的孩子，只有我们的怀里是空的，甚至不知道还有没有机会再抱一抱我们的小宝贝。当我们终于被医生叫进办公室的时候，他脸上的表情让我们胆战心惊，而他说的话更加深了这种恐惧。他说孩子只有25%的可能活下来，还建议说如果我们认识别的医生，最好把对方请来一起会诊。

"回家的路上，我丈夫崩溃了。他握紧拳头砸着方向盘，流着泪说：'伯茨，我不能放弃我们的小宝贝。'你见过男人流泪的样子吗？那真是让人心碎的经历。我们停下车商量了一阵，决定去教堂祈祷。如果带走孩子是上帝的旨意，那我们就遵从他。我瘫倒在教堂的长椅上，泪水在脸上流淌：'主啊，我愿遵从你的旨意，求你决定我

的道路吧。'

"这句话一说出口,我突然觉得好过些了。很久没有过的安宁感涌遍全身。回家的路上,我一直重复着:'主啊,我愿遵从你的旨意,求你决定我的道路吧。'

"那个晚上,我一周以来第一次睡了个踏实觉。几天后,医生打来电话,说孩子熬过了这场灾难。看着这个如今健康强壮的四岁男孩,我深深地感激上帝。"

我知道有些男人把宗教信仰视为妇孺和牧师的专利,而把单打独斗看作是"硬汉"的表现,并为此感到自豪。如果他们知道一些大名鼎鼎的英雄也每日祷告,大概会很惊讶吧。举个例子,"硬汉"杰克·登普西曾经告诉我,他每天睡觉前必先祷告,每次用餐前必先感谢上帝。他说,在拳击比赛之前的训练阶段,他每天都会祈祷,在每个回合的铃声响起前,也必会祷告。他说:"祷告令我勇敢自信地战斗。"

"硬汉"棒球手康尼·马克告诉我,不祷告他就睡不着觉。

"硬汉"战争英雄埃迪·里肯巴克说他相信祷告拯救了他的人生。他每天都会祷告。

"硬汉"爱德华·斯特蒂纽斯曾经在通用汽车和美国钢铁公司担任高管,也是美国前国务卿。他告诉我,每天早晚他都祈祷能得到智慧与指引。

"硬汉"约翰·皮尔庞特·摩根是当代最伟大的银行家。他经常在周六下午独自前往华尔街路口的三一教堂,跪下虔诚祷告。

"硬汉"艾森豪威尔赴英国担任盟军最高统帅的时候,他只带了一本书上飞机,那就是《圣经》。

"硬汉"马克·克拉克将军告诉我,战争期间他每天都阅读《圣经》,并在祷告时双膝跪地。蒋介石和被称为"阿拉曼的蒙蒂"的蒙哥马利将军也是如此。纳尔逊勋爵在特拉法加的时候也是如此，还有华盛顿将军、罗伯特·E.李、斯通威尔·杰克逊和众多杰出的军事将领。

这些"硬汉"都懂得心理学之父威廉·詹姆斯这个结论中蕴含的真理："我们与上帝息息相关。敞开自我，接受神的感化，我们最深刻的使命就能够实现。"

许多其他"硬汉"也逐渐意识到了这一点。如今有七千二百万美国人成为教友，这是一个空前的数字。正如我先前所述，就连科学家也投身于宗教。《人之奥秘》一书的作者亚历克西·卡雷尔博士曾荣膺科学界的最高荣誉——诺贝尔奖。他在《读者文摘》的一篇文章中这样说道："祷告是人们能够产生的最有力的能量形式。这种力量和地球引力一样真实。作为医生，我曾经见过病患在任何诊疗手段都不起作用的情况下，依靠祷告的纯净力量摆脱了疾病和忧郁……祷告如同镭一样，是一种光源，一种自发的能量……祷告的时候，人们向无限的能量倾诉，力图扩大自身有限的能量。祷告时，我们与令宇宙运转的永不停歇的无穷动力相连。我们祈祷能够获得这种力量的影响，满足自身的需求。祈祷弥补人类的缺陷，治愈我们，让我们充满力量地重新站起来。无论何时何地，只要热诚地向上帝祷告，我们的身心就会有更好的转变。任何人在祈祷的时刻，都会产生好的转变。"

海军上将伯德懂得"我们与令宇宙运转的永不停歇的无穷动力相连"这句话的含义。他这样做了，从而熬过了一生中最严峻的考验。他在著作《孑然独行》一书中讲述了这个故事。1934年，他在南极地区深处被困了整整五个月。他的营房被深埋在罗斯冰障下面的冰盖中。当时，他是南纬78度以南的唯一生物。风雪在他的营房外怒吼，无尽的黑夜包围着他，室外是零下八十二度的极寒。祸不单行，他惊恐地发现，火炉释放的一氧化碳让他正在慢性中毒。怎么办？最近的救援点也在123英里之外,几个月之内不可能找到他。他试着自己修炉子和通风系统,但气体还是不断逸出,让他晕倒在地,陷入昏迷。他吃不了饭,睡不了觉,虚弱得下不了床。他害怕活不到第二天早晨,在那个小屋里孤独地死去,尸体深埋在终年不化的积雪之下。

是什么救了他的命?一天,深感绝望的他伸手去拿日记,想记下他的人生感悟。他写道:"人类在宇宙中并非孑然独行。"他想到头顶的星空,想到星座与行星有秩序的运行,想到永恒的太阳终将再次点亮被遗忘的南极,他在日记中写下:"我不是孤身一人。"

正是这个认知救了理查德·伯德的命——即使身处世界尽头的冰洞中,他也并不是孤身一人。

"我知道,这个信念让我熬过了难关。"他说。随即他又补充道:"大部分人在一生中都远远没有接近自身的潜力极限,力量之泉从未开启。"理查德·伯德向上帝求助,从而开启了力量之泉,挖掘出沉睡的潜能。

理查德·伯德在极地冰盖中学到的这一课,格伦·A.阿诺德在伊利诺伊州的玉米田中学到了。阿诺德先生在伊利诺伊州奇利科西的培根大厦担任保险经纪人。谈到战胜忧虑的经验时,他是这样说的:"八年前的一天,我把钥匙插进锁孔,锁上前门的时候,我以为那是我一生最后一次用那把钥匙。我钻进车里,驶向河边。我是个失败者。一个月前,我的整个世界垮掉了。我的电器生意走到了破产边缘,家乡的母亲性命垂危,我妻子正怀着第二个孩子,医院的账单不断累积。当初创业的时候,我们把所有家当都抵押贷款了,连汽车和家具也不例外。我甚至用自己的保险借了款。现在,什么都没了。我再也受不了了。所以我钻进汽车,驶向河边。我心怀歉疚,决心结束一切混乱。

"在乡间开了几英里之后,我把车停在路边,走下车一屁股坐在地上，像孩子一样痛哭流涕。这时我才停止在焦虑中原地绕圈，试图开始建设性地思考。我的处境究竟有多糟？还会更糟吗？真的已经走投无路了吗？我还能做点儿什么让现状改善一点儿吗？

"在那一刻，我决定把我的问题交给上帝，听凭他处置。我开始祷告，虔诚地祷告，就像我的生死取决于这次祷告一样——事实也的确如此。紧接着，奇妙的事情发生了。当我把所有问题移交给比我更伟大的力量的那一刻，我的内心突然感受到了数月以来从未有过的平静。我在原地坐了整整半个小时，流着泪祈祷。然后我掉头回了家，睡得像孩子一样。

"第二天一早，我信心百倍地起床。有了上帝的指引，我再没有什么可害怕的。我挺胸抬头地走进百货公司，自信满满地应聘电器部门的工作。我相信我会得到这份工作，我也确实得到了，并且业绩一直很好。战争期间，电器行业一蹶不振，我在上帝的指引下转行做保险销售。五年间，我还清了所有账单，有美满的家庭和三个活泼可爱的孩子，有了自己的房子，换了新车，还有价值两千五百美元的人寿保险。

"回头想想，我现在很庆幸当时一无所有的我在绝望之中开车去了河边。正是这样的绝望教我学会依靠上帝。如今我拥有了之前从来没有奢望过的平静和自信。"

为什么宗教信仰能够带给我们安宁平静，以及不屈不挠的勇气？我想借用心理学家威廉·詹姆斯的话来回答这个问题。他是这样说的："海洋表面的汹涌浪涛无法扰动深处的宁静。如果把目光望向更广阔更永恒的世界，当下命运的起伏与得失就不再那么重要。也正因此，信仰虔诚的人们坚定不移，内心充满喜悦安宁，坦然面对一切。"

当你焦虑不安的时候，为什么不试着向上帝倾诉呢？为什么不按照哲学家伊曼努尔·康德说的那样,"接受对上帝的信仰,因为我们正需要这样的信仰"?为什么不和"令宇宙运转的永不停歇的无穷动力相连"?

就算你不接受宗教信仰,或是彻头彻尾的怀疑论者,祷告对你的帮助也比你想象的要大得多,因为这是一个非常实用的方法。为什么说它实用呢?无论信教与否,祷告都能够满足人们这三个基本的心理需求:

1.祷告让我们把内心的忧虑用语言表达出来。在第四章里,我们了解到模糊含混的问题很难被解决。而祷告的过程很像是把问题写在纸上。如果我们想寻求帮助,即使是向上帝寻求帮助,我们也要先把问题描述清楚。

2.祷告让我们感觉身上的重负有人分担,不再是孤零零的一个人。面对沉重的负担和痛苦的烦恼,很少有人坚强到能够独自承受。有时我们担心的事情太过私人,连最亲密的家人朋友也难以启齿。这种时候,祷告就是解决方法。心理学家认为在紧张压抑、痛苦不安的时候,把问题说出来在临床治疗上有很大的效果。如果不能向任何人倾诉,至少可以向上帝倾诉。

3.祷告是行动的助推剂。我想没有人会每天祈祷收获,却从不作为——换句话说,人们多少会做些什么。一位世界闻名的科学家曾言:"祷告是人能产生的最有力的能量形式。"那么为什么不想办法运用这种能量呢?既然这神秘的自然力量在冥冥之中指引我们,它叫"上帝""安拉",还是"圣灵"又有什么关系呢?为一个称谓争执有什么意义?为什么不合上书,走进卧室,关上门,跪下来,卸下你心灵的重负?如果你已经失去了信仰,那就祈求万能的上帝帮助你重建信念。告诉他："上帝，我无法再独自战斗下去了。我需要你的帮助、你的爱。请宽恕我犯过的错，涤清我心中的杂念。请指引我通向平和安康的道路，让我的内心充满爱，甚至爱我的敌人。"

如果你不知道如何祷告，请重复圣方济各七百年前写下的这段美丽动人的祷文：主啊，让我成为和平的工具，在仇恨面前播种爱，在伤害面前播种宽恕，在怀疑面前播种信念，在绝望面前播种希望，在黑暗面前播种光明，在悲伤面前播种快乐。

哦，神圣的主啊，请让我安慰他人，而不求被人安慰；让我理解他人，而不寻求被人理解；让我爱他人，而不渴求被爱。因为给予才能得到，原谅才能被原谅，失去生命才能得到永生。

## Chapter 06
How to Keep from Worrying about Criticism
# 如何避免因批评而焦虑

# Section 20
# 人红是非多

1929年发生的一件事，在美国的教育界引起轰动。学术界人士从全美各地涌入芝加哥，见证这场奇迹。几年前，一位名叫罗伯特·哈钦斯的年轻人通过当服务员、伐木工人、家庭教师和晾衣绳销售员等零工，供自己读完了耶鲁大学。如今，短短八年后，他就被任命为全美第四富有的大学——芝加哥大学的校长。他多大了呢？只有三十岁！简直难以置信！老学者听闻消息，纷纷大摇其头。批评的声音像潮水一样涌向这位青年才俊，说他年轻没有经验，教育理念荒诞不经，就连报刊媒体都加入了这场攻击。

上任当天，一位友人对罗伯特·哈钦斯的父亲说："我早上看到报纸上的社论公然抨击您的儿子，真是深感震惊。"

"是啊，"老哈钦斯先生回答道，"用词很苛刻，但是请记住，人红才会是非多。"

是的，一个人越重要，公众越容易从对他的攻击中获得满足感。威尔士亲王尚未成为温莎公爵之前，就被迫懂得了这个道理。当时他就读于英国德文郡的达特茅斯学院，学院的性质相当于美国安纳波利斯的海军学院。当时，威尔士亲王年仅十四岁。一天，海军军官们发现他在哭泣，问他是怎么回事。他一开始不愿意说，但最终承认被几个海军学员踢了几脚。海军军官把那几个学员叫来，告诉他们亲王不愿追究，但是他想知道为什么亲王会被他们如此对待。

几位学员先是哼哼唧唧，顾左右而言他，最后终于承认说他们就是为了等当上指挥官之后，有机会吹嘘他们曾经踢过国王！

所以，如果你被人欺负或者批评，请记住这往往意味着你取得了让人瞩目的成就，对方想凭借欺负你证明自己很厉害。很多人会打压那些比他有教养或是比他成功的人，从中获得变态的满足感。举个例子，就在我撰写这章的时候，我收到一位女士的来信，她在信中抨击一手创立了救世军的卜威廉将军。因为我曾经在电台节目中公开表达过对卜威廉将军的赞赏，所以这位女士特地致信，声称卜威廉将军从给穷人的募资中私吞了八百万美元。这个污蔑当然可笑至极，但这位女士并不会在意真相究竟是什么样。她寻求的是把一位高高在上的伟人拉下马的卑鄙的满足感。我把她那封尖酸刻薄的信扔进废纸篓，同时感谢上帝我没有和这种女人结婚。她的信并没有让我对卜威廉将军的为人产生怀疑，但却让我了解了她的为人。叔本华多年前曾经说过这样的话："庸人以伟人的错误为乐。"

很少有人会把耶鲁大学的校长视为这种庸人，但是耶鲁大学前校长蒂莫西·德怀特却以攻击总统候选人为乐。这位耶鲁大学的校长声称假如这位候选人当选美国总统，"我们的妻女将成为卖淫合法化的受害者，被不清不楚地侮辱，被甜言蜜语玷污，从而与美德与贞操绝缘，人神共恶"。

听起来他的攻击对象就是托马斯·杰斐逊总统！就是写下了《独立宣言》的那位民主先驱托马斯·杰斐逊总统吗？没错，正是他。

还有一位先生被指责为"伪君子""骗子""比谋杀犯好不了多少"，在报纸上的卡通画里被描绘成伏在断头台上，正要被砍头的样子。当他走上街头的时候，群众纷纷嘲笑他，发出嘘声。这位先生又是谁呢？乔治·华盛顿总统。

不过这都是很久以前的事情了，也许在那之后人性已经进步了？我们不妨再来看一看皮尔黎上将的遭遇。这位伟大的探险家于1909年4月6日成功乘雪橇抵达北极，轰动了整个世界。几个世纪以来，无数勇敢的人想要完成这项壮举，却纷纷倒在通向梦想的道路上。皮尔黎自己也差点儿死于寒冷和饥饿，他有八根脚趾因为冻伤严重，不得不被截断。途中的灾祸一次次地打击他，让他几乎精神失常。然而在华盛顿的那些长官却勃然大怒，只因为嫉妒皮尔黎获得的关注和赞扬。他们指责皮尔黎以科学探险为名募资，却"在北极圈游手好闲，整日享乐"。他们自己大概相信这是真的，因为如果你想要相信一件事，别人几乎不可能说服你。这些长官想要羞辱皮尔黎的意愿如此强烈，以至于麦金莱总统不得不亲自下令，才让皮尔黎在北极的科考事业得以继续。

假如皮尔黎只是华盛顿海军部一个小小的办公室职员，他还会被如此诋毁吗？当然不会。若不是他如此重要，他不会引起这些妒忌。

格兰特将军的遭遇比皮尔黎上将还要糟糕。1862年，格兰特将军率领联邦军，只用了一下午的时间就赢得了北方第一次决定性的胜利，一夜之间成为全民英雄。教堂的钟声久久回荡，庆祝的篝火从缅因州一直燃到密西西比河畔，在遥远的欧洲都引起了极大的震动。然而在这场胜仗的短短六周后，北军的英雄格兰特却被拘捕并剥夺了军权，耻辱和绝望的泪水从他脸上淌下。格兰特将军缘何在胜利的顶峰被拘捕？很大一个原因就是他的成就让那些傲慢的上级眼红。

如果不公的言论让你忧虑，请记住：

「原则1：

不公的言论是变相的赞美，因为人红才会是非多。」

# Section 21
# 让批评无法伤害到你

我曾经采访过斯梅德利·巴特勒少将,就是那位被称为"鹰眼"或是"地狱之魔"的老巴特勒,他是美国海军将领中最富传奇色彩也最飞扬跋扈的一位。

他告诉我,年轻的时候,他极度渴望成为受欢迎的人,给所有人都留下好印象。那时候,只要有一点儿小批评都会刺痛他的心。但是后来的三十年海军生涯让他变得皮糙肉厚。他说:"那时我挨打挨骂,被诬陷成卑鄙阴险的讨厌鬼,被老兵诅咒,英语中所有侮辱人的脏话都曾经被用在我身上。你问影响到我了吗?哈!听到有人骂我,我连头都懒得回!"

或许你觉得"鹰眼"老巴特勒对别人的非议太不敏感,但有一点是肯定的:我们大部分人都把嘲讽和攻击看得太重了。我还记得几年前,一位来自纽约《太阳报》的记者参加了一堂我的示范课,对我的成人教育工作大加讽刺。我很生气,把他的攻击视为人身侮辱。我直接致电《太阳报》执行委员会的主席吉尔·霍奇斯,要求他们停止对我的嘲讽,并公开发表文章澄清事实。我当时一心想要讨回公道,让他们付出应得的代价。

现在回想起当时的行为,我不由得感到羞愧。现在我知道,50%

的报纸读者并不会读那篇嘲讽文章，而读到那篇文章的人中，也有50%会一笑而过。而在那些真正读了文章并幸灾乐祸的人当中，有50%几周之后就会彻底忘记这件事。

如今我明白了，人们对你我并不关心，也毫不在乎谁说了我们什么。他们心里只有自己，从早上起床一直到晚上睡觉前都是如此。比起别人是死是活，他们对自己一点儿小小的头疼脑热要关心得多。

就算遭遇欺骗、嘲讽、被人背后插刀或被最亲密的朋友出卖，也不要任凭自己沉浸在自怜之中。让我们提醒自己，耶稣也遭遇了这样的事。他最亲密的十二门徒之一为了区区十九美元的贿赂就成了叛徒，还有一位在耶稣身陷囹圄的时候公然和他撇清干系，三次发誓声称自己根本不认识耶稣。这是六分之一的概率啊！连耶稣的遭遇都是如此，你我又凭什么指望得到更好的待遇呢？

多年前我就意识到，虽然我不能避免别人的不公正评价，但至少有一件重要得多的事情是掌控在我自己手中的——我可以决定是否要让这些非议影响到我。

不过请允许我澄清一点，我并不提倡忽视所有批评。我说的是忽略那些恶意的评判。我曾经请教过罗斯福夫人如何应对恶言恶语。老天知道她面对的非议有多少。在白宫的女性中，她大概是朋友最多，敌人也最多的一位。

她告诉我，年轻的时候她的个性过于羞涩，总是担心别人对她的看法，害怕会招致批评。有一天，她去请教老罗斯福总统的姐姐，说："我想做这样一件事，但很怕会被大家批评。"

老罗斯福总统的姐姐看着这位年轻姑娘的眼睛，告诉她："只要你内心相信自己做得对，就永远不要让别人的评价扰乱你的心绪。"罗斯福夫人告诉我，成为第一夫人之后，这个建议成为她的精神支柱。

她还说，应对非议的唯一方式，就是像德累斯顿瓷器那样一动不动地立住。"做你内心相信是正确的事情，因为无论如何，反对的声音都不可避免。不管你做还是不做，都会招致责难。"这就是她的忠告。

马修·布拉什在华尔街担任美国国际公司总裁的时候，我问过他是否在意批评。他回答说："是的，早年间我一度对批评非常敏感。那个时候我一心想让集团的所有员工认为我完美无缺。哪怕有一个人不这样想，我都忧心忡忡。我会试图讨好对我表示不满的人，但是平息了他的怒火后，却又会让另一个人不高兴；等我安抚好这个人，又会招惹更多人的责难。终于我意识到，我越想平息纷争，消灭批评，敌人就越多。所以我告诉自己：'只要你比别人强，总会有人非议你。所以要试着习惯这一点。'这种心态让我获益良多。从那以后，我要求自己凡事尽力而为，但不再任由批评的雨点顺着脖子流下，打湿自己，而是撑起心灵之伞，让批评像雨水一样流走。"

蒂姆斯·泰勒则更进一步，他不仅让批评之雨顺着脖子流下，还在公众场合一笑了之。在电台的周日午后音乐会中，他应邀在纽约爱乐交响乐团的节目间隙发表评论，一位女士给他写信，骂他是"骗子、叛徒、阴险小人、愚蠢笨蛋"。

在下一周的电台节目中，泰勒先生当着数百万听众读了这封来信。从他的著作《人与音乐》中，我们得以了解事情的后续：几天后，他又收到这位女士的来信，"重申她的意见，说我依旧是骗子、叛徒、阴险小人、愚蠢笨蛋，"泰勒先生写道，"我怀疑她其实并不关心我究竟说了些什么。"谁不敬佩能够从容对待批评的人呢？他的冷静和幽默感都让人肃然起敬。

查尔斯·施瓦布在普林斯顿全体师生面前致辞的时候说过，他一生中学到的最重要的一课，是一位在他的钢厂中工作的德国老人教给他的。当时这位德国老人被卷入了工人之间的激烈纠纷，被其他工人扔进了河里。施瓦布先生说："这位老人满身泥水地走进我的办公室，我问他对那些把他扔进河里的人说了些什么，他回答说：'我只是一笑置之。'"

施瓦布先生说，从那以后，他就把德国老人的这句话当成了自己的座右铭："一笑置之。"

这句座右铭对于不公正的言论尤为绝妙。攻击会引来回击，但对于"一笑置之"的人，你又能奈他何？

林肯早就意识到，在猛烈的批评面前，回击是愚蠢的做法，否则他大概早就在内战的巨大压力下崩溃了。他得出了这样的结论："倾听责难已经是浪费时间，做出回应更会令我一事无成。我已经尽己所能，未来也将竭尽全力，坚持到底。如果最终事实证明我是对的，那么这些批评就无关紧要；如果我是错的，那么即使有十位天使发誓说我没错，也无法改变这一事实。"

面对不公正的批评，让我们记住：

「原则2：

　尽力而为，然后撑起内心的伞，无论风吹雨打都置之不理。」

# Section 22
## 学会自我批评

我的私人文件柜里有一个叫作"蠢事"的文件夹,里面记录着所有我做过的蠢事。我把所有让我觉得内疚的蠢事写下来,放到文件夹中存档。有时我也会把这些备忘口述给秘书,让秘书代劳录入,但是有些事情太私密或者太愚蠢,我不好意思口述给别人听,所以我会亲手写下来。

我现在依然记得一些十五年前亲手放入"蠢事"文件夹的自我批评。如果我对自己完全诚实,我文件柜中的这些"蠢事"备忘大概会满溢出来。扫罗王在两千多年前说的那句话让我深有共鸣:"我做了蠢事,且罪孽深重。"

每当我拿出"蠢事"文件夹,重读我亲手写下的这些自我批评时,它们都会帮助我解答我面前最严峻的问题:如何管理好"戴尔·卡耐基"这个人。

我过去常常把自己的烦恼归咎于他人,但当我年龄渐长,智慧渐增——至少我希望如此——我意识到归根结底,自己才是一切烦恼的罪魁祸首。随着阅历的增加,许多人都发现了这一点。拿破仑在圣海伦纳说过:"我的失败怪不了任何人,只怪我自己。我才是自己最大的敌人,我才是自己悲剧的起因。"

我认识的一位先生堪称自我管理与自我评估的大师，他的名字是H. P. 豪厄尔。1944年7月31日，他在纽约大使酒店身故的新闻传遍全国时，整个华尔街都为这位美国银行业的领袖深感痛惜。他曾任国家商业银行及信托公司的董事长，在华尔街56号办公，并且身兼数家公司的董事。他年少的时候几乎没受过正规教育，第一份工作是在乡下商店记账，后来成为美国钢铁公司的信贷经理，并一路走上权力的巅峰。

"多年来，我一直用行事历记下所有日程，"当我问及豪厄尔先生成功的原因时，他这样说道，"我的家人在周六晚上不会为我安排任何事，因为他们知道那是我例行回顾一周工作，进行自省和评估的时间。周六一用过晚餐，我就起身离开，打开行事历，回顾本周的讨论和会议。我会问自己：'我犯了哪些错？''我做的哪些决策是正确的？怎样做能改进我的表现？''从那段经历中我能学到什么？'有时这样的反省会让我心情低落，不敢相信自己犯过的错误。不过随着时间推移，我出错的频率变得越来越低。这些年来，自省对我的帮助远胜于我试过的其他任何方法。"

H. P. 豪厄尔的做法或许借鉴了本·富兰克林的理念，区别是富兰克林并不会等到周末，而是每晚都会自我审视一番。富兰克林在自省中意识到自己犯了十三个严重错误，其中包括浪费时间、为琐事烦忧以及和他人争执。睿智的本·富兰克林深深明白，只有铲除这些障碍才能走得长远。于是他决心每天攻克一个弱点，每晚记录自己在这场拉锯战中是否胜出，然后第二天和另一个坏习惯搏斗。富兰克林与弱点的这场战役持续了两年之久。

难怪他会成为美国最受人爱戴、最有影响力的伟人！

美国作家阿尔伯特·哈伯德曾言："每个人每天至少有五分钟是蠢蛋。不超过这个界线的人是真正的智者。"

小人听到一点儿温和的批评就会怒火中烧，而君子却善于向责备他、非难他的人以及"志不同道不合"的人学习。沃尔特·惠特曼说过："你是否只愿向敬佩你、温柔待你、站在你这边的人学习？那些否定你、对抗你、和你意见不同的人，不是也教了你重要的一课吗？"

与其等待敌人批评我们或是我们的工作，不如快人一步，成为自己最严厉的评论家。在敌人有机会开口之前，就抢先改善自己的薄弱处。查尔斯·达尔文正是这样做的，他花了整整十五年的时间挑自己的错。事情是这样的，当达尔文完成了不朽的著作——《物种起源》的初稿时，他意识到这个革命性的学说一经发表，一定会在知识界和宗教界引发轩然大波，所以他花了十五年时间自我批判，核查数据，质疑论证过程，给结论挑刺。

如果有人侮辱你是"无可救药的傻瓜"，你会做何反应？生气？发火？不妨看看林肯是如何应对的。林肯的战争部长爱德华·M.斯坦顿曾经骂林肯是"无可救药的傻瓜"。当时林肯为了取悦一位自私的政客，下令让兵团转移，干涉了斯坦顿的军权，因此令斯坦顿大动肝火。斯坦顿不仅拒绝执行林肯的命令，还诅咒说林肯签署这项命令是无可救药的傻瓜。结果如何呢？林肯得知斯坦顿的反应后平静地说："如果斯坦顿说我是傻瓜，那我一定是，因为他几乎从不出错。我会亲自去见他。"

林肯真的去见了斯坦顿，并被斯坦顿说服，收回了成命。林肯真心实意地欢迎一切真诚有益并且有理论根基的批评。

你我同样应当欢迎这种批评，不要奢望自己正确的概率高于四分之三——西奥多·罗斯福担任美国总统期间曾经说过，他的四次决策中有三次是对的就不错了。世间最伟大的思想家爱因斯坦也承认过他的结论中有99%都是错的！

法国作家拉罗什富科曾言："敌人对我们的看法比我们对自己的看法更接近真实。"

我知道这句话通常是正确的，但每当遭遇批评时，如果我不注意提醒自己，我总是立刻自动进入防御模式，哪怕我还完全不知道对方想说些什么。我很厌恶自己这种条件反射，然而无论批评或赞美公正与否，我们都本能地厌恶批评，欣然接受赞美。人类并非理性动物，而是感性动物。我们的理智就像在情感的惊涛骇浪中颠簸的小舟。大部分人都对当下的自我感觉良好。但是四十年后回头再看，我们大概都会笑话今时今日的自己吧。

历史上最富名望的小镇报纸主编威廉·怀特年迈时形容五十年前的自己"自以为是……无知者无畏……年少轻狂的伪君子……洋洋得意的反动派"。二十年后，或许你我也会用同样的词语形容今天的自己吧，谁说得清呢？

在上一章中我提到应当如何面对责难。本章我想提出另一个建议："当你感到对方的批评不公正，怒火中烧时，不妨停下来想一想：'我并不完美。如果爱因斯坦承认自己有99%的情况是错误的，我可能至少有80%的情况是错的。或许对方的批评并没有错。如果真是这样，我不仅应当充满感激，更应当试着从中获益。'"

白速得公司总裁查尔斯·拉克曼每年为鲍勃·霍普的电台节目投资百万美元。他从不看听众写来的表扬信，却坚持读每一封批评信。他知道从中会有所收获。

为了找出管理和运营上的漏洞，福特公司近期在员工中进行民意调查，鼓励他们对公司提出批评意见。

我认识的一位肥皂销售员甚至主动要求别人批评他。他刚成为高露洁肥皂的销售员的时候，总是很难接到订单，很担心丢掉这份工作。他知道肥皂本身和定价都没有任何问题，一定是自己哪里做错了。每次推销失败的时候，他会在街上漫无目的地徘徊，思考究竟哪里出了问题。是自己介绍得太含糊了吗？还是自己的热情不够？有时他会折回零售商那里，说："我并不是回来推销肥皂的，我回来是希望得到您的建议和批评。能否请您告诉我，几分钟前我来这里卖肥皂的时候，哪里做得不够？您比我经验丰富得多，也成功得多，请您给我一些建议吧，但说无妨，不必手下留情。"

这种诚恳的态度为他赢得了友谊和无价的建议。

你猜他后来如何了？如今他已经成为全球最大的肥皂制造商——高露洁公司的总裁。他的名字是E. H. 利特尔。去年他的年薪高达240141美元，整个美国仅有十四个人的收入高于他。

只有君子才能像豪厄尔、富兰克林和利特尔一样胸襟宽广。现在，趁着四下无人，不妨在镜子前扪心问问自己，是否也能做到呢？

若想不为批评烦心，请参照：

「原则3：
　把自己做过的蠢事写下来，时常自我批评。既然我们无法做到事事尽善尽美，不妨学学利特尔先生，主动寻求公正有益的建设性批评。」

## 「第六部分小结：如何避免因批评而焦虑」

原则1：不公的言论是变相的赞美，因为人红才会是非多。

原则2：尽力而为，然后撑起内心的伞，无论风吹雨打都置之不理。

原则3：把自己做过的蠢事写下来，时常自我批评。既然我们无法做到事事尽善尽美，不妨学学利特尔先生，主动寻求公正有益的建设性批评。

# Chapter 07

Six Ways to Prevent Fatigue and Worry
and Keep Your Energy and Spirits High

## 防止疲累和忧虑的六个方式

# Section 23
# 每天给人生增加一小时

我为什么要在一本讲述如何战胜忧虑的书里，用一整章的篇幅谈论如何防止疲劳呢？很简单，因为疲劳通常会引发忧虑，或者至少让你变得更容易受到忧虑的影响。任何一个医科学生都会告诉你，疲劳会降低身体对普通感冒和上百种其他疾病的抵抗力；而心理医生会进一步补充说，疲劳还会降低你对恐惧和忧虑等负面情绪的抵抗力。因此，预防疲劳有助于预防忧虑。

"有助于"是委婉的说法，艾德蒙·雅各布森医生可不像我这么保守。雅各布森医生曾经写过两部关于放松的著作：《渐进式放松》与《你必须学会放松》。作为芝加哥大学临床生理学研究室主任，他多年来一直致力于研究把放松作为一种医疗实践的方法。他认为紧张或波动的情绪状态"在彻底的放松之后荡然无存"。也就是说，如果你好好休息，就不会再忧虑了。

因此，防止疲惫和忧虑的第一个方法就是多休息，在感到疲劳之前就休息。这一点为什么这么重要呢？因为疲劳会以惊人的速度急剧累积。美国陆军通过反复测试发现，即便是在多年部队训练中已经锻炼得强悍坚韧的年轻军人，只要每小时卸下负重休息十分钟，他们就能够在行军中表现得更好，坚持得更久。因此军队把它变成了一项规定。你的心脏就像陆军士兵一样强健，心脏每天供给整个身体的血液足以装满一辆铁路油罐车。每二十四小时，你的心脏制造的能量足以把二十吨煤铲到三英尺高的平台上。心脏日复一日地做着如此惊人的工作，持续五十年、七十年、九十年。它是如何做到的呢？哈佛医学院的华特·B.坎农医生是这样解释的："大部分人认为心脏的工作一刻不停，事实上，心脏在每次收缩之后，都有一定的休息时间。如果以每分钟七十次的平均脉搏来计算，心脏的实际工作时间相当于九小时，也就是说每二十四小时总计休息十五小时。"

第二次世界大战期间，温斯顿·丘吉尔虽已年近七旬，但依然坚持每天工作十六个小时，为大英帝国的江山布局谋略。如此惊人的力量来自哪里呢？每天从清晨到中午十一点，丘吉尔在床榻上读报纸、下命令、通电话，甚至在床榻上主持重要会议。午餐后，他会再回到床上小憩一小时。晚间他也会休息两小时，八点起床用晚餐。他并没有与疲劳作战。他不用抵抗疲劳，因为他已经事先预防了疲劳。间歇性的休息让他有充沛的精力一直工作到深夜。

约翰·D.洛克菲勒创造了两项了不起的记录：他累积的财富之巨，在那个时代放眼全球都前所未见；并且他活到了九十八岁高龄。他是如何做到的？主要原因当然是他遗传了长寿基因，但还有一个原因就是他习惯每天中午在办公室小憩半小时。当他在办公室沙发上躺下来的时候，就算美国总统来电也休想打扰他午休。

丹尼尔·W.约翰林在他的杰作《人们为何如此疲惫》中指出："休息并不代表什么都不做，休息意味着修复。"短时间的休息蕴含着巨大的修复力，即使短短五分钟的小憩也能够预防疲倦。

伟大的棒球名宿康尼·马克告诉我，如果比赛前不午睡一会儿的话，他在第五局左右就筋疲力尽了。但只要他稍事休息，哪怕小憩五分钟，那么接下来连赛两场他都不会觉得疲劳。

我曾经问过埃莉诺·罗斯福，在白宫做第一夫人的十二年中，她如何应付繁琐冗长的日程安排。她回答说，在接见大众或是发表演讲前，她总习惯花上二十分钟坐在椅子或是长沙发上闭目养神。

最近，我在麦迪逊花园广场的更衣室里采访了吉恩·奥特里，他是世界竞技锦标赛上的明星人物。我注意到他的更衣室里有一张行军床。吉恩·奥特里说："我每天下午都在那儿躺一会儿，在演出的间隙睡一小时。"他接着说道："我在好莱坞拍电影的时候总习惯在一个大安乐椅上打盹十分钟，每天这样放松两三次。这种休息能让我迅速打起精神。"

爱迪生把他无穷的精力和毅力归功于想睡就睡的习惯。

亨利·福特八十岁生日前不久，我去采访过他。他神采奕奕，气色极佳，让我有些意外。我忍不住问他有何秘诀。他说："能坐着的时候我从不站着，能躺着的时候我从不坐着。"

"现代教育之父"贺拉斯·曼上了年纪之后也是这样做的。担任安提亚克学院校长期间，他总是一边面试学生，一边在沙发上伸懒腰。

我曾经劝说一位好莱坞电影导演尝试类似的方法，他后来承认说这个方法的确取得了奇迹般的成效。这位导演就是杰克·彻塔克，他现在已经是米高梅的高管了。

几年前他来见我的时候，他正在米高梅担任短片部门主管。那段时间他身体透支，疲惫不堪，虽然尝试了补品、维他命和药物，但无一奏效。我建议他每天都休个短假。怎么做呢？每天和手下的编剧开会的时候，试着在办公室里躺下来，放松放松。

时隔两年再见到他，他对我说："我的医生都说：'奇迹发生了！'以前讨论短片创意的时候，我总是全身紧绷地坐在椅子上。现在我开会的时候会四肢放松地躺在办公室沙发上。这简直是二十年来状态最好的时刻！我现在每天能多工作两小时，但几乎从不觉得累。"

你该如何使用这样的方法呢？如果你是速记员，可能没办法像爱迪生或山姆·戈尔德温那样在办公室小憩；如果你是会计师，大概也不能在和老板讨论财务报表的时候四仰八叉地躺在沙发上。但如果你生活在小城市，每天中午都能回家吃饭，那么饭后大概能休息十分钟。乔治·卡特莱特·马歇尔将军就常常这样做。战时他疲于运筹帷幄，指挥美军，中午不得不抽空休息一下。

假如你已经年过五旬，觉得自己没时间做这些，那还是多买些人寿保险吧。这年头葬礼可不便宜，而且往往来得突然。你家那位小妇人大概等着拿你的保险费嫁个小伙子呢！

如果没时间午休，至少试着在晚餐前躺一个小时吧。这可比喝杯威士忌放松自己便宜多了，并且长时间的放松比喝酒有效5467倍。只要你在晚饭前睡一个小时，就给自己换来了整整一小时的清醒时间。为什么呢？因为晚餐前的一小时休息加上夜晚的六小时睡眠——一共七小时——加起来的效用远胜于八小时连续睡眠。

如果体力劳动者有更多时间小憩，他们的工作效率就会更高。弗雷德里克·泰勒曾经在伯利恒钢铁厂担任科学管理工程师，他的经历充分证明了这一点。他观察到，每个工人每天能够把12.5吨生铁装车，但往往到了中午就筋疲力尽。他对所有引起疲劳的因素进行了科学分析之后，宣称工人每天的工作量不应该是12.5吨，而是47吨！他认为工人们有能力在不感到疲劳的前提下，把工作效率提升四倍。但他要如何证明这一点呢？泰勒请工人施密特先生配合他，严格按照计划工作。一位监督员一边用手表计时一边吩咐施密特先生："现在开始搬铁锭……现在坐下休息……开始工作……开始休息……"

结果如何呢？当施密特的工友们每人每天只能搬运12.5吨生铁的时候，施密特每天能搬运47吨！弗雷德里克·泰勒在伯利恒钢铁厂工作的三年间，施密特一直保持着这样的工作效率。能做到这一点，是因为他在感到疲劳之前就休息。他每小时大约工作二十六分钟，休息三十四分钟。尽管休息的时间比工作的时间还长，但是他的工作成绩几乎是别人的四倍之多！这是道听途说吗？当然不是，在弗雷德里克·温斯洛·泰勒的著作《科学管理原理》一书中有详细的记载。

请让我再重复一遍：按照军队要求的那样，常常休息；按照心脏的工作方法那样，在感到疲累之前就休息。这样做，就能够使你每天的清醒时间增加一小时。

# Section 24
# 疲劳的根源

有一个意义重大的事实或许会让你大为惊讶：脑力工作本身并不会让你疲劳。听起来是不是很令人难以置信？几年前，科学家试图了解人类大脑工作多久会达到工作能力降低的临界点，这也是"疲劳"的科学定义。而让科学家感到诧异的是，研究表明当大脑活跃的时候，流经大脑的血液丝毫没有显示疲劳的迹象。如果从正在从事体力劳动的工人血管中取样，你会发现其中充满了"疲劳毒素"和因疲劳产生的物质；但如果从阿尔伯特·爱因斯坦的大脑中取一滴血样研究，从早到晚你都无法在其中找到疲劳毒素。

大脑在工作八至十二小时之后，依然可以像一开始那样敏锐高效。既然大脑完全不知疲倦，那么是什么让你觉得这么劳累呢？

心理学家认为，疲劳大部分源自我们的精神状态和情绪状态。英国杰出心理学家J.A.哈德菲尔德在他的著作《激励心理学》中指出："绝大部分疲劳是精神原因导致的，纯生理原因引起的疲劳很少见。"

美国最卓越的心理学家A.A.布里尔医生的论述更为深入。他认为："对于那些健康状况良好的久坐办公室的员工，他们的疲劳100%源自心理因素，也就是情绪引起的。"

那么是怎样的情绪让这些非体力劳动者感到疲劳呢？是快乐吗？

是满足吗？不，当然不是！让员工疲惫不堪的是厌倦、抵触、挫折、仓促、焦虑、担忧，以及不被赏识的感受。员工因为这些情绪导致工作效率降低，易患感冒，甚至会因为神经性头痛告假。没错，我们感到疲惫，正是因为情绪引发了生理上的紧张和压力。

大都会人寿保险公司在宣传页上指出："繁重工作引起的劳累通常睡一觉或者休息一下就会好……而忧虑、紧张及情绪低落才是导致疲劳的原因。当人们以为体力或脑力劳动让自己如此疲惫的时候，上述三个因素才是真正的罪魁祸首。请记住，紧绷的肌肉始终处于作战状态。放轻松些，节省精力留给真正重要的事情。"

现在停下来，暂时放下书，审视一下自己。当你读到这里的时候，你是不是正皱着眉头盯着书？你感觉到双眼之间的压力了吗？你坐在椅子上的姿势放松吗？还是正弓着肩膀呢？你的面部肌肉是否紧张？除非你的身体像一个旧布娃娃那样柔软放松，否则你正在给自己制造精神紧张和肌肉压力。没错，此时此刻，你就在紧绷神经，制造疲劳！

为什么在进行脑力劳动的时候，我们会不自觉地制造这些不必要的紧张呢？约瑟林说："我发现最主要的障碍……是世俗观念认为工作时必须做出一副正在努力的样子，否则就代表工作没有做好。"所以我们一集中注意力就眉头紧蹙，肩膀弓起，调动全身肌肉一起用力，可这些举动却对大脑的工作毫无帮助。

一个可悲的事实：人们不舍得浪费一分钱，却像醉酒的水手一样大肆挥霍自己的精力。

那么神经性疲劳的解药是什么呢？放松！放松！放松！学会在工作的同时放松神经！

听起来很简单吗？并非如此。要做到这一点，你可能需要克服多年来养成的习惯。但这种努力是值得的，因为它很可能会令你的人生焕然一新！威廉·詹姆斯在《放松情绪的福音》一文中这样写道："美国人的过度紧张、躁动不安、呼吸急促和痛苦紧绷的表情……都是彻头彻尾的坏习惯。"紧张是一种习惯。放松也是一种习惯。只有打破坏习惯，好习惯才能成型。

怎样才能放松呢？从思绪开始，还是从神经开始？二者皆非。应当从肌肉开始放松。

不妨一起来试试看吧。让我来示范一下。假设我们从眼部肌肉开始放松，读完这章之后，请靠在椅背上，闭上双眼在心里默念：

"放轻松，放轻松。别紧绷，也别皱眉。放轻松。放轻松。"就这样慢慢地重复一分钟。

有没有注意到，几秒钟之后，眼部肌肉就服从指示了？有没有感觉到，压力就像被一只手轻柔地抚平了？是的，就是这么不可思议。在这短短一分钟里，你已经亲自揭开了放松身心的全部奥秘。你可以用同样的方式放松下颌、面部、脖颈、肩膀和全身。

不过最重要的器官还是眼睛。芝加哥大学的艾德蒙·雅各布森医生得出了这样的结论：只要让眼部肌肉彻底放松，那么你能忘记所有烦心事！为什么眼睛如此重要？因为在全身消耗的精力中，眼部占据四分之一。许多视力极佳的人饱受视觉疲劳的困扰，就是因为他们总是让双眼处于紧张状态。

著名小说家维姬·鲍姆曾经说过，儿时偶遇的一位老人教会了她人生中最重要的一课。那天她不小心跌倒，摔破了膝盖，手腕也受了伤。一位曾经在马戏团当过小丑的老人把她扶起来，帮她掸去尘土，对她说："你之所以会受伤，是因为不懂得如何放松。你得假装自己像一只袜子那样柔软，一只皱皱的旧袜子。来，我教你。"

老人教会了维姬·鲍姆和她的小伙伴摔倒的时候该怎么做，还教他们后手翻和翻筋斗。他始终强调："把自己想象成一只皱皱的旧袜子。然后放松！"

你可以在任何时间任何地点试着抽时间放松自己，只是放松的时候别跟自己较劲。放松就是要消除紧张，想象着舒缓和轻松。先从眼部和面部肌肉开始，反复告诉自己："放轻松……放轻松……休息一下……"用心体会能量从面部肌肉转移到身体核心，想象自己像婴儿般无忧无虑。

伟大的女高音歌唱家加利·库尔奇就养成了这样的习惯。海伦·杰普森告诉我，她常常看到加利·库尔奇在演出前坐在椅子上，放松全身肌肉，下颌甚至看起来松弛得有些下垂。这个练习非常有效，不仅让她在登台演出前不会过度紧张，还能够预防疲劳。

下面五个建议能够有效地帮助你学会放松：

1. 阅读这个领域最好的著作：《从紧张中释放》，大卫·哈罗德·芬克医生著。

2. 利用零碎时间放松自己，让身体像旧袜子那样松弛。我工作的时候，书桌上总放着一只栗色的旧袜子，提醒自己应该像它一样柔软。如果你找不到袜子，就想想猫咪吧。你有没有抱过在阳光里打盹的小猫？它的四肢就像打湿的报纸一样放松地垂下来。印度的瑜伽修行者也说过，若想掌握放松的艺术，就向猫学习吧。我从未见过疲累的猫，精神崩溃的猫，或是被失眠、担忧和胃溃疡困扰的猫。如果我们能够学会像猫一样放松自己，大概就能远离这些病痛。

3. 尽可能用舒适的姿势工作。记住，紧绷的身体会引发肩痛和精神疲劳。

4. 每天审视自我，经常问问自己："我是不是把工作想得比实际上更难？我是不是在用与工作无关的肌肉？"这方法会帮你养成放松的习惯。正如大卫·哈罗德·芬克医生所言，"心理学领域的顶尖学者认为，习惯对人的影响是其他因素的两倍"。

5. 一天结束的时候，再问问自己："我现在有多疲倦？如果我觉得很累，这不是因为脑力劳动超出负荷，而是因为我做事情的方式不正确。"丹尼尔·W.乔斯林说过，"我的成就感不取决于我有多疲惫，而取决于我有多精神。如果一天下来我觉得特别累，或者因为精神疲劳而变得易怒，我就知道，这一天不管通过质还是量的衡量都是低效的一天。"如果每位企业家都能懂得这一点，那么高血压导致的死亡率会立刻下降，疗养院和收容所里也不会挤满被疲劳和忧虑摧毁的人了。」

# Section 25
# 家庭主妇如何永葆青春

去年秋天，我的合伙人飞到波士顿去参加一堂世界上最非同寻常的诊疗课程。诊疗？没错，这门课程是波士顿诊疗所开设的，每周一次，想参加的患者必须定期接受全面体检方可入学。这门课程的实质是心理治疗。尽管官方名称叫作应用心理学培训（更早之前被第一位学员命名为思想控制课程），但它真正的目的是帮助因忧虑而患病的人们。这门课的学员中很多是饱受情绪困扰的家庭主妇。

这个专门为忧虑者量身打造的课程是怎么起步的呢？1930年，约瑟夫·H.普拉特医生——威廉·奥斯勒爵士的门下弟子——发现来波士顿诊疗所求诊的患者中，有许多身体上都毫无问题，但是他们又确实有疾病的症状。一位女士的双手因为"关节炎"而几乎残疾，另一位则深受"胃癌"症状的折磨。其他患者还有背痛、头痛、长期疲劳，或是说不清道不明的疼痛和不适。这些女士真切地感受到疼痛，但即使最彻底的检查也找不出生理上的任何问题。老派的医生大概会告诉患者"痛由心生"，这都是她们的臆想而已；但是普拉特医生意识到，告诉这些患者"回家去，别想了"是无济于事的。他知道这些女士自己并不希望患病，如果置之不理真有这么容易，她们早就这样做了。那么他能做些什么呢？

他开设了这门课程。医学界人士抱着怀疑的态度袖手旁观，质疑声不绝于耳，然而这门课程却创造了奇迹。自那之后的十八年间，数百名参加课程的患者都恢复了健康。一些患者数年来从不缺席，就像去教堂一样虔诚。我的助理和一位女士聊了聊，九年间，她一堂课都没落下。这位女士说，第一次来诊所的时候，她坚信自己患了肾游离，心脏也出了毛病。由于过度紧张焦虑，她有时甚至会暂时失明。然而现在的她开朗自信，健康状况极佳。她的孙辈正在她怀中熟睡，但她看上去顶多四十岁。她说："我以前总是过于担心家里的问题，甚至恨不得一死了之。但是诊疗课程让我懂得，我的担忧是没有意义的。我学会了如何不让自己忧虑。现在我可以发自内心地说，我的生活既宁静又美好。"

　　课程的医学顾问罗斯·希尔弗丁医生认为，减少忧虑的最佳方法是和信任的人聊聊正在面对的问题。她说："我们管这种方法叫作精神宣泄法。患者来上课的时候可以畅所欲言，尽情倾诉他们的苦恼，直到这些事情不再牢牢占据他们的脑海为止。自己把烦恼闷在心里反复琢磨会引起强烈的紧张情绪。人们应当彼此分担自己的忧虑和苦恼。每个人都需要感受到，这个世界上有人愿意倾听自己，并且能够懂得自己。"

　　我的助理目睹一位女士通过倾诉心事得到了极大的安慰。由于家事的困扰，她刚一开口的时候就像拧紧的发条一样紧绷。但讲着讲着，她的情绪渐渐平静下来，最后脸上露出了微笑。

　　问题解决了吗？不，没有那么简单。倾诉能够收获建议和同情，但真正起作用的，是语言的巨大治愈能力。

　　心理分析学的立足点正是语言的这种治愈力。早在弗洛伊德的时代，精神分析医师就意识到倾诉能够让患者从焦虑中释放自我，单单倾诉本身就能做到这一点。原理是什么呢？很可能是因为人们在诉说的过程中，对问题有了更好的认识，能够从不同的视角看待问题。没有人知道确切的答案，但是我们都知道"把不痛快的事情宣泄出来"会让人立刻感到释然。

下次情绪低落的时候，为什么不试着找人聊聊呢？当然，我并不是说要向周围每个人大倒苦水，让别人避之唯恐不及。找一位你信得过的人——亲友、医生、律师、牧师或神父都可以，和他约个时间，告诉他："我需要你的建议。我遇到一个问题，想和你聊聊。毕竟旁观者清，你大概能给我指个方向，从我自己想不到的新角度分析问题。就算不能，只要你愿意坐下来听我说说，也对我有莫大的帮助。"

如果你实在觉得无人倾诉，我想向你推荐"挽救生命联盟"。这个组织和波士顿诊所没有关联，它是世界上最非凡的组织之一。这个组织最初成立是为了挽救潜在的轻生者，后来它的服务范围渐渐扩大到为所有不快乐和有情感需求的人们提供精神鼓励。

洛娜·B.邦内尔小姐是"挽救生命联盟"的一员，经常接待前来寻求帮助的人。我曾经和她聊过几次，她说很愿意和这本书的读者通信。如果你想写信给"挽救生命联盟"，地址是纽约市第五大街505号。你的来函和隐私会被严格保密。说实话，我还是更建议你面对面和人聊聊，那样会给你带来更大安慰。不过如果行不通的话，不妨给愿意帮助你的组织写封信试试。

"说出心声"是波士顿诊所课程的核心疗法之一。从这门课中，我们还了解到下述方法，家庭主妇在家里就可以照着做做看：

1.准备一个笔记本或是剪贴本，把对你有启发的内容记下来。可以摘抄诗歌、祈祷文或名人名言，凡是激励你的内容都可以。阴天的午后，当你心情低落的时候，或许可以从这个笔记本中找到驱散阴霾的秘方。波士顿诊所的许多学员都有这样一个笔记本，并且珍藏了许多年。他们说这就像是精神上的强心剂。

2.不要总盯着别人的缺点。丈夫当然会犯错误，如果他完美无瑕，大概也不会娶你，对不对？一位女士发现自己越来越苛责、唠叨、面色憔悴。课堂上，她突然被问到这样一个问题："如果你丈夫去世了，你该怎么办？"这个问题就像当头一棒，让她幡然醒悟。她坐下来，想列出丈夫的所有优点，最后写得很长很长。下次你再觉得嫁错人的时候，不妨也试试同样的方法。当你想到他的优点时，或许你会觉得他正是你希望遇见的那个人啊。

3.培养对邻居的兴趣，和生活在同一条街上的人建立友好的关系。一位病恹恹的女士觉得自己很"排外"，因为她一个朋友都没有。课程建议她以下一个遇到的陌生人为原型，讲一个故事。于是她坐在电车里，开始揣摩周围人的背景和个性，试着想象他们的生活是什么样子。后来，她开始主动和遇到的人攀谈。现在的她快乐、机敏、人见人爱，早已从所谓的病痛中痊愈。

4.从今晚开始，睡觉前列出明天的工作计划。许多主妇被周而复始的家务事扰得心烦意乱，好像总在跟时间赛跑，永远有做不完的活计。为了摆脱这种匆忙的感受和焦虑的心态，课程建议主妇们每晚制定第二天的日程表。结果如何呢？她们完成了更多工作，疲劳感也减轻了。这种方法不仅让她们得到成就感，还有多余的时间休息和打扮（每位女士都应该抽出时间把自己打扮得漂漂亮亮的。当女人知道自己很美的时候，"紧张"就无可遁形了）。

5.最后一点：避免紧张和疲劳。放松！放松！没有什么比紧张和疲劳更容易让你衰老，更能摧毁你的活力和容颜。课程主任保罗·E.约翰逊教授提到了许多我们在上一章介绍的自我放松的方法，我的助理旁听了一小时，跟其他学员一起做了十分钟放松练习，最后差点儿坐在椅子上睡着。为什么身体的松弛这么奏效呢？因为诊所和医生们都清楚，若想解开忧虑造成的心结，人们必须先要放松！

没错，作为家庭主妇，你也需要放松！你有一个巨大的优势：只要你想，随时随地都可以休息，躺在地板上也未尝不可。很奇怪，硬木地板比弹簧床更容易让人放松。它能提供更多支撑，对脊椎有好处。

好了，下面是一些你可以自己在家做的练习。坚持一个礼拜，看看你的容貌和气质会有怎样的改变！

a.感到疲倦的时候，就平躺在地板上，尽可能地拉伸身体。如果你愿意，也可以左右翻滚。每天做两次。

b.闭上双眼。可以像约翰逊教授建议的那样，试着对自己说："阳光照耀着我，蔚蓝的天空闪闪发亮。大自然平和宁静，主宰着世间一切。我是大自然的孩子，和宇宙共同呼吸。"你也可以采用更好的方法：祈祷。

c.如果做饭做到一半，没空躺下，坐在椅子上也能达到几乎相同的效果。直背的硬木椅是放松自我的最佳选择。像埃及坐像那样在椅子上坐直身体，双手放松，掌心向下放在腿上。

d.现在，慢慢绷紧脚尖，然后放松；绷紧腿部肌肉，然后放松。这样慢慢地向上，逐一调动全身肌肉，直到脖颈。然后用力转动头部，就像它是个足球一样。按照上一章的方法，告诉你的肌肉："放轻松……放轻松……"

e.平稳缓慢地呼吸,让你的神经舒缓下来,用丹田呼吸。印度的瑜伽修行者是正确的,有节奏的呼吸是安抚神经的最佳方法。

f.想想你脸上的皱纹和紧皱的眉头,让它们舒展开来。放松因忧虑而蹙起的眉头和紧绷的嘴角。每天做两次,或许你就不再需要去美容院按摩了,那些皱纹很有可能会就此消失呢!

# Section 26
# 防止疲劳和忧虑的四个工作习惯

**良好工作习惯之一：清理书桌上所有资料，只留下和手头工作相关的文件。**

芝加哥及西北铁路公司总裁罗兰·L.威廉姆斯曾经说过："那些桌子上堆积如山的人如果学会清理桌面，只留下和眼前的问题相关的文件，工作就会容易得多，也准确得多。我称之为有条理，这是高效的第一步。"

在华盛顿国会图书馆的天花板上，写着诗人蒲柏的一句话：

秩序是天堂的第一定律。

秩序也应当是商业的第一定律。但现实是否如此呢？并不是。平庸的商人桌子上总是堆满几周没看的文件。新奥尔良一家报社的发行人曾经告诉过我，秘书为他清理书桌的时候，竟然发现了一部丢了两年的打字机！

单单是瞥一眼堆满未回复的信件、报告和备忘的桌子，就足以让人焦虑不安了。更糟糕的是，它们让你觉得还有数不清的工作要做，时间根本来不及。这不仅让你因忧虑而紧张疲倦,更有可能诱发高血压、心脏病和胃溃疡。

宾夕法尼亚大学医学院的约翰·L.斯托克斯教授在美国医学协会的全国会议上宣读了一篇论文,题目是"器质性疾病引发的功能性神经症"。在论文的"病患的心理状态"一节,斯托克斯教授列出了十一项,其中第一项是:"认为自己必须完成或者有义务完成某项工作,要做的事情似乎无穷无尽,永远也做不完。"

清理书桌这么简单的方法为什么能够帮助你减压,减轻强迫症,减少这种"要做的事情似乎无穷无尽,永远也做不完"的感受呢?著名心理学家威廉·L.萨德勒医生讲述了一位患者的经历。他正是用这个简单的方法,避免了精神崩溃。这位患者是芝加哥一家大公司的高级管理人员。第一次来萨德勒医生的办公室的时候,他精神紧绷,脸上写满了担忧。他知道自己很焦虑,但又不能不工作,只好向心理医生寻求帮助。

萨德勒医生说:"他正向我倾诉的时候,医院刚好来电找我。我不喜欢拖延事情,所以当场做出决定。我习惯尽可能马上着手解决问题。我刚挂掉电话,电话又响了,又是紧急事务。于是我花了点儿时间和对方讨论。过了一会儿,我的同事接诊了一位重症病患,来我办公室征询意见,第三次打断了我的问诊。和同事谈完后,我向这位患者道歉,很不好意思让他等了那么久。但是他却看起来很愉快,表情像是换了一个人似的。"

这位患者对萨德勒医生说:"不用道歉,医生!就在刚刚等待的那十分钟,我好像突然有点儿明白自己的毛病出自哪儿了。我打算现在就回办公室,改变我的工作习惯。不过离开前,您介意我参观一下您的书桌吗?"

萨德勒医生打开抽屉，所有的抽屉都空空如也，只有一些最基本的文具。患者开口问道："请问您未处理的文件都放在哪里呢？"

"都处理掉了。"萨德勒医生说。

"那没回的信件呢？"

"都回复了。"萨德勒医生说，"我给自己定的规矩是一收到信就立刻向秘书口述回信，不回完信绝不把信放下。"

六周后，这位管理人员邀请萨德勒医生去他的办公室做客。他看上去变化极大，他的书桌也同样如此。他打开抽屉给萨德勒医生看，里面没有任何需要处理的文件。

这位管理人员说："六周前，我有两个办公室，三张桌子，文件堆得像积雪一样，工作永远做不完。和您聊过之后，我回到办公室，清理出一车报表和旧文件。现在我只留了一张桌子，一有事情立即着手处理，再也没有堆积如山的待处理事项压在我心头，让我这么紧张了。最不可思议的是我彻底康复了，健康再也没有出过问题！"

查尔斯·埃文斯·休斯曾担任美国最高法院的首席法官。他说过："过劳不是致命的原因，挥霍和忧虑才是。"确是如此，对精力的挥霍和对工作永远做不完的忧虑才是致命的原因。

**良好工作习惯之二：按照轻重缓急处理事务。**

全球城市服务公司创始人亨利·L.多尔蒂说，不管他开出多高的薪水，有两种能力都堪称世间难觅。这两个无价的能力就是：一、思考的能力；二、做事区分轻重缓急的能力。

查理·洛克曼从底层起步，十二年间一路做到了派普索登公司总裁，年薪十万美元，除此之外还有百万美元的分红。这位小伙子把他的成功归功于亨利·L.多尔蒂认为世间难觅的那两种能力。查理·洛克曼说:"很早以前我就养成了清晨五点起床的习惯。因为这是我一天中头脑最清醒的时刻,我可以认真思考并且规划日程,按照事务的轻重缓急安排工作次序。"

全美最成功的保险销售员富兰克林·贝特格可没有等到第二天早晨五点才开始安排日程。他在当天晚上就做好计划,给自己设定第二天的销售目标。如果当天没有完成目标,差额会一直累积计算。

经验告诉我,一个人不可能做到永远遵循重要性做事。但是我也知道,预先做好计划比随心所欲要好太多。

如果乔治·萧伯纳没有严格要求自己先做重要的事情,他大概一辈子都只是个银行出纳,不会成为伟大的作家。他要求自己每天写作五页。这项计划和他坚定的决心挽救了他的人生。虽然他在九年内的收入总共只有可怜的三十美元,相当于一天只有一美分入账,但他始终坚持每天写作五页,九年间从未动摇。

**良好工作习惯之三:遇到问题的时候,如果你已经掌握了决策所需的信心,就立即着手解决,不要拖延。**

已故的H.P.豪厄尔先生曾经是我的学生。他在世时告诉过我,他担任美国钢铁公司董事会成员的时候,每次董事会总是旷日持久,讨论许多问题,但很少做出决定。结果每位董事会成员会后都要带一堆报表回家研读。

后来豪厄尔先生说服董事会每次会议只讨论一个议题,而且一定要讨论出结果,不得拖延决策。无论决议通过与否,哪怕最终的决策是了解更多细节,但是在讨论下一个问题之前,必须有一个决策。豪厄尔先生告诉我，效果惊人地可喜。事项表终于清空了，日程安排也清清爽爽。董事会成员再也不需要每晚扛一大堆报表回家，每个人心里也不再有那种许多事情悬而未决引发的焦虑。

这个好习惯不仅适用于美国钢铁公司董事会，也同样适用于你我。

**良好工作习惯之四：学会组织、委任和监督指导。**

许多企业家不懂得如何分派职责，坚持凡事亲力亲为，因而过早地把自己送进了坟墓。混乱的琐事让他们疲惫不堪，每天都被紧迫、担忧、焦虑和压力紧追不停。我知道学会分派职责不是一件容易的事，我自己的亲身体验告诉我这是极为困难的，假如把职权委任给不合适的人，结果更是一场灾难。但是企业家若想摆脱忧虑和疲劳，放松紧绷的神经，那么再困难也应当学会把工作分派下去。

把生意一手做大的企业家如果不懂得组织、委任和监督指导，通常在五六十岁的年纪就会因为压力和忧虑引发严重的心脏问题。想要证据吗？看看当地报纸上的讣告你就知道了。

# Section 27
# 厌倦会诱发疲劳、忧虑和不满

疲劳的一大主要诱因是厌倦。举个例子来说,有一位名叫爱丽丝的速记员。一天晚上,她疲惫不堪地下班回家,看上去像是累坏了似的,实际上她也确实是累坏了。她觉得头疼,后背也疼,本想不吃晚饭直接睡觉,但妈妈劝她好歹吃一点儿,她只好勉强坐下来。这时电话响了——是男朋友邀请她去舞会!她精神为之一振,眼神中闪耀着光芒。她冲上楼,穿上浅蓝色礼裙,跳舞跳到凌晨三点。等她再次走进家门时,一点儿疲惫的感觉都没有,反而兴奋得睡不着觉。

八小时前爱丽丝看上去是那么疲惫不堪,难道她是装出来的吗?当然不是。她觉得累是因为工作让她感到厌倦,或许生活也让她感到厌倦。世界上有成千上万个爱丽丝,或许你也是其中之一。

心理因素比生理因素对倦怠的影响更大,这是众所周知的事实。几年前,约瑟夫·E.巴尔马克博士在《心理学刊》上发表了一份研究报告。他做了若干揭示厌倦诱发疲劳的实验,研究报告中记录了实验的过程和结果:巴尔马克医生让一组学生做了一系列无聊的测试,结果学生们觉得又累又困,抱怨头疼、眼睛疼、焦躁不安,甚至在某些测试时觉得肠胃不适。这难道是学生们想象出来的吗?并不是。紧接着这些学生接受了新陈代谢测试，结果表明当人们感到厌倦无聊的时候，血压下降，耗氧率降低；而一旦他们在工作中找到兴趣和乐趣，新陈代谢水平会立即提高。

如果我们觉得正在做的事情有趣又让人兴奋，就很少会感到劳累。举个例子，我最近去加拿大落基山脉的路易斯湖度假，一连几天沿着科拉尔溪钓鲑鱼。我在一人多高的灌木丛中艰难开路，跟跟跄跄地穿过七零八落的断木，频频被绊倒。但是八个小时过后，我仍然不觉得累。为什么？因为我收获了六条美洲鲑鱼，内心兴奋不已，很有成就感。假如我觉得钓鱼很无聊，你猜我的感受会有何不同呢？在7000英尺的高海拔做这么辛苦的体力活，我肯定早筋疲力尽了。

即便是和登山这种高消耗的体力劳动相比，厌倦感也更容易让人感觉疲惫。明尼阿波利斯农工储蓄银行的总裁S.H.金曼先生曾经给我讲过一件事，恰如其分地佐证了这一点。1943年7月，加拿大政府让加拿大阿尔卑斯山俱乐部提供向导，帮助特种部队训练登山技能。当时金曼先生就是被选中培训这些士兵的向导之一。他给我讲了他和其他向导如何带着这些年轻的士兵在冰川和雪原上进行漫长的跋涉，以及如何借助绳索、狭小的立足处和不稳固的岩点攀上一座40英尺高的陡峭悬崖。当时向导们年纪最大的已五十九岁高龄，最小的也有四十二岁。他们登上了米迦勒峰、副总统峰和落基山脉小优鹤山谷中的其他无名山峰。十五小时的高强度攀登之后，那些身强力壮的年轻男人累得精疲力竭，而他们前不久才刚刚通过了六周的严酷突击队训练。如此疲劳的原因是他们在突击队的训练强度不够大、肌肉不够强健吗？不，任何一个挺过突击队训练的男人都会把这个荒唐的问题当成侮辱。他们筋疲力尽是因为厌烦登山。他们累坏了，许多人等不及开饭就昏睡过去了。那么比这些士兵年长两三倍的老向导也觉得累吗？是的，他们身体上觉得很累，但精神上并不觉得疲惫。向导们照常用晚餐，聊当天的经历聊到深夜，一聊就是几个小时。他们不觉得疲惫，是因为他们真心热爱登山。

哥伦比亚大学的心理学家爱德华·桑代克博士曾经做过关于疲劳的实验，他通过让年轻人保持兴趣，成功地让他们几乎一周不用睡觉。据报道，桑代克博士经过大量的研究工作之后得出了这样的结论："厌倦是导致工作效率降低的唯一一个真正原因。"如果你是脑力工作者，那么让你感到疲惫的大概不是你完成的工作，而是你没有完成的工作。怎么讲呢？举个例子，假设上周的某一天，你的工作一直被人打断，没时间回复信函，约定的会谈也取消了，不断有新问题冒出来，所有事情都一团糟。你什么事情都没做，回到家里却疲惫不堪，头痛欲裂。第二天，一切都步入了正轨。你完成的工作量是前一天的四十倍，但下班的时候却像雪白的栀子花一样清清爽爽。你一定有过这样的经历，对不对？我也一样。

这个例子告诉我们，我们的疲劳感往往不是工作造成的，而是忧虑、沮丧和抗拒引发的。

写到这章时，正赶上杰罗姆·科恩的《演出船》复排，于是我去欣赏了这部轻松愉快的音乐剧。剧中的"棉花号"船长安迪有一句充满哲理的台词："能够做自己喜欢的事情的人都是幸运儿。"这些家伙之所以幸运，是因为他们精力更充沛，幸福感更强，忧虑和疲惫更少。你的兴趣在哪里，活力就在哪里。和一个唠叨的妻子过十条街比和一个崇拜你的姑娘走10英里路要累得多。

那么你能做哪些改变呢？俄克拉荷马州塔尔萨石油公司的一位速记员是这样做的。每个月她总要把好几天的时间浪费在一项无聊的工作上：填写石油租赁权表格并统计数据。这项工作实在太无聊，于是她下决心自己帮助自己，把这项工作变得有趣一些。她是怎么做的呢？她每天和自己比赛，每天上午数一遍完成的工作量，下午争取打破上午的纪录；每天她还会数前一天完成的总量，第二天努力超过前一天。结果如何呢？很快，她填完的无聊表格的数量就超过了部门里所有的速记员。她从中得到了什么呢？表扬？感谢？加薪？升职？都没有，但是这个方法如同精神上的兴奋剂，帮助她预防了厌倦感酿成的疲惫。由于她尽己所能地把无聊的工作变得有趣，她有了更多精力和热情，在业余时间也能获得更多的幸福感。我能证明这个故事的真实性，因为我娶了这个姑娘。

另一个速记员也发现"假装工作很有趣"这个方法非常有用。掌握了这个方法之后，她再也不用和工作做斗争了。这位速记员威莉·G.戈尔登小姐住在伊利诺伊州埃尔姆赫斯特南凯尼尔沃思大街473号。她在来信中讲述了她的故事："办公室里一共有四名速记员，每名速记员都负责给不同的同事听录信件，工作上难免有一些磕磕绊绊。一天，一个辅助部门的领导非要求我重新录入一封长信，我忍不住说了自己的想法，告诉他这封信没必要重新录入，只要在原文上做一些修改就可以了。但是他竟然说如果我不愿意重做，有的是愿意帮他忙的人。我气得直冒烟，不过当我开始重新录入的时候，我突然想到，有许多人巴不得得到我正在做的这份工作，而且公司付我报酬就是为了让我帮人录入。这么一想，我心情好多了。于是我下定决心，虽然我看不上这份工作，但我还是要像是真正乐在其中地那样工作。于是我有了这个重大发现：如果我假装享受工作，我真的在某种程度上开始乐于工作了。我还发现当我享受工作的时候，我的工作效率也提高了，现在我几乎不需要再加班。这种面貌一新的工作态度让我渐渐在公司里赢得了"好员工"的名声。后来，当一位部门主管想招聘私人秘书的时候,他第一个想到的就是我。他说因为我承担额外工作的时候从来不会给人脸色看。戈尔登小姐写道:"原来改变心态能产生这么大的力量,这个发现对我意义非凡,并且真的创造了奇迹!"恐怕威莉·戈尔登小姐自己都没有意识到,她使用的方法正是著名的"假装"哲学。威廉·詹姆斯说,只要我们"假装"勇敢,就会真的变勇敢;只要我们"假装"快乐,就会真的变快乐。如果你"假装"对工作兴趣满满,这种"假装"会让你真的对工作产生兴趣,并且有助于减少疲惫、紧张和忧虑。

几年前,哈伦·A.霍华德做了一个彻底改变他一生的决定:他下决心要把一份无聊的工作变得有趣。他的工作也确实很无聊,当同龄的男孩都在打球或是戏弄女生的时候,他却在洗盘子、刷柜台,在高中食堂里发冰淇淋。哈伦·霍华德瞧不起自己的工作,但是这份薪水对他又很重要,于是他决定把注意力放在冰淇淋上。他学习冰淇淋的制作方法和配料,研究为什么有些冰淇淋比其他的好吃。他了解冰淇淋相关的化学知识,并因而成为高中化学课上的天才优等生。他对食品化学的兴趣越来越浓厚,高中毕业后被马萨诸塞州立学院的食品工程专业录取。后来,纽约可可交易所举办了一次面向大学生的论文竞赛,题目为可可和巧克力的应用,优胜者将获得数百美元奖金。你觉得谁赢了呢?没错,正是哈伦·霍华德。那段时期工作机会很少,于是霍华德在自己家的地下室设立了一个私人实验室,地址就在马萨诸塞州埃尔姆赫斯特北普莱森特街750号。之后不久,新的法案规定了牛奶中的菌落数量。于是哈伦·A.霍华德同埃尔姆赫斯特的十四家牛奶厂商建立了合作,为这些公司测定牛奶的菌落数。由于业务繁忙,他还聘用了两位助手。霍华德未来的发展会如何呢?到时候,现在主宰食品化工生意的商人都已退休,将被现在这些热情主动的年轻人取而代之。二十五年后，哈伦·A.霍华德很可能成为业内的领军人物，而那些高中时候从他的柜台上买冰淇淋的同班同学则很可能面临失业，流落街头，骂骂咧咧地诅咒政府，抱怨这辈子从来没有人给过他们机会。若不是霍华德当初下定决心要把无聊的兼职变得有趣，他大概也永远不会得到这个翻身的机会。

几年前，有另一个年轻人同样厌烦了无聊的工作。这个小伙子名叫山姆，他是工厂里负责螺栓生产的车床工人。他很想辞职，但又怕找不到别的工作，只得把这份单调乏味的工作继续做下去。既然如此，山姆决定把工作变得有趣些，于是和旁边操作机器的技工发起了一个小比赛。他们原本一人负责用机器把零件表面打磨光滑，一人负责把螺钉直径打磨合适。现在他们阶段性地交换机器，看谁能生产出更多螺钉。山姆的速度和准确度给工头留下深刻印象，很快就给他调换了更好的工作。而这只是晋升的开始。三十年后，这个全名叫作塞穆尔·沃克莱的小伙子成为鲍尔温机车厂的总裁。假如他当初没有下决心把无聊的工作变得有趣，他大概一辈子都只是当初那个车床工人。

著名的广播新闻分析员H.V.卡滕伯恩告诉过我他是怎么把单调的工作变得有趣的。二十二岁那年，为了得到横渡大西洋的机会，他在运牛船上打工，给小牛喂食喂水。骑自行车在英国转了一圈之后，他饥寒交迫地到了巴黎。他典当了相机，用换来的五美元在《纽约先驱报》的巴黎版上刊登了一则应聘广告，找到了一份立体镜销售员的工作。如果你现在年过四旬，你大概对那种老式立体镜有点儿印象。把立体镜举到眼前，能看到里面有两张一模一样的图片。而当眼睛聚焦到图片上时，奇迹发生了——立体镜中的两个透镜把两张平面图片转变成了三维图像，画面顿时有了立体感和惊人的透视感。言归正传，卡滕伯恩开始在巴黎挨家挨户兜售立体镜。一开始他连一句法语都不会讲，但一年后，他挣到了五千美元佣金，一举成为全法国当年收入最高的销售员。H.V.卡滕伯恩告诉我，这段经历和他之前在哈佛大学的学习一样重要，帮助他培养了成功必备的素质。他的信心源自哪里呢？他告诉我，有了这段经历，他甚至有能力把美国的《国会议事录》卖给法国的家庭主妇。这段经历不仅令他对法国生活有了细致入微的了解，还为他积累了无价的经验，让他成为电台的欧洲新闻解说员。那么当初他在不会说法语的情况下，是怎么成为金牌销售的呢？原来他请雇主用标准法语写下销售话术，然后背下这些句子。他挨家挨户按响门铃，对开门的家庭主妇重复他背熟的推销词。他的口音太差了，以至于听起来有点儿滑稽。他给家庭主妇看立体镜里的画面，如果对方提了问题，他就会耸耸肩说："美国人……美国人。"然后他会摘下帽子，指指他贴在帽子里的法语推销词。这时对方往往会大笑起来，于是他也跟着大笑，并给对方看更多的图片。H.V.卡滕伯恩把这段往事讲给我听的时候，感慨说这份工作很不容易。他告诉我，他之所以能撑下来，靠的是让工作变得有趣的决心。每天早晨开工前，他都会对着镜子里的自己打气说："卡滕伯恩，要想填饱肚子，你就得做下去。既然必须做下去，为什么不高高兴兴地做呢？每次按门铃的时候，不妨把自己想象成聚光灯下的演员，开门的人就是你的观众，她正站在那儿看着你呢。毕竟你干的这事儿就像舞台剧一样滑稽嘛。所以干吗不多投入一些热情和兴趣呢？"卡滕伯恩先生告诉我，正是每天早晨鼓励自己的这些话，把这份他一度痛恨并害怕的工作变成了一场有趣并且获利颇丰的冒险。我问他对于渴望成功的美国年轻人有没有什么建议，他说："有的，要每天早晨给自己打打气。我们总在强调早上起来要做些运动，让自己从半梦半醒的状态中清醒过来，所以很多人早起都有走动一下的习惯。但是我们清晨需要更多的精神运动和头脑运动，让自己迅速进入战斗状态。所以，每天给自己鼓鼓劲儿吧。"每天给自己鼓劲听起来会不会有些幼稚？不，正相反，这是良好心理素质的核心。"思想塑造人生。"马可·奥勒留18世纪前在《沉思录》中写下的这句名言，在当今依然成立。和自己对话能够把思想引向勇气、幸福、力量和平静。和自己聊聊生活中那些让你感激的事情，你就可以让心灵逍遥歌唱。积极的思维方式能够把任何工作都变得没那么讨厌。老板总想让员工热爱工作，这样他们就能挣更多钱。不过先别管老板想要什么，想想看热爱工作能让你自己得到什么。记得提醒自己，在工作中找到乐趣能够让生活的幸福感加倍。既然你每天要把一半时间花在工作上，如果你在工作中找不到乐趣，那么在其他地方也很难找到。记得提醒自己，对工作的兴趣会让你的心灵远离忧虑，而且长远来看很可能带来加薪升职的机会。就算没有这些实质性的回报，也能把你的疲劳感降到最低，让你从容地享受闲暇时光。

# Section 28
## 如何从失眠的焦虑中解脱

晚上睡不好的时候你是不是会很担心?那么这个事实大概会引起你的兴趣——著名的国际律师塞缪尔·安特默一辈子都没睡过一夜好觉。读大学期间,他深受哮喘和失眠的折磨。他发现二者都无法治愈,于是决定退而求其次,把失眠当作优点来利用。睡不着的时候,他不再辗转反侧,焦虑到崩溃,而是立刻起床学习。结果如何呢?他把所有的课业荣誉揽入囊中,并成为纽约城市大学的传奇毕业生。

成为执业律师后,塞缪尔·安特默的失眠症仍未痊愈,但他已经不会为此忧虑了,而是觉得"顺其自然就好"。虽然睡眠时间少得可怜,他的健康却并未受损。他像纽约其他律师新秀一样勤奋,甚至比他们还要勤奋,因为其他人睡觉的时候他也在工作。

二十一岁时,塞缪尔·安特默的年薪就高达七万五千美元。他出庭的时候,其他年轻律师纷纷慕名而来,想要偷学他的方法。1931年,他在单起诉讼上入账整整一百万美元现钞,大概是有史以来最高的律师费了。

失眠症始终缠着他不放。他每晚阅读到凌晨,五点起床开始口述信函。大多数人刚起床上班的时候,他白天的工作已经完成大半了。这位几乎没睡过一晚好觉的先生活到了八十一岁高龄。假如当初他因为失眠而烦躁焦虑，他的人生走向大概完全不同。

我们把人生三分之一的时间用于睡眠，但没人了解睡眠的意义是什么。我们知道这是一种习惯和天生的修复能力，但是我们不确定每个人究竟需要几小时睡眠，甚至不知道我们是否真的需要睡眠。这是异想天开吗？并不是。第一次世界大战期间，一个名叫保尔·克恩的匈牙利士兵不幸中弹，子弹射穿了他的大脑额叶。他从重伤中康复后，再也无法入眠。医生尝试了各种镇静剂、麻醉药甚至催眠术，保尔·克恩依旧无法入睡，甚至感觉不到一丝困意。医生断言他活不长了，但是保尔·克恩却让医生的诊断成了笑话。他找到了工作，多年来一直健康状况良好。他也会躺下来闭目养神，只是无法睡着。他的案例至今仍是医学上的一个谜，颠覆了我们对睡眠的许多认知。

一些人对睡眠的需求高于其他人。意大利指挥家托斯卡尼尼一天只需要睡五小时，而美国总统卡尔文·库利奇需要的睡眠时间是前者的两倍多，每天要睡十一小时。换句话说，托斯卡尼尼一生的五分之一用于睡眠，而卡尔文·库利奇却有一半人生是在睡梦中度过。

为失眠这件事担忧给你造成的伤害远远大于失眠本身。举个例子来说，我的一个学生伊拉·桑德纳被长期失眠折磨得几乎要自杀。他住在新泽西州里奇菲尔德公园欧沃派克大街173号。"我真觉得自己要疯了，"伊拉·桑德纳告诉我，"我原来睡得很沉，就算闹钟响了我都听不见，早晨总是迟到。老板警告我上班要准时，我知道如果我再这样睡过头，迟早得丢了工作，所以很焦虑。"

"我跟朋友们讲了这件事，一个朋友建议我睡觉前把注意力集中在闹钟上。失眠就这样开始了！那个该死的闹钟滴答滴答滴答的声音简直让我得了强迫症，让我整晚翻来覆去睡不着。天亮的时候，我觉得自己生病了，病因就是疲倦和焦虑。这种情况持续了八周，我遭受的折磨简直无法用语言形容，再这样下去真的要疯了。有时我在屋里走来走去，一走就是几个小时，真想从窗口跳出去一了百了！

"最后我去见了从小熟识的医生。他对我说：'伊拉，我帮不了你，谁都帮不了你，只有你自己才能解决这件事。晚上照例上床睡觉，如果睡不着，也别乱想。告诉自己：'我才不在乎睡不睡得着。就算是躺到天亮又有什么关系呢？'别睁眼睛，对自己说，'只要我躺得好好的，不乱想，我就是在休息。'"

"我照他的话做了，"桑德纳说，"只过了短短两周，我就能睡着了。不到一个月，我就恢复了每天八小时睡眠，紧绷的神经也渐渐恢复了正常。"

可见折磨伊拉·桑德纳的并不是他的失眠，而是他对失眠的担忧。

芝加哥大学的纳撒尼尔·克莱特曼教授堪称睡眠研究第一人，在睡眠这个课题上，他是世界级的权威学者。他说还没有人被失眠夺取生命。当然，或许有人因为失眠陷入焦虑，抵抗力降低，导致细菌侵袭，但这是焦虑而非失眠本身造成的。

克莱特曼教授还说，那些担心失眠的人通常没有意识到，他们的实际睡眠时间比自己想象的要多。信誓旦旦地宣称"整晚合不上眼"的人很可能睡了几个小时，而自己却没有察觉。赫伯特·斯宾塞是19世纪最卓越的思想家。那时他是个老单身汉，独自住在一间寄宿公寓中。他总是逢人就抱怨自己的失眠，周围人都厌烦了这个话题。他用耳塞堵住耳朵，阻挡噪音，放松神经，有时甚至用鸦片辅助入睡。一天晚上，他和牛津大学的塞斯教授同住一间旅馆房间。第二天早晨，斯宾塞抱怨说他一整晚都没合过眼。然而事实上，整晚没眼的是塞斯教授——斯宾塞的呼噜声让他一宿没睡着。

良好睡眠的首要条件是安全感。我们需要相信，某种比我们强大的力量会在夜晚守护我们，直到天明。西赖丁救济院的托马斯·希斯洛普医生在英国医学会的致辞中强调了这一点。他说："我从多年实践经验中得知，最好的睡眠药方就是祈祷。我纯粹是从医生的角度得出这个结论的。有祈祷习惯的人会发现，祈祷是最有效的精神镇静剂，能够平复紧绷的神经。"

"交给上帝……然后放手。"珍妮特·麦克唐纳告诉我，当她沮丧不安，无法入睡的时候，她总能从《诗篇》第23篇中得到安全感："耶和华是我的牧者，我必不致缺乏。他使我躺卧在青草地上，领我在可安歇的水边……"

如果你没有宗教信仰，那么就辛苦一点儿，试着用物理方法放松吧。《从紧张中释放》一书的作者大卫·哈罗德·芬克医生说过，最好的方法是同你的身体说话。据芬克医生所言，所有催眠术的秘诀都是语言暗示。如果你总是无法入睡，那是因为你给身体传递了失眠的信号。解决这个问题的方式就是反催眠，你可以告诉你的身体和肌肉："放轻松，放轻松……松弛下来，休息一下。"我们都知道，当肌肉处于紧张状态的时候，心绪和神经也无法放松。因此，如果想要恢复睡眠，就应当从放松肌肉开始。芬克医生提出了这些建议：在膝盖下面放一个枕头，在手臂下面垫上小靠垫，放松腿部和臂部的紧张感。随后，依次让下颌、眼睛、手臂和腿部放松。这样一来，我们还不知道究竟是什么奏效了，就已经睡着了。我亲自尝试过这个方法，所以我知道它很有效。

如果你有睡眠问题，不妨读一读芬克医生这本《从紧张中释放》，我在之前的章节中也提到过这本书。这是我知道的唯一一本既生动有趣，又对失眠有实际疗效的著作。

失眠的最佳解药是让身体感到疲劳，你可以尝试园艺、游泳、网球、高尔夫、滑雪或是消耗体力的劳动。美国作家西奥多·德莱塞就是这样做的。当他还是个默默无闻的年轻作家时,他饱受失眠困扰,所以在纽约中央铁路找了份护路工的工作。一整天夯道钉、铲碎石的劳动下来,他总是倒头便睡,累得连晚饭都没力气吃。

身体足够疲累的时候,连走路都能睡着。举个例子,我十三岁那年,父亲要运一整车猪仔到密苏里州的圣约瑟夫。由于他有两张免费火车票,就把我也带上了。那时的我连人口超过四千的小镇都没去过,更别提圣约瑟夫这种人口超过六万的大城市了。因此我兴奋不已,城市里六层高的摩天大楼和有轨电车在我眼里仿佛神迹。直到现在,我闭上眼睛,电车的形象和声音仍然清晰如昨。度过了我人生中最兴奋的一天之后,父亲带我坐火车回到雷文伍德。我们凌晨两点才到站,下火车后还要徒步4英里才能回到农场的家。我讲这个故事是想说:那天我实在累坏了,走路的时候不仅睡着了,还做了梦。后来我也经常在马背上睡着。所幸我现在还能活着给大家讲这个故事!

人们筋疲力尽的时候,不管面对刮风下雨,还是战争威胁,都能够安心酣眠。著名神经学家福斯特·肯尼迪博士曾经告诉我,1918年,英国第五军队撤退的时候,他亲眼看到士兵累得直接躺倒在地,像陷入昏迷一样沉沉睡去。肯尼迪博士用手翻他们的眼皮,他们都醒不过来。他还说他注意到人睡着的时候,瞳孔总会向上转动。"从那以后,"肯尼迪博士说,"我有睡眠问题的时候,就会试着向上转转眼珠,我发现几秒钟之后我就会产生困意,哈欠连天了。这是一种我无法控制的条件反射。"

从来没有人以不睡觉这种方法自杀,也没有人做得到。不论人的意志力有多强,天性都会迫使人睡觉。人类忍耐饥渴的能力甚至也远胜于忍耐困倦的能力。

提到自杀，我想起亨利·C.林克医生在他的著作《重新发现人类》中提到的一个案例。林克医生是心理公会副主席，曾经和许多焦虑抑郁的患者深谈过。在《论战胜恐惧与忧虑》一章中，他提到了一位想要自杀的患者。林克医生知道劝说只能让情况更糟糕，于是他这样对患者说："如果你无论如何都不想活了，至少要选一种英勇的方式，可以试试绕着街区奔跑，直到倒地身亡。"

患者照做了，不止一次，而是好几次。每次他都感觉比前一次更好，至少精神状态如此。第三天夜里，他身体极其疲惫（也极其放松），以至于睡得像猪一样，这也是林克医生一开始的意图。在那之后，他加入了一个运动俱乐部，开始参加各种竞技比赛。很快，他就感觉好多了，再也没有轻生的念头。

「想要摆脱失眠引发的焦虑，请参照下面五个规则：

1. 按照塞缪尔·安特默的做法，如果睡不着，就起床工作或者阅读，直到有困意为止。
2. 请记住，没有人会因为缺少睡眠而死。为失眠担心对你造成的伤害远大于失眠本身。
3. 尝试祈祷，或像珍妮特·麦克唐纳那样重复《诗篇》第23篇。
4. 放松身体。读一读《从紧张中释放》这本书。
5. 多锻炼，让身体疲惫到无法保持清醒。」

「第七章小结：预防疲劳，保持精力的六种方法」

原则1：不要等到累了才休息。

原则2：学会在工作时小憩。

原则3：家庭主妇要学会如何在家里休息，进而保持青春。

原则4：培养下述四个良好的工作习惯：

  ① 清理书桌上所有资料，只留下和手头工作相关的文件。

  ② 按照轻重缓急处理事务。

  ③ 遇到问题的时候，如果你已经掌握了决策所需的信心，就立即着手解决，不要拖延。

  ④ 学会组织、委任和监督指导。

原则5：以工作热情击败忧虑和疲劳。

原则6：请记住，没有人会因为失眠而死，为失眠担心对你造成的伤害远大于失眠本身。

# Chapter 08

How to Find the Kind of Work in Which
You May Be Happy and Successful

# 怎样找到令你快乐的事业并取得成功

# Section 29
# 人生最重要的决定

这一章旨在帮助那些尚不清楚自己想做什么工作的年轻人。如果你是这样的人，阅读这一章或许会对你未来的人生产生深远的影响。

未满十八岁的年轻人大概很快就会面临人生中最重大的两个决定。这两个决定将会彻底改变你的命运，不仅会影响你未来的幸福、收入和健康，也会成就你或是击垮你。

究竟是哪两个重大决定呢？

1. 你将如何谋生？成为农民？邮差？化学家？护林员？速记员？贩马商？大学教授？还是开个自己的汉堡摊？

2. 你会选谁成为你孩子的父亲/母亲？

无论哪个决定都像是赌博。哈利·爱默生·福斯迪克在著作《坚持到底的力量》中写道：

每个孩子在选择职业的时候都是赌徒，赌注是自己的一生。

选择职业的时候，怎样才能降低风险？请继续往下读，我们会尽己所能地为你找出解决方案。

首先，试着找到你的兴趣所在。大卫·M.古德里奇是轮胎制造商古德里奇公司的董事会主席，我问他事业成功的先决条件是什么，他的答案是"享受工作"。他说："如果你喜欢你在做的事情，哪怕工作再长时间，你都不会觉得这是工作，反而觉得像是消遣。"

爱迪生就是一个很好的例子。这个几乎从未受过教育的报童长大后改变了整个美国。他一天要工作十八小时，吃住都在实验室里，却并不觉得辛苦。"我一生中从未工作过一天，"他说，"我的工作等同于娱乐。"

难怪他如此成功！

查尔斯·施瓦布也向我表达过同样的看法。他说："只要充满激情，做任何事情都能成功。"

但假如你连自己想做什么都没有概念，你又怎么会对工作产生热情呢？埃德娜·克尔夫人曾经为杜邦公司招聘过上千名雇员，现在担任美国日用品公司的劳资关系助理总监。她告诉我："竟然有这么多年轻人不知道他们内心真正想要做什么，真是可悲。我认为最可怜的就是那些只为薪水工作，其他一无所获的人。"克尔夫人说连大学毕业生都会这样对她说："我有达特茅斯学院的学士学位（或是康奈尔大学的硕士学位），您这儿有什么我能做的工作吗？"他们不知道自己能做什么，也不知道自己想做什么。难怪有这么多能力出众的年轻人怀抱梦想走进社会，却渐渐变成了垂头丧气甚至精神失常的中年人。事实上，找到合适的职业对健康也至关重要。约翰·霍普金斯大学的雷蒙德·佩尔博士和几家保险公司联合做了一个课题，研究长寿的影响因素都有什么。"合适的职业"在佩尔博士的结论中位于前列。他大概会赞同托马斯·卡莱尔的这句话："找到一生事业的人是幸运的。他们不再需要其他幸福。"

前不久，我和保罗·W.博因顿聊了一个晚上。他是美孚石油公司的人力资源总监。过去二十年间,他面试过的申请者超过七万五千人,还曾经写过一本名为《找工作的六种途径》的著作。我问他:"现在的年轻人找工作时最容易犯的错误是什么?""他们不知道自己想干什么。"他说。人们用来思考买哪件衣服的时间竟然远多于思考职业的时间,这真是让人震惊。衣服只能穿几年,职业却决定了未来,关系着人一生的幸福和安宁啊!

那么你能做些什么呢?不妨试试"职业指南"这种专业辅助手段。它有可能帮到你,也有可能妨碍你——这要取决于职业咨询师的能力和个性。这个新工具尚在初级阶段,远未发展完善,但是前景广阔。如何利用这个新学科呢?请向你所在的社区寻求专业的就业指导和职业测试。

这种指导只是建议,决定权仍在你自己。请记住,即使是专业咨询师,也并不会永远正确。他们彼此之间都有可能产生分歧,甚至犯下荒谬的错误。举个例子,曾经有个职业指导咨询师建议我的一位学生从事写作,只因为她的词汇量惊人。多荒谬啊!写作哪有这么简单。要想把自己的思想和情感准确地传递给读者,你并不需要大量词汇,但却需要想法、经历、信念、例证和热情。建议这个姑娘去当作家的咨询师只在一件事上取得了成功——他成功地把一个快乐的小速记员变成了一个垂头丧气的伪小说家。

我想说的是,即便是职业指导专家也像你我一样,有可能犯错。你最好多咨询几位,然后用常识来检验他们的结论。

你或许会奇怪,为什么我会在一本论述忧虑的书中专门用一整章谈职业。如果你知道世间有多少忧虑、遗憾和挫折是由讨厌的工作酿成的,你就不会再感到奇怪了。不妨去问问你的家人、邻居甚至上司有没有类似的经历。智者约翰·斯图尔特·密尔说,那些与工业社会格格格不入的人是"社会的最大损失"。话虽没错，但这些烦透了工作的"格格不入的人"也是世界上最不快乐的人。

你一定听说过在部队中精神崩溃的士兵吧，他们真是去错地方了。我指的不是那些在战争受伤，而是在日常任务中崩溃的人。当代最伟大的心理学家威廉·门宁格博士曾经在战争时负责部队的精神科。他说："部队充分验证了选拔与任命的重要性，以及让合适的人做合适的事情的重要性。对自己的工作抱有信念是至关重要的。如果一个人对他做的事情毫无兴趣，甚至认为自己被安排在错误的位置，自己做的事情没人赞赏，才华被浪费，那么必定会导向精神疾病或有诱发精神疾病的可能性。"

出于同样的原因，人同样会在职场上精神崩溃。如果商人厌恶自己做的生意，也很可能会亲手毁了它。

来看看菲尔·约翰逊的例子吧。菲尔·约翰逊的父亲让他在自己开的洗衣店里打工，希望儿子能够开始继承家业。但是菲尔对洗衣店毫无兴趣，他在店里整天磨洋工，多一点儿工作都不肯做，有时候干脆就玩儿失踪。父亲伤心不已，觉得自己养了个胸无大志的废物，在员工面前抬不起头来。

有一天，菲尔·约翰逊告诉父亲，他想去机械修理店找份工作，当一名机修工。什么？儿子竟然想抛下家业，去当工人？老父亲震惊不已。但是菲尔主意已定。他穿上油腻的脏工作服，干起活来比在洗衣店勤快数倍，不仅自愿加班，甚至一边工作一边愉快地吹着口哨！他主动学习工程学，研究发动机的原理，整天和机器打交道。1944年，当菲尔·约翰逊辞世的时候，他已经成为波音飞机制造公司的总裁，正在着手研发后来在战争中起到关键作用的轰炸机。如果他一直守着家里的洗衣店，他和洗衣店的命运又会如何呢？我想，大概他父亲的生意就此毁了。

我想告诫年轻人的是，即使冒着和家人闹翻的风险，也不要迫于家里的压力接手不想做的事情。只做你真正想做的工作！不过，也别完全把父母的建议当作耳旁风。他们的生活经验比你丰富得多，也因此具有只有经过岁月的洗刷才能历练出的智慧。但是归根到底，你才是最终的决策者。不管是快乐还是难熬，工作都是你自己的。

说了那么多，究竟该如何选择职业呢？下面就是我的忠告：

1.研读下述五个关于怎样选择就业指导咨询师的建议。这些忠告出自哥伦比亚大学的哈利·德克斯特·基特森教授，他是美国顶尖的就业指导专家，因此这些信息十分可靠。

（1）对那些号称能够预测职业的神奇法术敬而远之，包括骨相学、占星、性格分析、笔迹占卜等。这类方法并没有用。

（2）如果对方说只要做个测试就能够判断你应该选择哪种职业，不要相信他。这样的人违背了就业咨询师的基本原则。就业咨询师必须综合考虑就业者的生理状况、社会背景和经济条件，在就业者可选择的机会范围内提供服务。

（3）选择那些具备职业信息库，并且在咨询过程中使用信息库的咨询师。

（4）全面透彻的就业指导服务往往需要多次面对面的交流。

（5）不要仅通过邮件进行就业咨询。

2.远离供大于求的热门领域。谋生的方式多种多样，然而年轻人却一窝蜂地盲从扎堆。结果怎样呢？一所学校里有三分之二的男孩就业选择局限在五种——两万种职业中的五种——而女孩中有五分之四同样如此。难怪一些领域人满为患并且竞争激烈，难怪担忧、焦虑和不安全感在白领阶层不断蔓延。在决定挤进法律、新闻、电台、电影等被认为是"金饭碗"的领域之前，最好慎重考虑。

3.远离挣钱概率只有10%的工作。以销售人寿保险为例，每年有不计其数找不到工作的人头脑发热地去当保险推销员，却不懂得提前想想做这行的成功概率有多小。怎么解释呢？听听富兰克林·L.贝特格先生怎么说吧。他在费城房地产信托大厦工作。二十年来，贝特格先生稳坐美国保险销售的第一把交椅。他说，有90%的推销员入行第一年就会因挫败感而放弃；在留下来的人当中，每十人中有一个人能够完成总业绩的90%，而余下的九个人争夺余下10%的生意。换而言之，如果你打算进入这行，有90%的概率你会在一年内失败退出。就算你坚持下来，也有90%的概率只能勉强填饱肚子，而挣到上万年薪的概率只有1%。

4.在决定投身于某个领域之前，先花几周甚至几个月的时间充分了解这个行业。如何了解呢？和那些做这行数十年的人聊聊。这样的交谈会对你的未来产生不可估量的影响。我自己就深有体会。二十岁出头的时候，我曾经向两位年长的职场人士寻求就业建议。如今回过头来看，这两次交谈正是我职业道路的关键转折点。我很难想象如果没有这两位前辈的指导，我的人生会变成什么样。

怎样才能得到这样的交谈机会呢？举个例子，假如你想成为建筑师，决定入行前，你应该花几周时间拜访你所在城市的建筑师。从电话黄页上很容易查到他们的姓名和工作地址，有时不用预约就可以直接拜访他们的办公室。如果你想提前预约，可以给他们写一封类似这样的信：

能冒昧请您帮我个小忙吗？我需要得到您的建议。我今年十八岁，想成为一名建筑师。但在做决定之前，我想征求一下您的意见。

如果您工作繁忙，不方便在工作时间拜访，如您能准许我在您家叨扰半小时，着实感激不尽。

我想向您当面请教下述问题：

（1）如果能够重新选择，您还会选择成为建筑师吗？

（2）在对我的基本情况有所了解之后，您觉得我是否适合从事建筑这一行？

（3）建筑业是否已经人才过剩？

（4）如果我大学学习建筑学，四年后找工作是否困难？入行的时候应该从哪里起步？

（5）如果我工作能力还不错，前五年的薪资大概在什么水平？

（6）成为建筑师的优势和劣势分别是什么？

（7）假如我是您的孩子，您是否会建议我进入建筑业？

如果你比较腼腆，不敢独自面对"大人物"，下面两个建议或许能帮到你：

第一，找一个同伴和你同去，两个人一起能互相打气。如果找不到合适的同龄人，不妨请父亲陪你。

第二，请记住，征询对方的建议是对他的一种赞美，你的请求会让他倍感荣幸。成年人都非常乐于给年轻人传授经验，建筑师会把你的到访视为一件幸事。

如果你不愿意写信约对方，不妨径直去对方的办公室拜访，告诉对方如能得到他的建议，你将感激不尽。

假如你约了五位建筑师，但他们都没有时间见你（这不太可能发生），那就再约五个人。他们之中总有人愿意见你，并且给你无价的建议。有了这些建议，你就不会浪费多年时间盲目摸索或陷入沮丧。

请记住，职业选择关乎你的一生，不仅至关重要，而且影响深远。因此，在行动之前，先花时间充分了解。只有这样做，才能避免半辈子的时间在懊悔中度过。

如果有条件的话，不妨在物质上报答愿意花时间给你建议的那位前辈。

5.很多人认为世界上只有一种职业适合自己，这种想法是错误的。人人都能胜任不止一种职业，当然也可能会有许多不擅长的工作。以我自己为例，如果我在下面这些领域深入钻研，我相信我会热爱我的工作，并且有很大概率取得成功：农业、果木栽培、科学农业、医药业、销售、广告业、报纸编辑、教育、林业。相反，这些工作一定会让我闷闷不乐，碌碌无为：记账、会计、工程、经营酒店或工厂、建筑、机械贸易和其他上百种工作。

# Chapter 09
How to Lessen Your Financial Worries
# 如何减少财务方面的烦恼

# Section 30
# 70%的忧虑与金钱有关

如果我知道怎样让所有人摆脱财务烦恼，我大概早就进白宫给总统出谋划策了，而不是坐在这里写作。不过我的确有个方法可以帮助你：我会介绍权威人士对这个问题的看法，提出一些实用的建议，并且告诉你哪些书能给你更多指导。

根据《妇女家庭》杂志的一项调查，人们70%的忧虑与金钱有关。盖洛普民意调查公司的创始人乔治·盖洛普经过研究，得出了这样的结论：大部分人相信，只要收入提高10%就能解决他们的财务烦恼。可能在某些情况下这个结论是成立的，但是仍有大量例证与之相悖。举个例子，写到这一章的时候，我采访了财务专家埃尔茜·斯台普顿女士。她为纽约沃纳梅克百货公司和金贝尔百货公司的顾客及员工提供服务，有多年财务咨询经验。同时她还担任独立咨询师，向那些被钱所困的人提供帮助。向她求助的人跨越各个收入阶层，有年收入不到一千美元的搬运工，也有年薪超过十万美元的高层管理者。她是这样告诉我的："大部分人的财务忧虑并不是钱能解决的。收入的增加只带来了消费升级，不仅没有解决任何问题，反而徒增烦恼，这样的例子我见得太多了。"她接着说道："金钱烦恼的源头并不是钱挣得不够多，而是大部分人不知道怎样明智地花钱。"（读到这里，你

大概对这句话嗤之以鼻,对不对?姑且认为斯台普顿女士指的"大部分人"里不包括你,指的是你的亲朋好友吧)

有些读者大概会想:"这个叫卡耐基的家伙要是像我这样有那么多账单要付,有那么多家人要养活,他就不会这样站着说话不腰疼了。"我想说,我也有我的财务危机:我曾经在密苏里州的玉米田和干草堆里每天干十小时农活,唯一的愿望就是不用再忍受这种筋疲力尽的痛苦。而这样的辛勤劳动换来的报酬是多少呢?一小时一美元?五十美分?连十美分都不到!一整天的苦工换来的只有每小时五美分的微薄薪水。

我曾在没有洗手间也没有自来水的房子里一住二十年,也睡过-15摄氏度的房间;我曾为了省五美分的车钱每天走数英里路,也穿过有破洞的鞋和打补丁的裤子;我曾去饭馆点最便宜的菜,也因为没有钱熨衣服,每晚把裤子塞在床垫下压平。

但即使在这些最艰苦的时刻,我也省吃俭用地挤出一分两分,希望未雨绸缪地攒下一些钱。贫困的经历让我明白,若想避免债务危机,就要学会大公司的做法——学会做预算,并且严格执行。但是大部分人不懂得这个道理。里昂·希姆金是我的好友,也是本书出版公司的总经理。他指出,大部分人对于钱非常盲目。他认识的一位记账员处理公司账目的时候得心应手,却在个人理财方面一塌糊涂。假如周五中午发了薪水,他就会在路过商场时冲动地买下橱窗里的外套,觉得反正兜里有钱,想都不想他的房租、水电费和其他要靠薪水付掉的固定成本。但是他也清楚得很,假如公司做生意的时候也这样糊里糊涂地拍脑袋做决策,早晚都要破产。

在理财方面,要把自己的收入当作公司账目来管理。虽然怎样处置财产是你个人的私事,但它像管理生意一样重要。

理财有哪些原则？如何做预算计划？不妨参考下述11个原则：

原则1：坚持记账。

五十年前，伦敦的阿诺德·本涅特立志成为小说作家的时候，他还是个穷困潦倒的小伙子。所以他把自己的每笔开支都记录下来，精确到每枚六便士硬币的去向。他会不会常常产生疑问，自己的钱都去哪儿了？不，他一清二楚。记账让他受益良多，当他日后成为拥有私人游艇的富豪之后，他依旧保持着这个习惯。

约翰·D.洛克菲勒同样有记账的习惯。每晚做完祈祷上床睡觉的时候，他都清楚地知道每分钱的去向。

我们最好同样把自己的开销都记下来。要记一辈子吗？倒是没这个必要。理财专家建议我们至少坚持记一个月，三个月最好，精确到每分钱。了解了自己的消费习惯，我们就能制定预算了。

如果你已经知道自己的收入都花在了哪里，那你在理财方面简直是万里挑一的好榜样。斯台普顿女士告诉我，有人来找她咨询的时候，她会先花几个小时了解对方的收支明细，并且一一记录下来。每当对方看到她记下来的账目总额时，总会难以置信地惊叫道："我的钱竟然都这么花掉了？！"看到自己的账目，你可能也会有这样的反应呢！

原则2：按自己的需求合理制定预算。

斯台普顿女士告诉我，即便两个家庭一样住在郊外、养育了同样多小孩、房子相邻、收入相当，他们的家庭预算也很可能完全不同。为什么呢？因为每个人的需求不同。斯台普顿女士说，预算是因人而异的私事。

按照预算理财并不是为了让生活变得毫无乐趣，而是给我们物质上的安全感。物质上的安全感会消除忧虑，进而转化为情感上的安全感。"有预算有计划的人往往更容易快乐。"斯台普顿女士下了这样的结论。

那么如何着手呢？首先，按照我的建议，先列出所有开销。然后向专业理财师寻求建议。在人口超过两万的大城市，很容易找到愿意帮你做免费咨询的家庭理财机构。他们会帮助你解决金融问题，帮你制定合适的家庭预算。

原则3：学会明智地消费。

这个原则意味着把金钱的价值最大化。所有大公司都有专业买手和采购专员，他们的职责就是为公司做出最合理的采购决策。你作为个人财产的唯一管理者，为什么不尝试一下他们的方法呢？

原则4：量入为出。

斯台普顿女士告诉我，她最怕为那些年收入五千美元的家庭做预算咨询。我问她为什么，她说："因为五千美元是大多数美国家庭的目标。整个家庭会朝着这个目标努力多年，收入也会有相应的稳健增长。但当他们的家庭收入真的实现了这个目标的时候，他们就觉得自己已经完成任务了，消费进而开始失控。他们在郊区买别墅，觉得'这样能省下房租钱'。他们买新车、新家具、新衣服——如你所料，这样很快就会入不敷出。虽然收入达到了目标，但由于胡乱挥霍，他们并没有以前快乐。"

这很能理解，我们都想享受更好的生活。但是长远来看，怎样收获更多幸福呢？是养成控制开销的好习惯，还是让账单堆满邮箱，等着债主找上门来?

原则5:如果需要借钱,借这个机会累积信用额度。

如果你遇到紧急情况需要借钱,人寿保险、国防债券和储蓄存单其实就是你口袋中的钱。不过如果通过保险金贷款,你需要确认你的保险有储蓄功能,即保险单的货币价值是多少。有些叫作"定期人寿保险"的险种只具有一段时期内的保障功能,而没有储蓄功能,显然这类保险不能用于贷款。所以记得要问清楚,购买保险前,先确认在你需要筹资的时候,这份保险是否具有货币价值。

假如你既没有保险,也没有债券,但是有房、车或其他抵押品,你该去哪儿借钱呢?当时是去银行!银行受到严格的规章制度监管,需要在社区中维护美誉度,利息也是法律规定的固定值,会对客户一视同仁。如果你在财务上遇到困境,银行会和你讨论并制定适合你的计划,帮助你走出债务和阴霾。请允许我重复一遍,如果你有抵押品,请选择去银行贷款!

但是,假如你是那千分之一没有抵押品、没有房产、除了工资之外没有任何担保的人,该怎么办呢?请珍视生命,记住这个告诫吧:千万不要去那些在报纸上刊登诱人广告的贷款公司!广告把这类公司包装得像圣诞老人一样慷慨,但是别信那套!不过也有一些公司诚实可信,遵纪守法。这些公司为需要紧急筹款的人们提供帮助。由于他们面临的风险更高,募资成本更高,因此利息高于银行。但是在和贷款公司交涉之前,可以先去银行和他们的员工聊聊,请他们推荐可靠的贷款公司。否则的话——我不想吓唬你,但是下面这件事是真实发生过的:

明尼阿波利斯市的一家报刊曾经做过一项深度调查,研究贷款公司是否严格依据拉塞尔·塞奇基金会制定的规章制度运营。我认识参与了那次调查的记者道格拉斯·勒顿,他现在供职于《你的人生》杂志。道格拉斯·勒顿告诉我,那些贫困阶层的债务人面对的压榨让人毛骨悚然,五十美元的贷款会利滚利,最终高达三四百美元。工资被强行与债务绑定,而通常债务人会因此被公司开除。当债务人最终无力偿还贷款的时候,放高利贷的人就会以"评估家具价值"为名闯进家门,把债务人的家当一扫而空。一些只贷了少额贷款的人还了四五年都还不清。这些事情是耸人听闻吗?按道格拉斯·勒顿的话来说:"我们不断把这些高利贷案件移交法院,案件多得让法官告饶,我们的报纸甚至不得不专门成立了一个仲裁部门,应对上百起类似案件。"

高利贷怎么会有这么高的利息呢?答案就在所有隐藏费用和额外的诉讼费中。和贷款公司打交道一定要记住,如果你百分百确信自己可以迅速还清贷款,那么你的利息会较为合理,只要付清就不会遇到什么麻烦。但如果你需要续借,利滚利之后的高额欠款连爱因斯坦都算不清。道格拉斯·勒顿告诉我,有时候这些额外的费用高达初始借款的2000%,比银行费用高五百倍!

原则6:为疾病、火灾等意外情况做好保障。

保险只收取相对较少的费用,却能够在所有意外情况下为你提供一份保障。你不用连在浴缸里滑倒和风疹这类小事都上保险,但是我建议你为人生的重大不幸打个预防针。和这类事情会花费的钱和心血相比,保险费并不算贵。

我认识的一位女士去年住了十天医院,出院时账单上只有八美元。为什么这么少呢?她提前购买了住院医疗保险。

原则7：不要让你的人寿保险以大额现金形式结算给受益人。

如果你希望通过人寿保险让家庭受益，千万不要让保险公司以一大笔现金的形式兑付。

"有钱的新孀妇"通常会发生什么情况呢？我想请马里恩·S.艾博里夫人来回答这个问题。作为人寿保险协会女性部门的负责人，她在全美国的妇女俱乐部做巡回演讲，传授使用人寿保险的智慧。她的办公地点在纽约市东42街60号。她建议使用人寿保险为家人提供生活保障，但不要让保险一次性偿付一大笔保险金。她告诉我，曾经有一位孀妇获得两万美元保险金后，把这笔现金借给儿子做汽车配件生意。不料儿子经商失败，这位母亲也一贫如洗。还有一位孀妇被房地产销售员的花言巧语哄骗，把大部分保险金都投资土地。当时销售员信誓旦旦地保证土地价值一年之内就会翻番，不料三年后，她卖掉这块土地的时候，价值只有当初的十分之一。另一位孀妇获赔了一万五千美元保险金，然而一年后却不得不求助儿童福利协会帮忙抚养她的孩子。类似这样的悲剧还有成千上万。

"假如女性有两万五千美元可支配金额，平均不到七年就会把它花光。"纽约邮报的金融编辑西尔维亚·S.波特在《妇女家庭》杂志中下了这样的结论。

多年前，《星期六晚邮报》在社论中提道："由于大部分孀妇对商业一无所知，也没有理财专家指导，因此很容易被那些刻意接近她们的精明推销员哄骗，把丈夫的人寿保险投资在不可靠的股票中，大家都听说过这类事情。由于家人轻信那些以坑蒙拐骗为生的骗子，男人一生省吃俭用、忘我奉献积攒下来的积蓄，被轻易地一卷而空，任何一个律师或银行家都能举出许多这样的例子。"

如果你想为家人提供保障，不妨听取世界上最睿智的金融家

245

J.P.摩根的建议。他在遗嘱中声明把财产留给十六位继承人，其中有十二位女性。他是否留给她们一大笔现金呢？并没有，他以信托基金的形式保障这些女性终生都有月收入。

原则8：让孩子养成正确的金钱观。

我永远不会忘记在《你的生活》杂志中学到的一课。作者斯特拉·韦斯顿·特特尔在文章中讲述了她帮助女儿树立金钱观的方法。斯特拉为九岁的女儿额外申请了一本支票，而自己扮演儿童储蓄银行的角色。每周女儿收到零花钱时，都会先把钱存在妈妈那里。然后这一周每当她想要一两分钱的时候，就写一张支票，这样她清楚地知道自己的开支和余额。小姑娘不仅从中得到了乐趣，也学会了对自己的存款负责。

这是个绝妙的方法。如果你家也有学龄儿童，不妨考虑用这种方法教会孩子如何理财。

原则9：开源节流，用烤箱挣点外快吧。

如果你按照预算理性消费，但还是觉得捉襟见肘，你可以选择焦躁地抱怨，也可以做点儿兼职计划。怎么做呢？挣钱的方法本质上是满足目前尚未饱和的市场需求。住在纽约杰克森高地83街37号的内莉·施佩尔夫人就是这样做的。施佩尔夫人的丈夫过世了，两个孩子都已经成家，她独自住在空荡荡的三室一厅的公寓里。一天，她在杂货店的冷饮柜台吃冰淇淋的时候，发现冷饮柜台正在销售的甜食馅饼看起来很不好吃。于是她问店主愿不愿意从她这里买些真正的自制馅饼。店主试着订了两个。"虽然我厨艺很好，"施佩尔夫人说，"但是在搬到纽约之前，我家里有佣人，我这辈子亲手烤过的馅饼不超过十个。拿到订单后,我请邻居家的主妇教我烤苹果馅饼,然后自己做了一个苹果的,一个柠檬的。我的自制馅饼在顾客中大获好评,于是杂货店第二天又订购了五个。渐渐地,其他的冷饮柜台和快餐柜台也开始找我订购馅饼。两年间,我平均一年烤了五千个馅饼,所有工作都是我自己一个人在狭小的厨房里完成的。现在我一年净赚一千美元,成本只有馅饼的原料而已。"

施佩尔夫人的自制点心越来越供不应求,于是她搬出自家厨房,开了一个点心店,雇了两个女孩帮她烤馅饼、蛋糕、面包和蛋卷。即使在战争期间,顾客也愿意排一个小时的长队买她家的点心。

"我这辈子从来没有这样快乐过,"施佩尔夫人说,"我每天在店里忙碌十二至十四个小时,但是从不觉得疲倦,因为在我眼中这并不是工作,而是一场生活的冒险。我想通过自己的努力给周围的人带来一点儿快乐。母亲和丈夫的离去给我的生活留下了巨大的空虚,如今工作填补了这片空白,让我没时间再感到孤单或忧愁。"

我问施佩尔夫人,厨艺较好的女性能否在人口超过一万的大城市里用同样的方法挣外快,她肯定地说:"当然没问题啦!"

奥拉·斯奈德夫人也会给出同样肯定的回答。她生活在伊利诺伊州梅坞市,这是一个三万人的城镇。她用自己家的厨房和只花了十美分的原料开始了自己的小买卖。丈夫病倒后,她得独自扛起养家糊口的责任。但是怎么做呢?她是家庭主妇,没有工作经验,没有资本,也没有一技之长。她试着用蛋清和糖烤制糖果,然后来到学校附近,把糖果卖给放学的孩子,一美分一块。"明天多带几分钱吧,"她对孩子们说,"我每天都会带着自制糖果过来。"斯奈德夫人不仅赚到了钱,也为生活增添了新的乐趣,让自己和孩子们都很开心,不再有时间烦恼。

这个安静瘦弱的小镇家庭主妇并未满足于此,她决定把生意扩大到大城市芝加哥,聘请代理商帮忙销售她的自制糖果。她怯生生地和一个卖花生的意大利人搭话,对方不置可否。他的顾客想要的是花生,不是糖果。于是斯奈德夫人请对方试吃,意大利人很喜欢,决定帮她代销,第一天就挣到了钱。四年后,斯奈德夫人在芝加哥开了一间八英尺宽的小糖果店。她晚上做糖,白天销售。这位腼腆的家庭主妇从自己家的厨房起步,如今拥有了十七间门店,其中有十五间都开在芝加哥繁华的卢普区。

我想说的是,无论是纽约的施佩尔夫人还是伊利诺伊州的斯奈德夫人,在财务压力面前都没有一味愁眉不展,而是积极应对。她们的小生意从自己家的厨房开始,因此不用顾虑管理费、租金、广告和薪水开支。这样的女性永远不会被财务压力击垮。

看看周围,你会发现许多尚未被满足的市场需求。比如你擅长烹饪,可以考虑在自己家开设烹饪课程,住在附近的年轻女孩都是你的潜在学员。

除此以外,还有许多图书教授在业余时间挣钱的方式,不妨去图书馆借来一读。无论男女老幼,面前都有很多创业机会。不过我有一个小忠告:除非你天生擅长推销,否则不要以登门拜访的形式推销你的生意。大部分人都厌恶这种形式,因此很容易搞砸。

原则10:永远不要赌博。

那些把发财的希望押在赛马或老虎机上的人让我震惊不已。我认识一个靠经营老虎机发家的人,对于那些天真地幻想能够击败这种作弊机器的赌徒,他的言语之间充满蔑视。

我还认识全美最知名的赛马经纪人,他是我的成人教育课程的学生。他告诉我，虽然他对赛马这行了如指掌，但也无法通过赌马挣到钱。然而每年愚蠢的人们押在赛马上的钱高达六十亿美元，是1910年美国国债的六倍。这位赛马经纪人还说，毁掉一个人的最佳方法就是让他去赌马。我问他根据内幕消息，赌马有多大概率会输，他回答说："就算你有造币厂，也一样会输光。"

如果非要赌博不可，也要学聪明一些，至少要了解赔率有多大。通过什么途径了解呢？不妨读一读《如何计算概率》这本书。作者奥斯瓦德·雅各比是桥牌和扑克方面的权威，他是一流的数学家、专业统计学家，也是保险公司的精算师。这本书用两百十五页讲述了赌马、轮盘赌、花旗骰、老虎机、换牌扑克、加勒比海扑克、合约桥牌、竞叫皮纳克尔牌以及股票交易的赔率。书中还提到了许多其他活动的数学概率。作者的初衷并不是教你赌博赚钱，也没有掺杂任何个人利益，只是指出在这些常见的博彩方式中赚钱的概率有多少。一旦你了解了赔率，你就会同情那些把辛苦挣到的薪水扔进赌博中的可怜人。如果你正跃跃欲试，这本书会让你冷静下来，它为你省下的钱是买书钱的上百倍，甚至上千倍。

原则11：如果财务状况无法改善，至少对自己好一些，不要为了无法改变的事情郁郁寡欢。

如果财务状况一时无法改变，至少我们能够改变自己的心态。请记住，每个人都面对着各自的财务问题。贫困阶级忧虑自己无法迈入小康，小康家庭忧虑自己无法比肩中产阶级，而中产阶级忧虑自己无法跻身富裕阶级。

美国历史上的一些名人也都曾为钱所困。林肯和华盛顿连赴任就职总统的路费都要四处筹借。

如果得不到想要的一切，也不要终日郁郁寡欢。看开些，对自己好一点儿。"不懂得知足的人即使拥有全世界也无法得到幸福。"伟大的古罗马哲人塞内卡曾经这样说过。

请记住，即使整个美国都是你的私人庄园，你一天也只能吃三餐，睡在一张床上。

「想要减少财务忧虑，请遵照下述十一个原则：

1. 坚持记账；

2. 按自己的需求合理制定预算；

3. 学会明智地消费；

4. 量入为出；

5. 如果需要借钱，借这个机会累积信用额度；

6. 为疾病、火灾等意外情况做好保障；

7. 不要让你的人寿保险以大额现金形式结算给受益人；

8. 让孩子养成正确的金钱观；

9. 开源节流，用烤箱挣点儿外快吧；

10. 永远不要赌博；

11. 如果财务状况无法改善，至少对自己好一些，不要为了无法改变的事情郁郁寡欢。」

# Chapter 10

"How I Conquered Worry" (32 True Stories)

# 32个战胜忧虑的真实故事

## 1 / 我遭遇了六记重拳

C.I.布莱克·伍德
戴维斯商学院经营者
俄克拉荷马州俄克拉荷马市

1943年的那个夏天,整个世界的重担仿佛突然压到我一个人肩上。

在那之前的四十年间,我过着无忧无虑的平顺生活,日常的烦恼无非是每位丈夫、父亲和生意人都会遇到的那些琐碎事。我通常能够从容化解这些问题,但是突然之间,生活给了我六记重拳。我整夜在床上辗转反侧,害怕天亮又要面对这些问题:

1. 由于男孩子们都上前线打仗了,我经营的商学院正在破产的边缘挣扎。女孩子不用上学就可以在军工厂找到工作,收入还远高于我们学校的毕业生。

2. 我的大儿子也应征入伍,我像全天下的父母一样日夜担心着自己的孩子。

3. 俄克拉荷马市近期开始大面积征收土地,预备建造机场,而父亲留给我的祖宅就在规划用地的正中央。政府只会补偿房屋价值的十分之一,更糟的是,我将无家可归。由于住房紧张,我担心找不到地方给一家六口遮风避雨。我担心我们很可能要住到帐篷里去,甚至连买不买得起帐篷都不知道。

4. 我家附近正在挖排水渠,导致我家的水井干涸了。由于土地即将被征收,挖口新井就等于白扔五百美元,非常不划算。因此两个月来，我每天都要早起去很远的地方，用木桶背水回来，喂养家里的牲畜。我担心战争结束前我要一直这么辛苦了。

5. 我家离商学院有10英里，而我的加油卡是B级，这意味着按规定我不能买新轮胎。所以我整天担心我那辆老福特车上的破轮胎罢工，让我没办法去上班。

6. 我的大女儿提前一年从高中毕业了。她一心想要读大学，但我没钱供她继续念书。如果她知道这件事，一定会心碎。

这天下午，我在办公室里忧心忡忡地枯坐良久，觉得我是世界上最烦恼的人。我把这些麻烦事一一列在纸上。如果能找到解决办法，我很愿意和这些烦恼做斗争，但问题是它们似乎完全超出了我的能力范围。我一筹莫展，只得把这张清单收了起来。几个月过去了，我都忘记自己还列过这么一张清单。

一年半以后，我整理文件的时候，又看到了这张纸。我兴致勃勃地读了又读，心中感慨良多——曾经让我茶饭不思的这六个烦恼竟然无一发生！

以下就是事情的后续：

1. 我对破产的担忧毫无意义，因为不久后，政府开始补贴愿意招收退伍士兵的院校，我的商学院很快招满了学生。

2. 我对长子的担忧毫无意义，因为他毫发无损地从前线回家了。

3. 我对土地征收的担忧毫无意义，因为在离我家1英里的地方发现了油田，用这片土地建机场的成本太高，征收取消了。

4. 我对缺水的担忧毫无意义，因为当我得知我家的土地不会被征用的时候，我花钱挖了一口新的深井，从此不必再担心用水。

5. 我对汽车爆胎的担忧毫无意义，因为我给轮胎做了翻新，开车时也十分小心，轮胎一直撑到现在。

6. 我对女儿念书的担忧毫无意义，因为在大学开学前的两个月，我奇迹般地找到了一份审计的业余兼职，这份工作让我有能力供女儿念大学。

我以前常常听人说，我们担心的事情99%都不会发生，当时我只是嗤之以鼻。直到我翻出一年半前那个苦闷的下午写下的清单，我才懂得了这句话的深意。

我很感激与这六个烦恼做斗争的那段日子，虽然徒劳无功，但那段经历教会了我毕生难忘的一课，让我知道为没发生的事情烦恼有多么愚蠢。那些尚未发生的事情不在我们的掌控范围内，并且或许永远都不会发生。

请记住，今天就是你昨天在担心的那个明天。不妨问问你自己：我怎么知道我在担心的这件事必定会发生呢？

## 2 / 从悲观到乐观只需一小时

罗杰·W.巴布森
著名经济学家
马萨诸塞州韦尔兹利山巴布森公园

每当我人生不顺，情绪陷入低落的时候，我都能够在一小时之内赶走忧虑，立刻让自己变成一个乐观主义者。

我的方法是这样的：我走进书房，径直来到放着历史类图书的书架前，闭上眼睛任意拿起一本书。无论它是普莱斯考特的《征服墨西哥》还是苏维托尼乌斯的《罗马十二帝王传》，我都会随机翻开一页,读上一个小时。读得越深入,我越能够认识到这个世界的苦难。战争、饥荒、贫困、瘟疫……天灾人祸在历史的字里行间肆虐,文明在危机中蹒跚前行。每次读了一小时历史书之后,我都会意识到现状再糟,也比历史上那些艰难的时刻要好太多。这让我有能力以正确的态度面对烦恼,并且相信世界尽管多灾多难,但越来越好。

这个方法值得用一整章来详述。读读历史书吧!纵观上下五千年历史,看看你的烦恼在永恒的世界面前有多么微不足道。

## 3 / 摆脱自卑

埃尔默·托马斯
美国参议员
俄克拉荷马州

十五岁那年,忧虑、恐惧和自我意识折磨着我。我身高1米88,体重只有107斤。和同龄人相比,我个子太高,又瘦得像麻秆。虽然长得高,但是我身体羸弱,不管是棒球还是田径都比不过其他男孩。他们总是嘲笑我,叫我"麻秆"。我烦恼得不敢见人,也确实很少见到别人。我家的农场离主干道很远,周围环绕着参天大树,从家走半英里才能看到路,我经常整整一周除了家人见不到任何人。

如果我任凭自己沉浸在恐惧和忧虑中无法自拔,我大概早就败给了生活。那时我总为自己瘦弱的身体怨天尤人,对任何事情都提不起兴趣,心中充满了说不出的羞愧与恐惧。我的母亲是个学校老师,所以她懂得我的感受。她告诉我:"孩子,你必须好好学习,既然身体成为你的障碍，你就应当用头脑谋生。"

然而父母没有能力供我念大学，我只能靠自己。我整个冬天都在森林里猎捕负鼠、臭鼬、貂和浣熊。春天我把兽皮卖掉，换来了四美元，又用这些钱买了两只小猪。我用剩菜和玉米喂养它们，第二年秋天卖了四十美元。筹足学费，我去印第安纳州丹维尔市的中央师范学院念书，每周要付一美元四十美分餐费，五十美分住宿费。我穿着母亲做的棕色衬衫（因为她觉得棕色不显脏）、父亲给的不合身的外衣和不合脚的长筒橡胶靴。鞋子本来就大，由于穿得太久，靴子外侧的松紧带又失去了弹性，穿在脚上总是要掉。我不好意思和其他同学来往，成天一个人躲在房间里学习。我最大的愿望就是脱下这些丢脸的衣服，堂堂正正地去商店买些合身的新衣。

不久后发生了四件事。这些事情帮助我摆脱了忧虑和自卑，其中一件事甚至完全改变了我的人生，给了我勇气、希望和信念。这四件事是这样的：

1. 在师范学校上了八周课之后，我就在资格考试中取得了三等证书，获得在乡村公立学校教书的资格。虽然证书的有效期只有半年，但是却证明了我的价值。这是在母亲之外，我第一次得到他人的认可。

2. 幸福山谷的一个乡村学校决定雇佣我，薪水每天两美元，一个月能拿到四十美元。这是我第二次获得他人的认可。

3. 一拿到第一份薪水，我就买了些能穿出门的新衣服。虽然只花了几美元，但那时的激动却是如今几百万美元也比不上的。

4. 我人生的真正转折点发生在一年一度的帕特南乡村集市，这也是我与自卑的斗争取得的第一次重大胜利。母亲鼓励我参加集市上的公共演讲比赛。一开始，这个想法对我来说简直是天方夜谭。我连跟别人说话的勇气都没有，更别提当着一群人演讲了。但是母亲对我的信心让我觉得心里难过,她把人生的全部希望寄托在我身上,坚信我未来一定能出人头地。而正是她的信念鼓励我报名参赛。我选择的演讲题目是"美国的人文与艺术"。虽然我对这个命题一无所知,但是这不要紧,我的观众对此也一无所知。

我记得我写了辞藻华丽的演讲词,对着大树和牛群一遍遍地背诵。我太想为了母亲好好表现,演讲的时候充满了感情。得知自己荣获一等奖的那一刻,我简直震惊万分。观众的掌声和欢呼声包围了我。曾经叫我"麻秆"的那些男孩走过来拍拍我的肩膀,对我说:"我就知道你能行,埃尔默!"母亲拥抱着我,眼中噙着泪。如今回首过去,我意识到在那次演讲比赛中获胜是我一生的转折点。当地报纸在头版头条报道了我的事迹,断定我的未来一定前程远大。我载誉而归,成了周围人关注的焦点,让我的自信心倍增。我知道假如没有赢得那次比赛,我大概永远也不会成为参议员。那次比赛开拓了我的眼界,让我第一次发现了自己的潜力,还为我的大学生活提供了全年奖学金。

从那以后,我愈加渴求更多的教育。1896年至1900年,我边教书边念书。为了支付德堡大学的学费,我当过侍应生、火炉工、除草工、记账员,夏天在麦田和玉米田里务农,还在道路施工的时候跑去当运碎石的临时工。

1896年,我只有十九岁,却已经做了二十八场演讲,为总统候选人威廉·詹宁斯·布赖恩拉票。为布赖恩助选的热情唤醒了我从政的愿望,促使我在德堡大学攻读了法律和公共演说两个专业。1899年,我代表大学来到印第安纳波利斯参加和巴特勒学院的辩论赛,辩题是"美国参议员应由普选产生"。在那之后,我又赢得了几次演讲比赛,并且成为1900届大学年报《幻景》和校报《守护神》的主编。

在德堡大学获得文学学士学位之后,我响应政治领袖霍勒斯·格里利"到西部去"的号召,去了西南部的俄克拉荷马州。当基奥瓦族、科曼奇族和阿帕切族的印第安保留地开放之后,我认领了一块地,在劳顿市开了一间律师事务所。我在俄克拉荷马州参议院任职十三年,在国会下议院工作四年。五十岁那年,我终于实现了一生的志向,于1927年3月4日被选为俄克拉荷马州参议员。由于俄克拉荷马及印第安人保留区于1907年11月16日成为美国的第四十六个州,我有幸继续获得州参议院、国会和美国参议院的民主党党内提名。

我讲这个故事绝不是为了吹嘘自己的成就,那都是过眼云烟,没人会感兴趣。回首往昔,当我穿着父亲扔掉的衣服和不合脚的长筒橡胶靴走在学校里时,心里的窘迫几乎摧毁了我的人生。我只希望我的经历能够给那些同样为忧虑和自卑苦恼的可怜的孩子们一些勇气和信念。

(原版编者注:年少时为不合身的衣服而难堪的埃尔默·托马斯,后来被选为美国参议院最佳着装人士)

## 4 / 住在真主的花园中

R.V.C.博德利
托马斯·博德利爵士的后裔,牛津大学图书馆创始人,著有《撒哈拉的风》《使者》等十四部著作

1918年,我远离自己熟悉的世界,来到非洲西北部,同阿拉伯人一起住在撒哈拉沙漠中。当地人称撒哈拉为"真主的花园",我就在

这座花园住了七年。我学会了游牧民族的语言，穿得同他们一样，吃得同他们一样，像他们一样生活，而他们的生活方式两千年来几乎从未改变。我养了羊，和阿拉伯人一起睡在帐篷里。我还深入了解了他们的信仰，并随后写了一本关于穆罕默德的书——《使者》。

和牧羊人一起浪迹天涯的那七年，是我一生中最宁静最满足的时光。

我的人生经历很丰富。我在巴黎出生，父母是英国人。我在法国住了九年，随后在英国伊顿公学念书，之后又考入桑德赫斯特的皇家军事学院。作为英国军官，我在印度驻守了六年。在履行军人的职责之余，我和当地人一起打马球、狩猎，探秘喜马拉雅山。第一次世界大战期间，我在前线冲锋陷阵，并在战争进入尾声的时候作为副武官参与了巴黎和平会议。当时的所见所闻令我在震惊之余深感失望。在西部前线浴血奋战的那四年，我坚信我们是为拯救文明而战。然而在巴黎和会上，我却看到自私的政治家要掀起第二次世界大战。每个国家都只顾着攫取自己的利益，国与国之间充满敌意与对抗，秘密外交的阴谋在会上重现。

战争、军队和社会让我厌倦，人生中第一次，我为了未来何去何从而彻夜难眠。英国政治领袖劳埃德·乔治鼓励我从政。我正考虑接受他的提议，却发生了一件奇怪的事情——我巧遇了人称"阿拉伯的劳伦斯"的泰德·劳伦斯。和他的交谈只有短短三分钟，却决定了我之后七年的人生的走向。劳伦斯是第一次世界大战中最具浪漫主义的偶像，他和阿拉伯人一起住在沙漠里，并且建议我也试试看。

一开始，这个建议听上去像是天方夜谭。但我已经下定决心要离开军队，走出自己的路。劳工市场上有成千上万失业者在找工作，雇主不愿意雇用像我这样的军官。所以我听从了劳伦斯的建议，去撒哈拉和阿拉伯人同住。我很高兴当时做了这个决定。这些阿拉伯人教会了我如何战胜忧愁。和所有虔诚的穆斯林一样，他们都是宿命论者。他们相信穆罕默德在《可兰经》中写下的每个字都是真主阿拉的启示，因此对《可兰经》中的这句"真主创造了人类，和人类的一切行为"深信不疑。他们平静地对待生活，即使遇到挫折也不慌不忙，从不自乱阵脚。他们知道注定的事情必会发生，除了真主，没有人能够改变任何事情。不过这并不代表面对灾难时要坐以待毙。有一次，灼热的西洛可风向撒哈拉沙漠袭来，怒吼着徘徊了三天三夜。风暴裹挟着撒哈拉的沙子横扫上百英里，跨越地中海，一直飘到法国的罗纳谷。燥热的西洛可风仿佛要把我的头发烧焦，让我喉咙干渴，眼睛灼痛，齿缝里都是沙子。我觉得自己像是站在玻璃厂的熔炉面前，整个人濒临崩溃，只是勉强维持神志。然而阿拉伯人却并没有抱怨。他们只是耸了耸肩，说道："这是天意。"

但风暴一过，他们就立刻采取行动。他们知道小羊羔在这样恶劣的条件下无法存活，只好宰杀了所有的小羊羔，希望以此拯救母羊。没有小羊拖累的羊群被赶向南方，寻找水源。牧羊人冷静地做着一切应当做的事情，没有忧虑，没有抱怨，也没时间为损失感到难过。部落首领说："不算太糟，我们并没有失去一切。感谢真主，我们还有一小半羊，可以重新开始。"

我记得还有一次，我们驾车横跨沙漠的时候，一个轮胎爆了。司机忘记提前把备胎补好，所以我们只有三个轮胎了。我又慌又气，情绪激动地问阿拉伯人该怎么办。他们提醒我生气也无济于事，只会让人更燥热。"爆胎是真主阿拉的旨意，没有人可以改变。"他们说。所以我们开着一个轮胎扁了的车缓缓前进。没过多久，车又停了下来——汽车没油了！首领只是淡淡地说了一句："这是天意。"没人埋怨忘记带足燃料的司机，大家只是心平气和地下车徒步，一路上还唱起歌来。

和阿拉伯人生活的那七年让我相信，欧美国家的无序、癫狂和神志不清是被称为"文明"的这种疲惫焦虑的生活的产物。

住在撒哈拉沙漠的那段时间，我无忧无虑。我在真主的花园中得到了心灵的平静和身体的安康。许多人绝望地找寻，却寻不着。

1919年8月那个炎热的午后，假如我没有和"阿拉伯的劳伦斯"谈话，那么我之后的人生将会完全不同。回首过去，正是这些在我控制之外的事件一次次改变了我人生的走向，阿拉伯人称之为"真主的旨意"。不管称它为什么，它都会对你产生影响。如今我已经离开撒哈拉十七年了，但我依然保持着从阿拉伯人那里学到的顺势而为的心态。这种人生哲学对心理的安抚效果远胜于任何镇静剂。

虽然你我既不是伊斯兰教徒，也不是宿命论者，但当灼热的风暴向人生袭来的时候，就让我们学会接受不可改变的事情吧。然后，努力拾起生活的碎片，重新向前。


## 5 / 赶走忧虑的五个方法

威廉·里昂·费尔普斯教授
耶鲁大学

费尔普斯教授过世前不久，我曾有幸和他倾谈过一下午。下面是我根据那次访谈笔记整理的费尔普斯教授赶走忧虑的五个方法。

——戴尔·卡耐基

1. 二十四岁那年，我突然视力下降，只要阅读三四分钟，双眼就像针刺一样疼痛。不看书的时候，眼睛也敏感得一点儿风都受不了。纽黑文市和纽约市最好的眼科医生对此都束手无策。每天晚上太阳落山后，我枯坐在屋子里最黑暗的角落，除了等着睡觉，什么也做不了。我吓坏了，害怕因此丢掉教书的饭碗，只能去西部当伐木工。然而奇怪的事情发生了，证明了精神力量对于身体疾患具有神奇的效果。那个漫长而痛苦的冬天，我双眼状况最糟糕的时候，我接到邀请，去大学给本科生做一次演讲。

演讲厅的天花板上装着巨大的环状煤气灯，强烈的光线让我双眼灼痛。坐在讲台上等待的时候，我不得不低头看着地板。但是在三十分钟的演讲过程中，我却丝毫感受不到痛苦，甚至连眼都不用眨。然而当会议结束时，我的眼睛又开始疼起来。

这次经历证明，亢奋的精神战胜了身体疾患。我想，如果某件事情能够让我专注得比三十分钟更久，比如一周，我的眼疾大概就能痊愈了。

后来我又有了一次相似的经历。坐船出海的时候，严重的腰痛让我走不了路，哪怕只是站起来都会诱发剧烈的痛楚。在这种状况下，我受邀在船上做了一次讲座。一开口说话，疼痛就离开了我的身体。我站得笔直，行走自如，滔滔不绝地讲了一个小时。讲座结束后，我轻轻松松地走回舱房，以为自己已经痊愈了。但是疼痛的缓解只是暂时的，刚一走进房间，腰痛就再次袭来。

这些经历让我了解到精神力量的重要性，同时也教会我，在有能力享受生活的时候，应当尽情珍惜。如今，我把每一天都当作人生的第一天和最后一天来对待。每天的生活冒险都让我感到兴奋，而处于兴奋状态中的人永远不会为烦恼所困。我热爱教育事业，并且写了一本名为《教学之趣》的书。对我而言，教学并不只是一份职业或一门艺术，而是我的全部激情所在。我爱教育，就像画家热爱绘画或歌唱家热爱歌唱一样。每天早晨一睁眼，我心里想的就是学生们快活的面庞。我始终认为，若想在人生中取得成就，激情是首要因素。

2. 我发现赶走烦恼的另一个方法是读一本引人入胜的书。年届六旬的时候，我一度抑郁了许久。那段时间，我阅读了大卫·亚历克·威尔逊的不朽著作《卡莱尔的一生》。我沉浸在这本书的阅读中，以至于把自己的抑郁情绪抛在脑后。

3. 另一段情绪低落的时间里，我强迫自己每天都让身体动起来。我每天早晨打五六场激烈的网球，然后洗澡、吃午饭，下午再打十八洞高尔夫。周五晚上，我跳舞直至第二天凌晨一点。我发现在大量流汗的时候，沮丧和烦恼也一同溜走了。

4. 我很早就懂得在匆忙、焦虑和高压下工作是一件愚蠢的事。我一直都奉行威尔伯·克罗斯的哲学。他担任康乃迪克州州长的时候，曾经告诉我："手边有太多事情要做的时候，我会先坐下来放松一个小时，抽抽烟斗，什么都不做。"

5. 有时候，耐心和时间是忧虑的解药。当我遇到困扰的时候，会换个角度这样问自己："两个月以后，现在的坏运气就烟消云散了，那我现在为什么还要为这件事忧虑呢？不如现在就用两个月之后的心态来面对这件事吧！"

费尔普斯教授的五个方法小结如下：

1. 充满激情，活得有滋有味。"把每一天都当作人生的第一天和最后一天来对待。"

2. 读一本有趣的书。"我一度抑郁了许久……阅读了《卡莱尔的一生》……我沉浸在这本书的阅读中，以至于把自己的抑郁情绪抛在脑后。"

263

3. 运动。"另一段情绪低落的时间里,我强迫自己每天都让身体动起来。"

4. 工作的时候心态放松。"我很早就懂得在匆忙、焦虑和高压下工作是一件愚蠢的事。"

5. 遇到困扰的时候,换个角度这样问自己:"两个月以后,现在的坏运气就烟消云散了,那我现在为什么还要为这件事忧虑呢?不如现在就用两个月之后的心态来面对这件事吧!"


## 6 / 熬得过昨天,就熬得过今天!

多萝西·迪克斯

我曾经在贫困和病痛的深渊中挣扎求生。人们问我怎么熬过来的时候,我总会这样回答:"我熬得过昨天,就熬得过今天。我不允许自己去想明天会怎样。"

我体会过困苦、挣扎、焦虑和绝望的滋味。我总是被迫工作到身体透支。过去的生活就像是战场的遗迹,充满死去的梦想、破碎的希望和幻灭的信念的残骸。我与命运搏斗,胜率渺茫,徒留满身伤痕,憔悴地渐渐老去。

但是我并不可怜自己。我不会为昨日种种伤心落泪,也不嫉妒那些不用经历这一切的女人。因为我真真切切地活过,而她们仅仅是生存而已。我举起生活的酒杯一饮而尽,而她们只是轻啜了杯上的浮沫。我知道她们一辈子也不会知道的事情,我见过她们一辈子也无法见到的风景。只有那些双眸被泪水洗过的女人,才能拥有宽广的视野，才能深刻地懂得世界。

我从这座名为艰辛的学校中毕业，学到了那些养尊处优的女人无法体会的哲理。我学会了活在当下，不再为了明天的烦恼连今天都过不好。对未来的忧虑让人们变得懦弱，而我却懂得不再畏惧。经验让我明白，当我恐惧的事情真正到来之时，我就会被赋予迎接它的能力和智慧。再没有什么小烦恼能够左右我的心情。如果你曾经亲眼看着幸福的大厦轰然倒塌，变成一片废墟，诸如佣人忘记放桌巾或是厨子弄洒了汤这样的小事又有什么关系呢？

我同样学会了不要对人抱有过高的期待。不太真诚的朋友和爱讲闲话的亲戚同样能让我得到快乐。更重要的是，我学会了幽默感。在同一件事面前，你可以选择痛哭流涕，也可以选择一笑了之。如果一个女人遇到困难没有歇斯底里，只是笑着打趣，那么再没有任何事情能伤得了她。那些艰辛困苦并不让我感到遗憾。正是这些经历让我触摸到真实的人生，真切地活过每一天。为此付出的代价是值得的。

多萝西·迪克斯用"活在今天的舱室中"这一方法战胜了忧虑。

## 7 / 我本以为自己看不到第二天的黎明

J.C.彭尼

1902年4月14日，一个年轻人用五百美元现金和价值百万美元的决心在凯默勒开了一家纺织品商店。凯默勒是怀俄明州的一个矿业小镇，人口只有一千，刘易斯与克拉克远征队在这里留下大篷车的轨迹。这个年轻人和妻子住在商店楼上的阁楼里，用大纸箱当桌子，小箱子当椅子。妻子帮丈夫站在柜台后招待顾客的时候，他们的孩子正裹在毯子里在柜台底下睡觉。如今，当初的小商店已经成为全球最大的纺织品连锁店——J.C.彭尼商店，这个年轻人的名字从此家喻户晓，一千六百家分店遍布全美各州。我最近同彭尼先生共进晚餐的时候，他向我讲述了人生中最惊心动魄的一刻。

——戴尔·卡耐基

多年前，我的人生经历过一段低谷。那段日子里，我充满忧虑和绝望。我的烦恼与公司无关，我的生意一直很稳定，并且蒸蒸日上。真正的问题在于1929年大萧条之前，我做了一些不明智的承诺，这给我带来了日后的麻烦。有些时候人们明明对发生的事情无能为力，却要因此背上黑锅。我烦恼缠身，整夜睡不着觉，甚至诱发了带状疱疹——一种十分痛苦的红色皮疹。我向埃尔默·埃格尔斯顿医生求助，他是我高中时代在密苏里州的同学，现在在密歇根州凯洛格疗养院工作。他警告我我的病情严重，必须立刻卧床休养，并要严格遵照医嘱治疗。不料治疗却不见效果，我的身体一天比一天虚弱。我身心俱疲，陷入绝望，看不到一丝光明，甚至找不到活下去的理由。我觉得自己在这个世界上连一个朋友都没有，甚至连家人都与我作对。一天晚上，埃格尔斯顿医生给我开了止痛药，但是药效很快过去了，我痛苦地醒来，坚信这就是我最后一个晚上了。我下了床，给妻儿写了诀别信，说我再也见不到第二天的阳光了。

第二天清晨醒来，我惊讶地发现自己还活着。我走下楼梯，听到小教堂里传来的歌声。每天早晨，那里都举行祷告仪式。直到现在，我都记得当时那首赞美诗："天父必看顾你。"我走进教堂，一颗伤痕累累的心沉浸在歌声、圣经解读课和祈祷文中。突然间，奇怪的事情发生了。我无法解释，只能称之为奇迹。我感到自己被从黑暗的牢笼中提起，拥入温暖明亮的光之中，仿佛从地狱走入了天堂。我第一次感受到天父的力量。我突然意识到，我应当对自己造成的烦恼负责，而天父和他的爱会帮助我。从那天开始，忧虑远离了我的生活。如今我已经七十一岁，而我一生当中最激动最灿烂的二十分钟，就发生在那天清晨的教堂中："天父必看顾你。"

J.C.彭尼学会了如何立刻应付烦恼，因为他发现了最完美的解药。

## 8 / 烦恼就去健身吧

科洛内尔·埃迪·伊根
纽约律师、纽约州竞技委员会罗氏奖学金主席、前奥林匹克轻量级世界冠军

每当我为某件事烦心或者钻牛角尖的时候，运动能够帮我赶走这些烦忧。我有时跑步，有时去郊外远足，有时打半小时沙袋，有时去健身房打壁球。不管做什么，运动都能让我精神面貌焕然一新。周末我会做更多运动，比如打高尔夫、打板网球，或是去阿迪朗达克山脉滑雪。身体上的疲倦会让我的思绪暂时远离法庭，当我重新回到工作岗位上的时候，往往头脑清醒，精力充沛。

在纽约工作期间，我也会忙里偷闲去耶鲁俱乐部健身房运动一小时。打壁球或是滑雪的时候，人们会忙于眼前的事情，没有工夫忧虑。于是烦恼的高山就会变成矮小的山丘，迅速被行动和思想抚平。

我发现忧虑的最佳解药就是运动。烦恼的时候，少用脑，多运

动，结果会让你大吃一惊的。这个方法对我很有用，每次我一开始运动，忧愁就消失得无影无踪了。

## 9 / 走出焦虑

吉姆·伯索尔
马勒公司工厂主管
新泽西州泽西城鲍德温大街180号

十七年前，我在弗吉尼亚州黑堡的军事学院读书的时候，就以焦虑失常在学校里出了名。我的焦虑严重到需要送医。由于焦虑发作得过于频繁，学校医务室甚至给我留了一个床位。护士一见到我走进医务室，就会跑过来给我打针。所有的事情都让我忧虑，有时我甚至都忘了自己到底在为哪件事忧虑。我物理考试和几门其他课程都没及格，但是成绩至少要是"良"才能毕业，因此我担心学院把我扫地出门；我患了急性消化不良和胃溃疡，因此担心我的健康；我没钱给女朋友买东西，也不能经常带她去舞会，因此担心她会嫁给其他学员。这些无形的烦恼让我忧心忡忡，日夜心神不宁。

绝望中，我向教企业管理课程的杜克·贝尔德教授倾诉了我的问题。

和贝尔德教授交谈的十五分钟对我的影响超过了大学的这四年，对我的健康和幸福产生了深远影响。他对我说："吉姆，你应当坐下来，冷静地面对现实。如果你能把一半用于担心的时间用在解决问题上，你就不会再有任何烦恼了。忧虑只是你自己养成的一个坏习惯。"

他教给我改变忧虑习惯的三个步骤：

步骤一：判断引起忧虑的事情是什么；

步骤二：找出问题的根源；

步骤三：立刻着手解决问题。

见过贝尔德教授之后，我做了一些积极的计划。我不再纠结于物理考试挂了科这件事，而是直接问自己为什么没通过考试。当时我是《弗吉尼亚科技工程师》的主编，我知道挂科不是因为我笨。

我意识到挂科是因为我对物理根本不感兴趣。作为一名工业工程师，我觉得这门课对我的实际工作毫无帮助。但是现在我改变了自己的态度。我对自己说："如果学校的教授们把物理这门课程列为毕业的先决条件，我又有什么资格质疑他们的智慧呢？"

我重修了物理，把抱怨和忧虑的时间用于勤奋学习，顺利通过了考试。

为了解决财务问题，我找了好几份兼职，其中包括在学校的舞会上卖饮料。我还向父亲借了一笔钱，毕业之后很快就归还了。

爱情的忧虑也迎刃而解。为了不再担心我心爱的姑娘嫁给别的学员，我向她求了婚。她现在是伯索尔夫人了。

如今回过头来看，我当时的问题核心就在于不愿意直面现实。一旦找出问题的根源，烦恼也就烟消云散了。

**吉姆·伯索尔学会了通过分析问题来战胜忧虑。他正是使用了本书中提到的方法。**

## 10 / 这句话给了我生活的勇气

约瑟夫·R.西族博士

新不伦瑞克神学院院长（美国历史上最悠久的神学院，1784年建立）

多年前的那段日子，我的人生充满幻灭与未知，似乎一切都不受自己掌控。一天清晨，我偶然翻开《新约全书》，目光落到这句话上："那差我来的，与我同在。上帝没有撇下我，让我独自一人。"从那一刻开始，我的人生就此改变，一切都不再相同。每一天，我都对自己默诵这句话。这些年来，有许多人来向我寻求帮助，我都会转告他们这句话。从我的目光与这句话接触的那一刻开始，它就成了我的依靠。我与这句话同行，并且从中汲取了安宁与力量。对我而言，这句话就是信仰的本质，也是人生意义的基础。它是我人生的信念。

## 11 / 从人生的低谷中爬起来

泰德·埃里克森
国家上釉压模公司南加州代表
加利福尼亚州贝尔弗劳尔南科努塔街16237号

我曾经是一个杞人忧天的人，但如今再也不是了。1942年夏天的经历让我的人生从此远离忧虑，也让任何烦恼都变得无足轻重。

多年来，我一直梦想在阿拉斯加的渔船上过一个夏天。于是1942年，我到阿拉斯加卡迪亚克应聘，上了一条三十二英尺的鲑鱼船。这种尺寸的渔船只配备三名船员：负责监督指导的船长、船长助手和一个苦力，苦力通常是斯堪的纳维亚人。我就是那个苦力。

由于捕捞鲑鱼必须顺应潮汐，因此我一天得工作二十小时。我这样连续工作了一个星期，洗船、放齿轮、在狭小的船舱里用柴火煮饭，所有其他人不愿意做的脏活累活都交给我，发动机的热气和烟熏得我几乎生病。我洗碗、修船、把鲑鱼送到联络船里，联络船再把鲑鱼送到罐头厂。我的靴子里总是有水，但是我没时间清理，双脚一直泡在水里。但和我的主要工作比起来，这些都是小菜一碟。我的主要工作是把脚放在船头，用力把浮子和网拉回。听上去很简单，但实际上，渔网沉得超乎想象，不管我怎么使劲，它都纹丝不动。我没有拉动渔网，船却因为反作用力而越来越近——我竟然拉动了船！这份工作我坚持了几周，到工期结束时，我自己也快完蛋了，浑身上下疼了好几个月。

当我终于有机会休息的时候，也只能睡在食品柜上一个潮湿得结了块的破床垫上。我把床垫里的一大块湿海绵垫在后背，睡得像是整个人被推揉了一天一样——我确实是被精疲力竭地推揉了一天。

如今我反而很感谢精疲力竭的那段时间，正是那段经历帮助我停止了忧虑。现在我遇到问题的时候，不会感到烦闷，而是问自己："埃里克森，这件事有当初拉网那么费劲吗？"而我的回答一定是："不可能，没有任何事会比拉网还费劲了！"所以我就会振奋起来，鼓足勇气面对这件事。我相信时不时地有一段苦闷的经历对人是有益的。这样的经历让人知道自己有能力熬过人生谷底，也让日常的烦恼变得无足轻重。

## 12 / 我曾是全世界最蠢的人

珀西·H.怀廷

271

戴尔·卡耐基总经理

纽约州纽约市东42街50号

我因为各种疾病"死"过的次数比任何人都多。

我的臆想症与他人不同。我父亲开了一间药店，我从小在药店中长大。我每天都和医生护士聊天，所以我知道许多别人不知道的可怕疾病的名称和症状。所以我的臆想症与他人不同——我真的会有症状！只要我担心自己患了某种病，一两个小时之后，我就会发现自己真的有这种病的症状。还记得有一次，在马萨诸塞州大巴灵顿，严重的白喉疫情席卷了我住的小镇。受感染的家庭纷纷来药店里找我买药。于是我恐惧的事情发生了——我坚信自己也被传染了白喉。睡觉的时候我辗转反侧，愁得浑身不适。我派人去请医生，医生检查之后对我说："是的，珀西，你被传染上了。"确诊之后我反倒觉得解脱了，不再疑神疑鬼，所以我又回去睡觉了。谁知第二天早晨起来，我的症状消失了，健康得不能再健康。

好长一段时间，我因为经常患上不同寻常的疾病而收获了许多关心和同情，单单是破伤风和狂犬病就让我收到过好几次死亡通知书。后来，我专注于得各种"普通小病"——癌症和肺结核是我的"特长"。

现在说来都是笑谈，但对当时的我而言简直是人生灾难。这些年来，我活得战战兢兢，觉得自己时刻在死亡的边缘徘徊。开春该买换季的衣服时，我会问自己："你大概都活不到穿新衣服出门，还要浪费这个钱吗？"

不过现在，我很高兴宣布我的进步：过去十年，我再也没有"死"过。

我是怎么"痊愈"的呢？通过自嘲，我把自己从荒诞的臆想中解放出来。每次我发现可怕的症状有兆头了，我就会这样笑话我自己："喂，怀廷，过去二十年你一直为了这样那样的疾病死去活来的，但现在你却健康得不能再健康了。你也去保险公司买了新的人寿保险。怀廷啊，是时候笑话笑话你这个爱焦虑的蠢货啦！"

我发现一个人在自嘲的时候就没空烦恼了。从那以后，我再也没有忧虑过。

**问题的关键就在于：不要太把自己当回事。对于那些愚蠢的烦恼，试着一笑置之，这些忧虑就会烟消云散了。**

## 13 / 给自己留点余地

吉恩·奥特里
**全球最受人喜爱的牛仔歌手**

我发现人的大部分烦恼都与家庭矛盾和金钱有关。我很幸运，我太太来自俄克拉荷马的小城镇，和我背景相仿，并且和我有同样的兴趣爱好。我们都坚守婚姻的原则，因此把家庭矛盾降到最低。

通过下面两个方式，我把财务烦恼同样降至最低。第一，凡事做到百分之百的诚信。如果不得已需要借钱，就不要少还一分钱。不诚信引发的烦恼比任何事情都多。第二，当我做新投资的时候，我总是留有余地。军事专家说，打胜仗的首要原则就是保证补给。我意识到在个人的战役中，这一原则也同样适用。在我长大的得克萨斯州和俄克拉荷马州，旱季来临时，耳闻目睹的都是贫穷。我们艰难谋生，父亲不得不把马车开到集市上，用马匹换些粮食勉强度日。我不想这样过日子，于是在铁路公司找了份车站管理员的工作，并在业余时间学习电报。不久后，旧金山铁路部门刚好需要一位替补电报员，只要有员工生病、请假或是缺人手，我就被派去换班。当时我的月薪是一百五十美元。后来，当我开始寻求更好的机会时，我也始终觉得铁路工作能够给我经济上的安全感。因此我总是给自己留着这条退路。这就等同于我的供给链，除非我在新的职位上牢牢站稳脚跟，否则我总会为自己留有余地。

举个例子吧，1928年，我还在俄克拉荷马州切尔西市担任替补电报员。有天晚上，一个陌生人走进来发电报。他听到我正弹着吉他唱歌，称赞我唱得很棒，说我应该去纽约发展，找份演艺或者电台相关的工作。我自然受宠若惊，而当我看到他在电报上签的名字的时候，我不由得屏住了呼吸——他正是大名鼎鼎的歌星威尔·罗杰斯。

我没有立即杀到纽约去，而是慎重地考虑了九个月。最后我想，反正去纽约也不会有什么损失，说不定有机会发展，不妨去碰碰运气。由于在铁路工作，我有铁路直通卡，省了一笔交通费。所以我带了三明治和水果当饭，在火车上坐着睡觉。

于是我到了纽约。我租了带家具的房间，每周花五美元。整整十个星期，我在自动售货机上买速食充饥，在大街上漫无目的地游荡，却一无所获。如果没有那份铁道的工作保底，我大概早就愁出毛病了。当时我已经在铁道工作了五年，老员工有停薪留职的特权，但停工时间也不能超过九十天。在纽约待了七十天之后，我不得不赶回俄克拉荷马复职，以保证我的"供给链"不断掉。我勤勤恳恳地工作了几个月，攒了些钱，又跑回纽约碰运气。这一次时来运转了。一天，我在录音棚等着面试的时候，弹着吉他给前台的女孩唱了首歌："珍妮，我梦见了丁香时节。"正唱着，这首歌的作者纳特·希尔德克劳特刚巧走进办公室。

他自然很高兴听到有人唱他写的歌。于是他给我写了介绍信，送我去维克多唱片公司灌了张碟。当时我既拘谨又难为情，表现得不怎么样。在工作人员的建议下，我又回到俄克拉荷马州的塔尔萨市，白天在铁路工作，晚上在电台节目中唱歌。这样的安排对我而言很理想，我能在唱歌的同时保证我的供给，没有任何后顾之忧。

我在塔尔萨市的KVOO电台唱了九个月。那段时间，我和吉米·朗写了一首名为《我白发苍苍的父亲》的歌，没想到一炮而红。美国唱片公司总裁亚瑟·赛瑟利邀请我录唱片，唱片大获成功，于是我又录了更多唱片，每张唱片收入五十美元。后来，芝加哥的WLS电台邀我在节目中唱歌，周薪四十美元。在WLS唱了四年后，我的薪水涨到九十美元。此外，我还通过每晚在剧院演出挣了三百美元外快。

1934年，一次机会为我开启了人生的更多可能性。那一年成立了旨在扫清电影不文明行为的高尚联盟组织。于是好莱坞制片人决定转而制作牛仔影片，他们想找一位新式牛仔——会唱歌的那种。那时，美国唱片公司的老板正好也是共和影片的合伙人。他告诉同事："如果你们想找唱歌好的牛仔，我们唱片公司倒是有一位。"于是我就这样闯入了电影界，开始拍摄牛仔电影，周薪一百美元。虽然我很怀疑自己做这行能否成功，但是我并不忧虑。我知道就算不行，我也可以重拾老本行。

我在银幕上的成功大大超过我的预期。如今我年薪一万美元，参演影片另有半数利润入囊。我知道这样的机会不会总有，但我也从不担心。不管发生什么，就算我重新变得一贫如洗，我也随时可以回到俄克拉荷马州，在旧金山铁路找到工作。我一直保护着自己的这条供给链。

## 14 / 我听到一个声音

E. 斯坦利·琼斯
美国最活跃的演讲者,最著名的传教士

我人生中有四十年在印度传教。一开始,这项伟大使命带来的压力和当地炎热的气候让我觉得难以忍受。大脑疲劳和神经衰弱折磨着我,第八个年头结束的时候,我已经崩溃了若干次。我听从安排,回美国休假一年。在回美国的船上,我在主持周日早礼拜的时候又一次崩溃了,船上的医生命令我整个行程都卧床休息。

回美国休整了一年之后,我在重返印度的途中取道菲律宾首都马尼拉,为大学生主持福音布道会。布道会的高强度让我又心理崩溃了好几次。医生警告我,如果回到印度,我会有性命之虞。我不顾他们的警告,坚持回到了印度,但心头却始终笼罩着乌云。终于到了孟买的时候,我身心俱疲,直接躲到深山里休养。几个月后,我重返平原想继续工作,但却对自己无能为力。我又一次崩溃了,被送回山里继续休养。重返工作的结果依旧是发现自己做不到。我精疲力竭,心力交瘁,担心我的余生就此成为废人。

如果再得不到帮助,我大概只能放弃传教士生涯,回美国找个农场边工作边养身体。那段日子真是我人生中最黑暗的时光。那时我正在勒克瑙主持布道会,一天晚上祈祷的时候,发生了一件事彻底改变了我的人生。祈祷时我并没有刻意去想自己的烦恼,但是我仿佛听到一个声音在说:"对于我召唤你来承担的这个使命,你准备好了吗?"

我回答说:"主啊,我已经达到极限,筋疲力尽了。"

这个声音又说:"如果你愿意把苦恼交付给我,不再担忧,就让我解决这件事吧。"

我立即回答:"主啊,我愿意听从你的指引。"

那一刻,安宁充盈着我的内心,弥漫到我的全身。我知道这件事结束了,迎接我的将是丰富充盈的生活。那一晚,独自走在回家的路上,我的脚步轻盈得几乎要跳起来,脚下的每一寸土地都是圣地。那之后的数日里,我几乎感觉不到疲倦。我从白天工作至深夜,过了睡觉时间也一点疲劳的迹象都没有。安宁和休憩充盈着我,我知道那是耶稣基督对我的恩赐。

我曾经犹豫是否应当把这段经历公之于众,起初我有些畏惧,但是我觉得我应该讲出来,把成功或失败交由大家评判。在那之后的二十多年,我的工作更加艰苦,但是老毛病再没有犯过。我的健康状况从来没有这样好过。不仅是身体,我的心灵似乎都达到了新的境界。那次经历过后,我的生活上了更高的层次,而我要做的只是打开心扉接受它。

过去这些年,我游遍世界,经常一天做三次演讲,还在空闲时间写了《印度之路的耶稣基督》和其他十一部著作。与此同时,我从未缺席过任何约定的工作。曾经困扰我的烦恼已经消失很久,如今,在我六十三岁这一年,我精力充沛,心中充满了服务他人的喜悦。

我经历的改变或许经不起理性的解释,但是这没有关系。生命如此宏大,不应当去剖析、加工或贬低这段经历。

我只清楚地知道一件事:三十一年前,在勒克瑙的那一夜,我的人生被彻底改变了。那天,我在虚弱和沮丧的深渊中听到一个声音说:"如果你愿意把苦恼交付给我,不再担忧,就让我解决这件事吧。"而我答道:"主啊,我愿意听从你的指引。"

## 15 / 警长走进我家前门

霍默·克罗伊

小说家

纽约州纽约市平赫斯特街150号

我生活中最苦涩的一天发生在1933年。那天，警长从前门走进来，而我从后门黯然离去。从那一刻起，我在长岛森林山斯坦迪什街10号的家再也不属于我了。我们一家人已经在这里一起生活了十八年，我看着孩子们在这里长大，做梦也没有想到会发生这样的事情。十二年前，我以为自己站在世界之巅。好莱坞出高价购买了我创作的小说《水塔以西》的影视改编权。我带着家人在国外逍遥了整整两年，像那些悠闲的富豪一样，夏天在瑞士消暑，冬天在法国蔚蓝海岸避寒。

我在巴黎住了六个月，创作了新书《他们得去巴黎瞧瞧》。这本书同样被搬上了大银幕，威尔·罗杰斯是男主角，这是他的首部有声电影。好莱坞高价邀我留在影视圈，为威尔·罗杰斯量身定做电影剧本，但我拒绝了。我回到纽约，没想到麻烦就此开始。

我渐渐觉得自己还有好多尚未被开发的潜能，开始幻想自己在商界叱咤风云。有人告诉我，约翰·雅各布·阿斯特在纽约投资土地挣了百万美元。我不以为然地想：阿斯特是谁？不过是一个做小买卖的新移民罢了，说话还有口音呢！连他都能做成，我为什么不行？我要发财了！我甚至开始看那些游艇杂志。

那时的我真是无知者无畏。我对房地产的了解就像爱斯基摩人对火炉一样一窍不通。那我是怎么得到启动资金，义无反顾地投身投资领域的呢？很简单，我抵押了房子，买下森林山几块最好的建筑用地。我盘算着等土地价格上涨就高价出手，从此过上豪奢的生活——而我之前连块巴掌大的土地都没卖过。那些在办公室的格子间里为了微薄的薪水拼命干活的人让我觉得可怜。我洋洋得意地告诉自己，上帝并没有把投资的天赋赐给每个人。

然而突然之间，大萧条像堪萨斯的飓风一样向我袭来，我就像弱小的鸡舍一样在龙卷风中颤抖。

我每个月要把二百二十美元的血汗钱扔进不动产公司的血盆大口。刚还了钱，下个月就又逼近了。除此以外，我还要为抵押出去的房子还贷款，并想办法挤出饭钱。我整日忧心忡忡，试着写幽默短文给杂志投稿，但这种绝望的尝试就像《圣经》中的《耶利米哀歌》一样可悲。我卖不掉任何东西，写的小说也被拒稿，很快就分文不剩了。除了一台打字机和牙齿里的纯金填充物，我连能典当的东西都没有。牛奶公司很早就停止送奶了，燃气公司也停了燃气。我们只能去买了一个广告页上那种户外露营用的小炉子。我得手动把汽油泵上来，炉子才会像暴躁的山羊一样嘶嘶地吐出小火苗。

家里唯一的取暖装置就剩下壁炉了，可是煤块也烧尽了，卖煤的公司还把我们告上法庭。三更半夜，我偷偷摸摸地去富人在建的新宅子捡木板和废料。而我原本的计划是成为他们中的一员啊！

我心烦意乱，愁得整夜睡不着觉。我半夜爬起床，踱步几个小时，累得筋疲力尽，才能勉强睡上一会儿。

我失去的不仅是我购买的那些土地，还有我倾注其中的全部心血。

银行停了我的贷款，没收了我的家，把我和家人赶到大街上。

最后我们总算想方设法弄到了一点儿钱，勉强租了个小公寓。1933年最后一天，我们搬进了公寓。我坐在箱子上，环顾四周，想起了母亲常说的那句话:"不要为已经打翻的牛奶掉眼泪。"

但这不是牛奶,而是我的全部心血啊!

我坐了一会儿,然后告诉自己:"好,我已经跌入谷底,也已经熬到现在了。情况不可能再糟,接下来唯一的方向就是向上。"

我开始思考抵押贷款没从我这儿夺走的东西。我还拥有健康,拥有朋友。我会重新振作,不会再为过去苦恼。我要每天把母亲那句话对自己重复几遍。

我把用来忧虑的精力投入到工作中,境况渐渐地有了改善。对于曾经经历的痛苦,我现在几乎充满感激。这段经历给了我力量、勇气和自信。我尝过了跌入谷底的滋味,知道它不能击垮我,也知道我们拥有的能力远远超过自己的想象。如今,再遇到小麻烦的时候,我总会提醒自己那一年坐在箱子上对自己说的话:"我已经跌入谷底,也已经熬到现在了。情况不可能再糟了,接下来唯一的方向就是向上。"

这个故事的本质是什么呢?接受已发生之事,不要为打翻的牛奶哭泣。如果你已经跌入低谷,接下来唯一的方向就是向上。

# 16 / 最难对付的敌人

杰克·登普西

在职业拳击比赛生涯中,我发现忧虑是比任何重量级拳手更难对付的敌人。如果不想办法战胜忧虑,忧虑会蚕食我的活力,影响我的成功。所以我渐渐摸索出一套方法,其中的一些策略如下:

为了激励自己在赛场上的斗志,我会在比赛前给自己打气。比如说，与菲尔波对战的时候，我反复告诉自己："没有什么能阻止我。他伤不了我。他的出拳对我无效，我不会受伤的。不管怎样，我都要勇往直前！"这种积极的暗示占据了我的头脑，对我非常有帮助，让我甚至感觉不到对方的出拳。在职业生涯中，我曾经嘴唇破裂，眼皮受伤，肋骨折断，菲尔波也曾经把我打出拳击台，把场边记者的打字机撞得粉碎。但是我完全感觉不到菲尔波的哪怕一下重击。只有一次我感觉到了——那一晚莱斯特·约翰逊打折了我的三根肋骨。不过当时我并未觉得疼痛，只是因为影响了呼吸才有感觉。开诚布公地说，除了这一击，在拳击台上，我从未感受过任何痛楚。

另一个方法是不断提醒自己，烦恼是没有用的。我最焦虑的时候通常是临近大比赛之前的训练期间。一到晚上，我就躺在床上翻来覆去，担心到失眠。我害怕第一回合的时候就打断手、扭伤脚踝或是伤到眼睛，失去回击的能力。一发现自己陷入这种紧张情绪中，我就会起床走到镜子前，跟自己聊聊天。我告诉自己："为没发生的事情担心真是太傻了。你担心的事情可能永远不会发生。人生苦短，只有短短几年，尽情享受生活吧。"我又告诉自己："健康比什么都重要。健康比什么都重要。"我提醒自己失眠和忧虑会毁了我的健康，并且日复一日、年复一年地一遍遍重复这些话。这种态度最终改变了我的心态，把我的忧虑冲刷得一干二净。

第三个方法，也是最好的方法，就是祈祷。做赛前训练的时候，我每天都祈祷好几次。在拳击台上，我也会在每一回合铃响之前祈祷。祈祷给了我勇气和信心。用餐前和就寝前我也不会忘记感谢上帝。我的祷告收到了多少次回应呢？成千上万次！

## 17 / 我祈求上帝不要送我去孤儿院

凯思琳·霍尔特
家庭主妇
密苏里州大学城罗斯街1074号

孩提时代，我的生活充满恐惧。我母亲有心脏问题，我很多次看见她晕倒在地，我们都非常担心她有性命之虞。当时我们住在密苏里州沃伦顿市的小城镇，我知道所有失去母亲的小女孩都会被送到镇上的中央卫理公会孤儿院。一想到这一点，我就惊惧不安。六岁那年，我每天都祈祷："亲爱的上帝，请让我妈妈活得久一点，再久一点，让我长大成人，不用去孤儿院吧。"

二十年后，我的哥哥迈纳受了重伤，整日忍受着剧痛的折磨，两年后他离开了我们。当时他不能自主进食，也无法翻身。为了缓解他的痛苦，我每隔三小时就要为他注射吗啡，我坚持了两年，不分昼夜。那时我正在沃伦顿市的中央卫理公会大学教音乐。邻居们一听到我哥哥痛苦的呻吟，就会打电话到大学找我，我就会暂停音乐课，赶回家给哥哥注射吗啡。每晚睡觉前，我都会上好闹钟，确保自己每三个小时起床照顾哥哥。冬天的夜晚，我会放一瓶牛奶在窗外，牛奶会冻成雪糕。闹钟响的时候，窗外的那罐雪糕给了我额外的起床动力。

为了让自己不要自怨自艾或怨天尤人，我做了两件事。第一，我每天工作十二到十四小时，没时间再想自己的困难；第二，当我觉得难过的时候，我会一遍遍告诉自己："听着，只要你还能吃，能走，不受病痛折磨，你就是世界上最幸福的人了。不管发生什么，都不要忘记这一点！不要忘！"

我下决心要尽自己一切努力，培养一种感恩的心态。每天早晨起来，我都会感谢上帝让我的境遇没有变得更糟；我决定不管面对多少困难，我都要做整个沃伦顿市最快乐的人。也许我还没有成功达到目标，但是我确实成为镇上最懂得感恩的姑娘，大概没有人像我这样无忧无虑。

这位密苏里州的音乐教师运用了本书中的两个方法：她让自己忙得没时间担心，并且懂得珍惜自己的福分。同样的方法或许对你也有帮助。

## 18 / 解忧良方

卡梅隆·西普
杂志撰稿人

我在加利福尼亚州的华纳兄弟电影公司愉快地工作了许多年。我供职于宣传部门，负责写华纳兄弟旗下明星的特稿投放给报纸杂志。

我很快晋升成为助理宣传总监。确切地说，由于行政政策的调整，我的名衔实际上是听起来更响亮的"行政助理"。我得到了配有私人冰箱的巨大的独立办公室，有两位秘书辅助，并且管理着七十五名员工，其中包括作家、开发人员和电台工作人员。我心花怒放，直接去买了一身新套装。我开始居高临下地和人谈话，设置归档系统，全权做决策，并且像其他管理人员一样潦草吃过午餐就匆匆回去工作。

我自以为整个华纳兄弟的公共关系政策都要依赖我一个人。我还相信贝蒂·戴维斯、奥利维娅·德·哈维兰、詹姆斯·卡格尼、爱德华·罗宾逊、埃罗尔·弗林、亨弗莱·鲍嘉、安·谢丽丹、亚历克西斯·史密斯和艾伦这些明星的个人生活和公共形象全都掌握在我一人手中。

然而不到一个月，我就发现自己患了胃溃疡，甚至有可能是胃癌。

当时电影宣传者协会组建了战时协助委员会，我出任委员会主席。我很热爱这份工作，也很喜欢在例会的时候和朋友们见面。但是这些聚会却渐渐成了我的负担。每次聚会后，我都感到严重身体不适，常常要在回家的路上把车停在路边，喘口气才能继续开车。要做的事情太多，时间又太紧张。战时协调工作非常重要，我却能力不足。

我太老实了——而这也是我一生最大的心病。我身体出了毛病，失眠，精神紧张，变得消瘦，而痛苦却丝毫没有减轻。

一个做广告的朋友向我推荐了一位知名的内科医生。他说广告圈有许多人去找他看病。

这位医生说话言简意赅，只询问了我哪里不舒服和做什么工作两个问题。他似乎对我的工作比对我的病痛更感兴趣。但是我很快放了心。接连两周，我每天都被安排接受各种检查，问诊、探针、X射线、荧光镜轮番上阵。终于我被医生叫回去听诊断结果。

"西普先生，"医生悠闲地靠在椅背上，递给我一支烟，"我们已经做了彻底的检查。这些检查当然是必要的，但是我第一次问诊的时候就已经确定您并没有胃溃疡。

"我也知道，以您的个性和您的工作类型，如果我不给您看检查结果，您是不会相信的。那就让我们一起看看吧。"

他给我看了检查结果和X光片，向我逐一解释，证明我没有患胃溃疡。

医生又开口说道："虽然你花了不少钱做这些检查，但这是值得的。我的处方只有一个：别再操那么多心了。"

我正要开口反驳,他拦住了我:"我知道你一时半会儿还做不到,所以我会给你一些帮助。我给你开的这种药含有颠茄成分,你每天想吃多少就吃多少,吃完了我还可以再给你开。这种药有助于放松,而且对你没有伤害。

"但是请你记住:其实你并不需要吃药,只要停止忧虑就可以了。

"如果你再这样烦恼下去,很快又得回来找我。到时候我又要收你一大笔诊疗费了,你自己看着办吧!"

我希望他的告诫能够马上奏效,让我立刻停止忧虑。但事实上我一感到焦虑就开始吃药,接连吃了几个礼拜。这种药真的很管用,我一吃药就会觉得好多了。

但是对药品的依赖让我很看不起自己。我已经是个大人了,我像林肯一样高,体重将近两百磅,却要像疯女人一样必须依赖小白药片让自己放松。当朋友问我为什么要吃药的时候,我很不好意思告诉他们真相。渐渐地,我学会自嘲,告诉自己:"听着,卡梅隆·西普,你简直像个傻瓜一样。你太把自己和那点儿工作当回事了。在你接手宣传工作之前,那些明星就已经享誉全球了。就算你今天突然死掉,华纳兄弟和这些艺人离开了你照样可以正常运转。看看艾森豪威尔、马歇尔将军、麦克阿瑟、詹姆斯·杜立特和海军上将金吧,这些在前线冲锋陷阵的军人都不用吃什么药片,而一个小小的战时委员会主席的职务却让你胃痛得非要吃药不可。"

于是我渐渐摆脱了药片,并且以此为傲。我把这些药扔进下水道,每晚准时回家,在晚餐前小憩一会儿,渐渐找回了正常的生活。我再也没有去看那位医生。

当初的诊疗费看似昂贵,但实际上我的收获远超票价。他教会了我放松自己。我更感激的是,他当初并没有嘲笑我,也没有轻描淡写地说没有什么好担心的，而是认真对待我，给我留足了面子。他给我心灵的死胡同打开了一个出口，但是我和他彼此都心知肚明，真正的解药并不是那些愚蠢的小药片，而在于心态的改变。

这个故事建议我们读一读本书第七章，试着放松自己，或许你可以摆脱药片。


19 / 洗碗带来的灵感

威廉·伍德牧师
密歇根州夏利华县赫尔伯特街240号

几年前，严重的胃痛折磨着我。我疼得睡不着觉，每晚会醒来两三次。父亲因胃癌去世后，我很害怕自己也同样患了胃癌或胃溃疡。所以我去密歇根州佩托斯基市的伯恩诊所做检查。胃科专家利尔加医生给我做了荧光镜和X射线检查，给我开了帮助睡眠的药，并向我保证我的胃没有问题。他说我的胃痛是由精神压力引发的。鉴于我是牧师，他问我的第一个问题是："你们教会执事会里是不是有什么难缠的老顽固？"

他的意思我早就心知肚明——我给自己的压力太大了。除了每个礼拜日的布道会，我还承担了教堂的其他各种活动。此外，我还担任红十字会会长和吉瓦尼斯俱乐部主席。每周我还要主持两三场葬礼和其他活动。

常年在高压下工作让我得不到充分休息。我总是紧张、匆忙，渐渐对所有事都感到焦虑，生活变得一片混乱。于是我接受了利尔加医生的建议，每周一休息一天，渐渐减轻肩上的负担，减少参加活动的频率。

有一天，清理书桌的时候，我突然灵光一现。我看着桌子上的一摞布道词和便笺，知道它们已经是过去式了，于是把它们一张张揉起来扔到废纸篓里。突然，我停下来问自己："比尔，你为什么不像扔废纸那样把自己的忧虑一起处理掉呢？把过去的烦恼揉成一团，扔到废纸篓里吧！"有了这个启发，我感到突然卸下了肩上的重担。从那以后，我把这个想法变成了一项原则，要求自己把所有无法改变的烦恼统统扔进废纸篓中。

之后的某一天，我妻子洗碗的时候，我在旁边帮忙擦盘子。看着妻子边唱歌边洗碗，我突然又有了一个新想法。我心想："比尔，看看你妻子多开心。结婚十八年，她也做了十八年家务了。假如结婚的时候她看到未来十八年要洗的这些脏盘子摞得像小山一样，一定会被吓跑的。"

于是我告诉自己："妻子不把洗碗当成负担，是因为她一次只洗一天的碗。"我找到了自己的问题根源。我不仅在洗今天的碗，还想着昨天的碗和那些还没脏的碗。

我突然意识到自己有多可笑。每个礼拜日早晨，我站在讲坛上教导人们应当怎样生活，而自己在紧张和忧虑之中奔波不停。我为自己感到羞耻。

如今，忧虑已经不再是我的心病了。我不再胃疼，也不再失眠。我学会了把过去的忧虑揉成一团，扔进废纸篓，也不再为明天的"脏盘子"操心。

你是否还记得本书之前引用的这句话——"明日的负担与昨日的负担叠加在一起，会让背负二者的今日步履踉跄"。那么为什么还要这样做呢？

## 20 / 让自己忙起来吧

戴尔·休斯
公共会计师
密歇根州贝城南欧几里德街607号

1943年,我被送进新墨西哥州阿尔伯克基的退伍军人医院。我折断了三根肋骨,肺部也被刺穿。在夏威夷群岛参加海军两栖登陆演习的时候,我正准备从驳船上跳下来登陆沙滩,一个大浪袭来,掀翻了驳船,把我重重地拍到沙滩上。摔折的肋骨刺穿了我的右肺。

在医院躺了整整三个月之后,医生告诉我,我一点儿恢复的迹象都没有。这简直是我人生遭遇的最大的打击。我认真思考良久,意识到忧虑妨碍了我的康复。受伤前我原本活泼好动,但三个月来我每天躺在床上,除了胡思乱想无事可做。我越想就越担心,担心是否还能实现理想,担心我会不会变成残疾,甚至担心我还能不能娶妻生子,过上正常的生活。

我请求医生把我搬到隔壁病房。这间病房被戏称为"乡村俱乐部",因为这间病房里的病人想做什么就可以做什么。

在"乡村俱乐部",我对合约桥牌产生了兴趣。我花了六周时间学习入门技巧,和其他人切磋,并且阅读卡伯特森关于桥牌的著作。六周后,我几乎每晚都在打桥牌,雷打不断。我还爱上了油画,每天下午三点到五点,我都跟着一位老师学习。我画得越来越棒,你几乎都能看出来我画的是什么了。我还尝试了肥皂雕刻和木雕,读了几本相关图书后,我的兴趣愈加浓厚。我忙得没有时间再为自己的身体状况忧虑,甚至还挤出时间阅读红十字会发给我的心理图书。过了三个月，所有医护人员都来祝贺我"取得了奇迹般的康复"。这真是我有生以来听过的最暖心的话语，让我快乐得想要大叫。

我想说的是，当我躺在床上无所事事，整日为未来担心的时候，我一点儿康复的迹象都没有。是我自己用忧虑损害了身体健康，就连折断的肋骨都久久不能愈合。一旦我通过桥牌、油画和木雕转移了注意力，医生就宣布我"取得了奇迹般的康复"。

现在，我的生活健康快乐，肺部也再健康不过了。

**还记得萧伯纳是怎么说的吗？"痛苦源自有时间琢磨自己是不是快乐。"保持活力，让自己忙起来吧！**

## 21 / 时间会抹平一切

小路易斯·T.蒙坦特
市场销售分析师
纽约州纽约市西64街114号

十八岁到二十八岁原本应当是人生中最多彩多姿的十年，但忧虑让我损失了这十年大好光阴。

是我自己没有珍惜这些宝贵的时光，怨不得别人。

工作、健康、家庭、自卑……一切都让我感到忧虑。遇到熟人，我甚至会焦虑得躲到马路对面。因为太害怕被人冷落，就连在街上偶遇朋友，我也假装没看到。

我怕见陌生人，一有陌生人在场我就惊慌不安。由于没勇气向雇主表述我擅长做什么，我两周内失去了三个工作机会。

然而八年前的一天，我用了一个下午的时间战胜了忧虑，并且自那之后就极少再为任何事担心。那天下午，我到比尔的办公室拜访他。我的困扰在他面对的麻烦面前简直是小巫见大巫，而他却是我见过的最乐观的人。他在1929年挣了大钱，后来赔得分文不剩；1933年他东山再起，但很快又赔光了；1937年又是大起大落的一年。他经历过破产，被债主和宿敌找上门来。有些人在这么大的困难面前大概早就崩溃轻生了，他却云淡风轻地笑着面对。

坐在他办公室里的时候，我是多么羡慕他啊，多么希望上帝让我成为他那样的男子汉。

我们正聊着，他抛给我一封早上刚收到的信，说："读读看。"

这封信字里行间充满了愤怒，还充斥着让人难堪的质问。如果这封信的收信人是我，我肯定会情绪失控。我问他："比尔，你打算怎么回信呢？"

比尔说："这个嘛，让我告诉你一个小秘诀吧。下次你再遇到什么让你烦忧的事情，你就拿出纸笔，把这件烦心事仔仔细细地写下来。然后你把这张纸放到书桌右下方的抽屉里，过几周再拿出来看。如果那时候这件事还在困扰你，就把这张纸放回抽屉，再等上两周。这张纸安安稳稳地放在抽屉里，不会改变；但与此同时，那件烦心事却有可能改变许多。只要你有耐心，再困难的事情最终都会像气球一样自己爆掉。"

比尔的建议给我留下了深刻的印象。多年来，我一直遵从他的建议，结果真的极少再为什么事感到忧虑了。

时间是烦忧的解药。不妨等等看，说不定你担心的事情很快就会化解了。

## 22 / 直面最坏结果

约瑟夫·L.赖安
皇家打印机公司外事部主管
纽约州长岛市罗克维尔中心贾德森街51号

几年前,我在一场诉讼中成为证人,这件事让我感到严重的忧虑和紧张。诉讼结束后,我在坐火车回家的途中突发心力衰竭,呼吸困难,身体一下子垮了。

到家后,医生给我打了一针。我瘫坐在起居室的沙发上,连走到卧室床上的力气都没有。恢复意识后,我看到教区牧师竟然已经站在我面前,准备临终祈祷了。

我看着家人脸上的哀伤神情,知道自己命数已尽。医生告诉我妻子,我大概活不了三十分钟了。我心跳微弱,医生警告我不要说话也不要动,连手指都不能动。

我不是圣人,但我懂得不应和上帝争辩。所以我闭上双眼默默地想:"就按照你的旨意吧……如果命已至此,就按照你的旨意吧。"

我刚一想到这句话,就全身放松了。我不再恐惧。我问自己现在能发生的最坏结果会是怎样。最坏的情况大概就是痉挛发作,痛苦不堪,然后一切就都结束了。我将见到造物主,获得永恒的宁静。

我躺在沙发上等了一个小时,但是并没有感到疼痛。于是我又问自己,如果我活下去了,我该怎样度过我的一生。我下决心要重新找回活力,尽全力恢复健康,不再用压力和忧虑折磨自己。

这件事过去已经四年了。看到心电图显示的康复程度,我的医生感到十分惊讶。如今我对生活充满热情,再也不自寻烦恼了。但是我可以诚实地说，若不是经历过濒死的体验，并下决心改变，我大概也不会是现在的我。如果我没有接受最坏的结果，我大概早就自己把自己吓死了。

赖安先生如今生活无忧，是因为他运用了第二章的原则——直面最坏的结果。

## 23 / 摆脱忧虑的坏习惯

奥德韦·蒂德
高等教育董事会董事长
纽约州纽约市

忧虑是一种习惯，一种我多年前就已经摆脱掉的坏习惯。我的成功很大程度上要归功于以下三件事：

首先，焦虑是一种自毁，而我忙到没时间沉浸在忧虑中。我身兼三项工作，每一项的强度几乎都等同于全职工作——我在哥伦比亚大学教课，同时担任纽约市高等教育董事会董事长，此外还是哈珀·柯林斯出版集团旗下经济与社会学图书部门的主管。高强度的工作让我没时间自怨自艾或钻牛角尖。

其次，我很专注。当我从一项工作转向另一项工作的时候，我会把之前萦绕在脑海中的问题立刻抛开。我发现交替工作能够提高工作效率并且放松身心，让头脑更清醒。

最后，我要求自己一离开办公室，就把所有问题抛在脑后。每天总会有许多问题悬而未决，如果我每晚带着这些问题回家，为这些问题烦心，不仅对我自己的健康没有好处，反而会影响我处理问题的能力。

**奥德韦·蒂德是"四种良好工作习惯"方面的大师。你还记得是哪四种习惯吗？**

## 24 / 乐观使人长寿

康尼·马克

我打职业棒球已超过六十三年。19世纪80年代我刚入行，打比赛都没有薪水。我们在空地上打球，经常会被地上的铁罐头和马项圈绊倒。比赛结束后，我们把帽子递给观众募捐。由于寡居的母亲和年轻的弟弟妹妹都靠我养家，这份微薄的收入对我来说只是杯水车薪。有时，棒球队不得不举办草莓晚餐或是室外聚会才能勉强维持下去。

那时我有好多烦心事。我们球队已经连续七年垫底，没有任何棒球经理的成绩这么糟糕。我也是唯一一个在八年间输了八百场比赛的棒球经理。一连串失败让我愁得吃不下饭睡不着觉。不过二十五年前，我学会了战胜忧虑。如果不是那时候停止了忧虑，我大概早就离开人世了。

我出生的时候，林肯还是总统呢。回望漫长的一生，我相信是下述方法帮助我战胜了忧虑：

1. 我认识到忧虑是没有用的。忧虑不仅帮不到我，还会毁了我的职业生涯。

2. 我提醒自己忧虑会毁了我的健康。

3. 我忙着安排赛程，为未来的胜利而努力，没时间去想输掉的比赛。

4. 我制定了一项规则，赛后二十四小时之内绝口不提队员在比赛中犯的错误。早年间，我习惯和队员一起在更衣室里换衣服。每次输球，我都忍不住批评队员的表现，有时甚至会为了失利而大吵起来。然而当众批评队员只会令他难堪，徒增我的烦恼，也让对方产生抗拒情绪。既然我没办法在赛后管住自己的嘴，只好要求自己在赛事失利后不要去见队员。直到第二天，我才会和队员一起分析比赛。那时我已经冷静下来，队员犯的错误似乎也没有那么严重了，我可以心平气和地和队员们讨论，他们也更听得进去意见。

5. 我试着用赞扬的方式激励队员，表扬每个人的闪光点，不吹毛求疵打击他们的士气。

6. 我发现我越疲倦就越忧虑，所以每晚我会保证十小时睡眠，并在下午小憩一会儿。哪怕只休息五分钟，也对恢复体力有很大帮助。

7. 我相信努力工作能够让我远离忧虑并且长寿。我已经八十五岁了，除非记忆力跟不上了，否则我不打算退休。当我开始反复讲同一个故事的时候，我才会承认自己老了。

**康尼·马克从来没有读过《如何战胜忧虑》这本书，所以他自己找出了一些规律。你不妨也试着把那些对你有帮助的方法写在下面。**

我发现这些方法能够有效防止忧虑：

1._____

2._____

3._____

4._____

## 25 / 一次一个，先生们，一次一个

约翰·霍默·米勒
《审视自我》一书作者

多年前，我意识到逃避问题无济于事，然而改变心态能够有效地赶走忧虑。我发现忧虑并非源自外界，而是源自我的内心。

随着一年年过去，我大部分的烦恼会随着时间渐渐化解。事实上，我发现自己担心的事情通常过了一周时间就很难想起来了。所以我给自己定了个规矩：除非问题已经存在一周以上，否则不要为它烦忧。当然，如果让我每次都把问题抛在脑后，一周都不想起来，我也无法完全做到，但是我至少可以不让它控制我的心情。给自己规定的七天过去后，要么问题已经自行解决了，要么我已经改变了心态，烦恼不再让我觉得那么困扰。

威廉·奥泽尔爵士的哲理对我帮助极大。他不仅是伟大的医生，同样也是伟大的艺术家，他懂得世间一切艺术形式中最伟大的一种——生活的艺术。他的一句箴言对我摆脱忧虑产生了莫大的帮助。威廉爵士在一次为他举办的晚宴上曾经说过："如果说我今日有所成就，那一定是得益于专注当下的工作并且全力以赴，把其他的交给未来。"

我的父亲常常向我提起一只年迈的鹦鹉，这只鹦鹉说的话成为我处理问题的指南针。这只鹦鹉是宾夕法尼亚州一个狩猎俱乐部门口的吉祥物，父亲告诉我，每当俱乐部会员经过门口的时候，这只鹦鹉都会一遍遍重复它唯一会说的这句话："一次一个，先生们，一次一个。"父亲让我懂得，面对问题也要这样处理："一次一个，先生们，一次一个。"一次只处理一个问题这一方法让我在责任的巨大压

力和没完没了的事务面前能够保持沉着冷静。"一次一个,先生们,一次一个。"

我们再次验证了这一战胜忧虑的基本原则:"活在当下的密室中。"不妨翻到本书开头,重新读一读那一章吧!

## 26 / 只看绿灯

约瑟夫·M.科特
伊利诺伊州芝加哥市法戈街1534号

从小到大,我都是一个愁眉苦脸的人。我的忧虑多种多样,有些是真实的,有些是想象的。偶尔我发现自己竟然没有忧虑的时候,我又开始担忧自己是不是漏掉了什么事。

但是两年前,我开始了全新的生活方式。我全面分析自己的缺点和极少的优点,进行了一次大胆透彻的自我道德审视,终于清楚地意识到忧虑的根源。

那就是,我无法只为今天而活。我总是为昨天感到懊恼,为明天感到忧惧。

"今天就是我昨天担忧的那个明天",这句话我听过很多遍,但一点儿用都没有。有人建议我试着做二十四小时计划,因为只有当下这二十四小时在我的控制之内。他们说只要照做,我就能够让自己充分利用每一天,忙到完全没时间再担心昨天或明天。这个建议很有道理,但不知道为什么,我就是没办法把这些该死的理论付诸实践。

有一天,我突然灵光乍现,找到了问题的答案。你猜我是在哪儿找到的？1945年5月31日下午7时，在西北铁路上找到的。为什么我记得这么清楚呢？因为这是我人生中最重要的一小时。

当时我正要带一些朋友去乘火车。他们刚度假结束，要乘"洛杉矶城市号"火车返回。当时还在战争期间，车站人潮拥挤。我没有陪妻子上车送行，而是沿着轨道向车头方向漫步。我看看闪闪发亮的火车头，又看看铁轨前方那个巨大的信号灯。一开始灯光是黄色，一会儿就转成了明亮的绿色。与此同时，火车司机摇响铃铛，我听到了一句熟悉的话语："各位乘客请上车。"几秒钟后，巨大的火车驶出车站，踏上了2300英里的旅程。

我脑海中奇迹般地灵光一闪，思绪渐渐明朗。火车司机给了我苦苦追寻许久的答案。在漫长的旅途中，他只有看到绿灯才能继续行驶。如果我是他，我肯定希望旅途中一路绿灯，畅行无阻，但这当然不可能。然而荒谬的是我竟这样苛刻地要求自己的人生。我坐在人生的站台里，不做任何努力，只是无谓地希望未来一路畅通。

我的思绪继续飞驰。那个火车司机只关注眼前，不会担心几英里开外的问题。前方也许有延误，也许会被迫减速，但这不正是信号系统的意义所在吗？黄灯代表减速，放轻松；红色代表有危险，请停步。信号系统确保火车旅程安全无忧。

我问自己："为什么不给自己的人生也设置一套信号系统呢？"而答案是，其实我已经有了。上帝为我设置了这套信号系统。在他的掌控下，这套信号系统不会出错。我开始寻找我的绿灯。去哪里找呢？既然上帝创造了绿灯，不如问问他。

现在我每天早上都会通过祷告寻找当天的绿灯指示。有时我会遇到黄灯，让我放慢脚步；有时我会遇到红灯，让我在崩溃前稍作休息。自从两年前发现了信号灯的秘密之后，我就再也没有忧虑过。这两年来，我遇到了七百个绿灯，人生的旅途从此畅通无阻。我不再担心在人生的下一个路口会遇到什么颜色的信号灯，因为不管它是什么颜色，我都知道应当如何应对。

## 27 / 洛克菲勒延年益寿的秘密

约翰·D.洛克菲勒在三十三岁那年积累了他的第一桶金。四十三岁，他一手创建了标准石油公司，这个伟大的垄断性集团创造了新的辉煌。然而五十三岁那年，他却被忧虑击垮了。忧虑和高压的生活节奏毁掉了他的健康。他的传记作者约翰·K.温克勒写道，五十三岁的洛克菲勒"看上去像木乃伊一样枯槁"。

某种不知名的消化疾病让洛克菲勒掉光了头发和眼睫毛，只剩下一点点淡淡的眉毛。温克勒说："洛克菲勒的病情十分严重，甚至一度靠人奶勉强维持生命。"医生诊断他有秃头症，这种形式的秃顶一开始通常是精神压力诱发的。光秃秃的头顶看起来十分吓人，洛克菲勒不得不靠帽子遮掩。不久后，他定制了售价高达五百美元的假发，从那之后再也没有摘下过这顶银色的假发。

洛克菲勒原本有钢铁一样强悍的体格。他在农场长大，有一副宽厚的肩膀，身姿挺拔，步伐轻快，走起路来虎虎生风。

然而在正值盛年的五十三岁，洛克菲勒却身姿萎靡，步履蹒跚。洛克菲勒另外一位传记作家约翰·T.弗林写道："他看着镜中的自己，只看到一个老态龙钟的面庞。工作永不间断，忧虑永无休止。那些中伤、谩骂、失眠的夜晚与缺乏运动和休息"让洛克菲勒付出了代价，击垮了这位商界巨子。虽然他成为全世界最富有的人，但每天的饮食却连穷苦人都不如。当时他每周的入账高达一百万美元，但是他能吃下的食物连两元钱都用不了。医生只允许他吃酸奶和几块饼干。他面无血色，瘦得皮包骨头，只靠用钱买来的最好的医疗服务勉强维持生命。

是什么让他走到了这一步？忧虑、打击和高压生活方式。他亲手把自己送到了坟墓边上。早在二十三岁那年，他就形成了冷酷坚定的个性。那些了解他的人说："除非做成了一笔好买卖，他对任何事情都无动于衷。"如果挣了大钱，他会得意洋洋地把帽子抛在地上跳起吉格舞；但如果亏了钱，他竟会愁出病来。有一次，他通过水路运输价值四万美元的粮食，但没给货物上保险，因为他觉得一百五十美元的保险费不值当。不料当天晚上，剧烈的龙卷风席卷了伊利湖。第二天早晨，洛克菲勒的合伙人乔治·加德纳抵达办公室的时候，看见他正在焦虑地踱来踱去，担心货物蒙受损失。

"快，"洛克菲勒颤抖着说，"快去看看现在上保险还晚不晚！"加德纳火速赶到上城，买了保险。但当他返回办公室的时候，他发现洛克菲勒的焦虑更严重了。因为就在他买保险的时候，洛克菲勒收到电报，得知货物避开了龙卷风，已经成功抵达目的地。而洛克菲勒因为"损失"的这一百五十美元陷入了更严重的焦虑，不得不回家卧床休息。想想看吧，那个时候他公司每年的毛利率高达五十万美元，他却为区区一百五十美元担心得一病不起！

他没时间休息，也没时间度假，除了挣钱和在主日学校授课之外没时间做任何事情。他的合伙人乔治·加德纳花两千美元和其他三个人合伙买了一艘二手游艇。洛克菲勒得知后大吃一惊，并且拒绝坐他的游艇。一个星期六下午，加德纳发现洛克菲勒还在办公室里工作，请求道："来吧，约翰，咱们出海玩玩。这对你有好处。暂时把生意放在一边，找点儿乐子吧！"洛克菲勒却瞪着他警告说："乔治·加德纳，你真是我见过的最奢侈浪费的人。你这样做不仅是在透支你在银行的信用，也连累了我的信用。你要知道，这种做法会影响我们的生意。我不想坐你的游艇，我连看都不想看到它！"整个星期六下午，洛克菲勒都枯坐在办公室里工作。

这种幽默感的缺乏和短视贯穿了洛克菲勒的整个职业生涯。多年后他承认："我这辈子每天晚上睡觉前都在担心，我的成功很可能只是暂时的。"

尽管坐拥百万美元的产业，洛克菲勒却每天晚上都在担心损失自己的财产，难怪忧虑会毁了他的健康。他没有时间度假，不去剧院，不玩牌，也不出席任何派对。正如马克·汉纳所言，他简直成为金钱的奴隶："其他方面都很理智，唯独对赚钱狂热。"洛克菲勒曾经对俄亥俄州克利夫兰的一位邻居承认自己"希望被人喜爱"，但是他生性多疑，不近人情，几乎没人喜欢他。大名鼎鼎的企业家摩根原本有机会同洛克菲勒合作，但他轻蔑地说："我不喜欢这个人，所以不想和他打交道。"洛克菲勒的亲哥哥恨他入骨，以至于把自己早夭的孩子从祖坟里挪走了，说："我的亲骨肉在洛克菲勒的土地上无法安息。"洛克菲勒的员工和同事在他面前战战兢兢，而讽刺的是洛克菲勒同样也害怕他们——怕他们在公司之外"走漏风声"。

洛克菲勒对人性毫无信心。他和一位私人石油精炼商签署十年合同后，要求对方不得透露给任何人，连妻子都不行。"闭上嘴，干你的活去！"这就是他的座右铭。在事业的巅峰期，当黄金像维苏威火山的金色岩浆一样源源不断地进入他的保险箱的时候，他的私人世界却崩塌了。媒体纷纷抨击标准石油公司的强盗式暴利、与铁路公司的暗中勾结和对竞争者的无情碾压。在宾夕法尼亚州的油田里，约翰·D.洛克菲勒成为所有人憎恨的对象。那些被他压榨的工人把他的肖像挂起来唾骂，许多人想在他的细脖子上挂上绳索，把他吊在酸苹果树上。愤怒的信件涌入他的办公室，威胁要毁了他的生活。

洛克菲勒不得不雇了保镖，以防仇敌报复。他试着无视这排山倒海的仇恨，一度冷笑着说："你可以打击我，辱骂我，但我还是会走我自己的路。"但是他发现他自己终究只是凡人，受不了仇恨和忧虑。他的身体渐渐垮了。疾病这个新敌人从内部开始攻击他，让他茫然无措。一开始"他对身体偶尔的不适秘而不宣"，想对疾病置之不理，但是却无法掩饰失眠、消化不良和秃顶这些身体上的反应。终于，医生把这个问题摆在他面前：要么选择金钱和半生的忧虑，要么选择生活，只能二选一。医生警告他，如果再不退休养老，很快就是死路一条。于是他只得选择了退休。但是在他退休之前，忧虑、贪婪和恐惧已经毁掉了他的健康。

美国最富名望的女性传记作者伊达·塔贝尔见到洛克菲勒的时候大吃一惊，这样写道："他的脸苍老得可怖，简直是我见过的最老态龙钟的人。"

老态龙钟？麦克阿瑟将军英勇地夺回菲律宾的时候，比洛克菲勒还年长几岁呢。但洛克菲勒却衰老得让伊达·塔贝尔感到同情。当时伊达·塔贝尔正在撰写一部有力的著作，抨击标准石油这个"吸血虫"企业和它代表的强权。她不喜欢洛克菲勒，但当她看到洛克菲勒在演讲台上热切地望着听众的时候，她说："我突然产生了一种之前从未有过的感受，随着时间的流逝，这种感受越来越强烈。我为他感到可悲。我看到了他的恐惧，而再没有比与恐惧如影随形更可怕的事情了。"

医生试图挽救洛克菲勒寿命的时候，给他定了三个规矩。从那之后，洛克菲勒一直严格遵守。这三个规矩是：

1. 避免忧虑。无论发生什么，都不要烦恼。
2. 放松身心。多去户外做些温和的运动。
3. 饮食有度。吃到七八分饱即可。

约翰·D.洛克菲勒遵守了这些规定，这些规定也拯救了他。退休后他开始学习打高尔夫，并热衷于园艺。他和邻居闲聊、打牌，甚至唱歌。他的心态也渐渐地改变了。温克勒写道："在饱受病痛折磨的白天和无数个失眠的夜里，洛克菲勒有足够时间思考。"他开始想其他人。有生以来他第一次不再想自己能挣多少钱，而是开始思考金钱能为他人带来多少幸福。洛克菲勒开始投身慈善。这并不是一件简单的事。当他给教堂捐款的时候，神职人员怒斥他的钱是"脏钱"。但是他坚持行善。他听说密歇根湖湖畔的一所规模很小的大学经营艰难，由于贷款过多正面临倒闭，他就出手百万美元把这所学校从困境中解救出来，把它一步步打造成如今世界闻名的芝加哥大学。他关心黑人的遭遇，给塔斯基吉学院等黑人大学捐款，并为黑人化学家乔治·华盛顿·卡弗的研究提供资金援助。他同样为十二指肠病的治疗提供帮助。十二指肠病的权威查尔斯·W.斯泰尔斯医生说过："十二指肠病在南方肆虐，只要区区五十美分的药品就能够让病患痊愈，但是谁会为病人提供药钱呢？"洛克菲勒提供了药钱。他捐款百万美元用于十二指肠病，扑灭了美国南部人民面临的最大威胁。他做的远不止这些。他成立了伟大的国际基金——洛克菲勒基金——在世界范围内与疾病和愚昧做斗争。

写到他的这项成就，我思绪万千。我很可能欠洛克菲勒基金一条命。我还记得当我1932年去中国的时候，霍乱正在中国肆虐。中国的农民像草芥一样被纷纷夺去生命。在这种恐怖氛围中，我们得到机会，在北平的洛克菲勒药学院接受了抵抗瘟疫的疫苗。

中国人和外国人体质相同，我们这才保住性命。那时我第一次真正理解了洛克菲勒的百万美元为这个世界带来了怎样的改变。

洛克菲勒基金开创了历史先河，对社会的价值独一无二。洛克菲勒知道世界各地充满远见的先驱都在发起革命，做科学实验、建立大学、与疾病对抗，然而这类高尚的运动却常常因为缺乏资金而无法继续。洛克菲勒决定帮助这些人类先锋，不是管理他们，而是提供资金支持他们的事业。今天我们应当感谢洛克菲勒为盘尼西林及其他许多重要的科学发现提供了资助。我们还应当感谢洛克菲勒让孩童远离脊膜炎的威胁，而此前脊膜炎的致命率高达80%。人类在对抗疟疾、结核病、流行性感冒、白喉以及诸多疾病上取得的进展同样应当归功于洛克菲勒。

洛克菲勒从中又收获了什么呢？当他致力于慈善事业的时候，是否找到了内心的安宁？是的，他终于得到了真正的满足。"如果公众觉得年过六旬的他依旧介怀人们对标准石油的攻击，"艾伦·凯文斯说，"那他们就大错特错了。"

洛克菲勒的心态变得轻松愉快，再也不会为忧虑所困。面对事业上最大的一次打击时，他也不再会愁得整夜睡不着觉了。

当时，他建立的这座庞大的石油帝国面临"历史上最重的罚金"。美国政府裁定标准石油是垄断性企业，违反了反托拉斯法。这场诉讼历时五年。全美最好的律政精英都投入到这场历史上最漫长的诉讼之中，但最终标准石油还是输了这场官司。

当凯纳·索芒廷·兰第斯法官做出裁决时，洛克菲勒的辩护律师担心这位年迈的老人很难接受这个结果。但他们不知道老洛克菲勒已经不再是之前的自己。那天晚上，律师致电洛克菲勒，小心翼翼地告知他庭审结果，并且关心地说："衷心希望这个结果不会影响您的心情,洛克菲勒先生,希望不要影响您的睡眠。"

老洛克菲勒作做何回答呢?他当即朗声说道:"别担心,约翰逊先生,我会睡个好觉的。希望也不会影响您的心情。晚安!"

这还是那个曾经为了一百五十美元辗转反侧的洛克菲勒吗?是的,洛克菲勒用漫长的时间学会了战胜忧虑。他曾经在五十三岁时走到坟墓边缘,但是最终他活到了九十八岁高寿。

## 28 / 这本书让我的婚姻远离暗礁

无名氏

我不喜欢匿名,但是我要分享的这个故事太私密了,所以不能用真名。戴尔·卡耐基先生可以为这个故事的真实性作证。十二年前,我把这个故事告诉了他。

大学毕业后,我在一家大型工业集团工作。五年后,公司把我派到太平洋彼岸担任远东代表。启程的前一周,我结了婚,我的妻子是世界上最可爱最甜美的女人。但是我们的蜜月简直是一场悲剧。我们对对方都很失望,特别是她。这原本应是人生最激动人心的一次旅行,然而到了夏威夷的时候,旅行宣告失败。如果不是想在老朋友面前留一点儿面子,妻子伤心得差点儿自己回美国。

我们一起在东方度过了痛苦的两年。那时我抑郁得甚至想过自杀。然而有一天,我偶然读到的一本书改变了一切。我一直都喜欢读书,一天晚上,我拜访远东的一些美国朋友的时候,看到他们的藏书中有一本凡·德·维尔德博士写的《理想婚姻》。看书名像是一本伪善说教的书，不过我出于好奇还是打开了它。这本书开诚布公地探讨了婚姻中的性事，但一点儿都不粗俗。

如果有任何人建议我读一本探讨性事的书，我肯定会觉得受到了侮辱。读这种书？我自己都能写一本了！但是我自己的婚姻如此失败，我只好屈尊读一读这本书。于是我鼓起勇气问主人能不能把这本书借走一阅。后来我妻子也读了这本书。老实说，这本书成为我人生重要的转折点。它把一场悲剧的婚姻变成了充满幸福喜悦的陪伴。如果我有百万美元，我会毫不犹豫地买下这本书的版权，把它送给成千上万的新婚夫妇。

著名心理学家约翰·B.沃森博士曾经说过："性既是生活中最重要的课题，也是世间男女的幸福触礁的原因。"

沃森博士的言论虽然听起来偏激，但我相信这确是事实。如果他是对的，那为什么社会要允许成千上万对性事无知的人结为伉俪，亲手摧毁了幸福的可能？

若想知道婚姻究竟出了什么差错，我们应当读一读G.V.汉密尔顿博士和肯尼思·麦高恩博士合著的《婚姻出了什么问题？》。汉密尔顿博士用了四年时间研究婚姻中的问题，把研究成果写进了这本书。他说："如果有哪位心理医生声称婚姻的摩擦与性事不和谐没有关系，那他可就太大意了。如果性关系和谐，那么婚姻中的其他摩擦很容易被忽略。"

我自己的悲剧经历证明他是对的。

这本书拯救了我的婚姻。如今美国大部分公共图书馆或书店中都能找到凡·德·维尔德博士的这本《理想婚姻》。如果你想给新婚夫妇准备一份小礼物，不要送他们什么餐具，送他们一本《理想婚姻》吧。这本书对他们幸福的帮助会远远大于世界上的任何餐具。

## 29 / 不知道如何休息等同于慢性自杀

保尔·桑普森
直邮广告公司
密歇根州怀安多特市西克莫街12815号

六个月前,我开足了马力在生活的轨道上冲刺。我总是精神紧绷,从来不会放松自己。每天晚上收工回家,我都筋疲力尽,忧虑不安。为什么?因为从来没有人告诉过我:"保罗,你这样做等于慢性自杀。为什么不慢下脚步,放松放松?"

每天早晨,我飞快地起床,飞快地用餐,飞快地剃须,飞快地着装。我紧抓着方向盘,把车开得飞快,就好像我不抓着方向盘,它就会飞出窗外一样。我匆匆工作,匆匆赶回家,甚至连晚上睡觉也分秒必争。

底特律的一位著名心理专家告诫我要放松(顺便一提,他教给我的放松的方法和本书第24章所述相同)。他告诉我无论是在工作、开车、用餐还是准备入睡,我都不能忘记放松。他还说,不懂得放松神经就等同于慢性自杀。

从那以后,我开始在生活中练习放松。晚上睡觉之前,我会先有意识地放松身体和呼吸。过去我早上起来的时候总是疲惫不堪,如今精神饱满,这是一个很大的进步。现在我吃饭和开车的时候也会试着放松下来。当然,我开车的时候很警觉,但我学会了用头脑而不是用神经开车。最重要的放松地点是工作的时候。我经常停下手边的工作,检查自己是不是完全放松了。电话铃声响起来的时候,我不再一跃而起,紧张兮兮地抓起电话;和同事讨论的时候,我也变得心平气和。

结果如何呢？我的生活愉快多了，再也不会受到精神压力和忧虑的困扰。

## 30 / 生命的奇迹

约翰·伯格夫人
明尼苏达州明尼阿波利斯市科罗拉多街3940号

忧虑击垮了我。我思绪不安，充满困惑，觉得生活毫无乐趣可言。我精神紧绷，晚上睡不着觉，白天也无法放松。三个年幼的孩子分别住在亲戚家，都不在我身边。我丈夫刚从部队退伍，去了另一个城市，打算开一家律师事务所。那时正值战争后的恢复时期，不安全感和不确定性真真切切地向我袭来。

我的精神状况威胁着我丈夫的事业、孩子们对正常的家庭生活的渴望，也威胁着我自己的健康。我丈夫租不到合适的办公室，只能自己建房。我知道他们都指望着我快快恢复健康，但我越努力尝试，越害怕失败。随后，这种恐惧发展成了对一切责任的逃避。我连自己都无法信任，觉得自己是彻头彻尾的失败者。

当我走投无路，找不到任何办法的时候。母亲对我说的话让我至今感念，永远无法忘记。她鼓励我鼓起勇气回击。她批评我太容易放弃，不懂得控制自己的神经和心态。她激将我爬起床，为我拥有的一切而战。她一针见血地指出我总是轻易向困难缴械投降，习惯退缩而不是面对，逃避生活而不是努力把生活过好。

于是从那天起，我重拾战斗的勇气。那个周末，我告诉父母他们不用再照顾我，我要亲自照顾我的家人。我真的做到了。我独自照顾两个年幼的孩子，自己的精神状态也开始改善，吃得香，睡得好。一周后，父母回来看望我的时候，发现我正一边熨衣服一边唱歌。在生活这场战役中，我开始占据上风，重新找回了幸福感。我永远也忘不了生活教给我的这一课。如果困难看起来不可逾越，面对它，向它宣战吧！不要放弃！

从那之后，我强迫自己去工作，并且沉浸在工作中。我们一家人终于团聚了，我带着孩子搬进了丈夫的新家。我下决心要为这个温暖的家庭成为一个坚强快乐的母亲。我忙着做家庭计划，为丈夫和孩子精打细算，唯独忘了考虑自己。我忙得没有时间再关注自己。而真正的奇迹就这样发生了。

我越来越健康，每天早上起床都充满了生活的幸福感，愉快地开始规划新的一天。尽管也有不如意的时刻，疲惫时也难免感到沮丧，但是我会告诉自己不要乱想。渐渐地，不如意越来越少，最终彻底消失了。

时隔一年，如今我拥有事业成功的丈夫、美丽的家和三个活泼健康的孩子，哪怕一天在家忙上十六个小时，我都不觉得累。最重要的是我终于拥有了宁静的内心。

## 31 / 挫折

费伦茨·莫尔纳

匈牙利剧作家曾言：工作是最好的麻醉剂。

五十年前，身为物理学家的父亲赠予我的箴言让我受用至今。那时我正在布达佩斯大学攻读法律，一次重要考试的失利让我觉得没脸见人。为了逃避这种耻辱感，我投向失败最亲密的朋友——酒精的怀抱，用杏桃白兰地麻痹自己。

父亲出乎意料地来学校看望我。他像医生一样敏锐地发现了我的困境和我藏起来的酒瓶。我忍不住向他倾诉逃避的原因。

这位亲爱的老先生当即为我开出了药方。他告诉我，酒精和安眠药无法给我真正的安慰，任何药物都不行。世界上只有一种后悔药——工作。它比任何药物都更可靠。

父亲的话是多么正确啊！投入工作一开始或许困难，但早晚会取得成功。工作具备一切麻醉剂的品质。它能够让人养成习惯，一旦行为变成习惯，就很难再改变了。从那天起，我五十年如一日地工作，再也没有打破这个习惯。

## 32 / 我焦虑到十八天粒米未进

*凯瑟琳·霍尔库姆·法默*
*阿拉巴马州莫比尔市警长办公室*

三个月前，我担心得四天四夜没有睡觉，十八天粒米未进，闻到食物的味道都让我想吐。我当时痛苦得就像是在地狱走了一遭，找不到任何言语来形容。我觉得自己正在发疯和死亡的边缘徘徊，已经快要活不下去。

这本书成为我人生的转折点。过去三个月，这本书成了我的救命稻草。我研读每一页，绝望地在字里行间寻找全新的生活方式。而这本书对我的精神状况和心理稳定性的改变几乎让人难以置信。如今，我斗志昂扬地迎接生活的每一个挑战。我意识到过去把我逼入绝境的并不是眼前的困难，而是对昨日的懊恼和对明日的恐惧。

现在，每当我发现自己为任何事情忧虑的时候，我总会立即应用书中讲述的方法让自己战胜忧虑。如果手边的某件事让我精神紧张，我会立即着手解决这件事，然后把这件事彻底赶出脑海。

再度面对曾经让我发狂的问题时，我会冷静地用本书第二章描述的三个步骤解决。我首先问自己最坏的情况可能是什么，其次试着在精神上接受它，最后专注于问题本身，看看能否在接受最坏情况的前提下改善问题。

当我发现自己正在为无法改变的事情忧虑，不愿接受事实的时候，我会制止自己，重复这句祈祷词：

愿上帝赐予我安宁，
接受无法改变之事；
赐予我勇气，
改变能够改变之事；
并赐予我分辨二者的智慧。

这本书让我看到人生的全新可能，把我的生活变得闪闪发亮。我不再用忧虑自我折磨，毁掉自己的幸福和健康。现在我每天能睡足九个小时，懂得享受食物，生活的阴影就此烟消云散。我仿佛打开了一扇门，看到了生活之美，学会欣赏周围的世界。我感谢上帝赐予我如今的生活，让我能够生活在如此美好的世界里。

我建议你认真阅读这本书。把这本书放在床头吧,画出对你的问题有用的部分,研读它,使用它。这不是一本普通的读物,而是通向全新生活的指南!

(全书完)

## 译后记
## 从生存到生活

《人性的优点》又名《如何战胜忧虑，开创人生》，是戴尔·卡耐基继代表作《人性的弱点》之后最脍炙人口的作品之一，与前作一脉相承。《人性的弱点》旨在探讨如何洞察人性的弱点并影响他人，而《人性的优点》则着重于讨论如何克服自身弱点，摆脱忧虑并开创人生。人是社会性动物，现代人在嘈杂的社会中为自身扮演的多重角色与社会期望所困，几乎每个人都有过与忧虑抗争的经历，忧虑成为每个文明社会在发展过程中挥之不去的伴生品。早在20世纪40年代的美国，卡耐基就已经以其超越时代的前瞻性洞见了这一点，并提出了切实可行的应对方法。在当下的中国，戴尔·卡耐基的这本著作有着更现实的指导意义。

近三十年来，中国经济的飞速发展造成了对价值观的巨大冲击。时代的巨变导致心理的巨变，人们的心理与情绪跟不上社会与经济的变化，从而导致心态失衡，心理呈现断崖式落差。焦虑、抑郁、精神官能症等词汇从陌生甚至被排斥的专业概念成为尽人皆知的常识，不过是近十年间的改变。而这种焦虑与压抑尤以完整经历了这三十年变革的一代人多见。由于切身体会过饥饿、贫穷、动荡与匮乏，根植在记忆中的恐惧感促使这一代人本能地处于"求生存"的应激模式中，内心时刻充满不必要的焦虑。

卡耐基从乡下农场里长大的少年成长为美国国民性畅销书作家，深刻地懂得比智商及院校教育更重要的是情商以及情绪管理的能力。人生如潮汐，高低起伏本是自然节奏。没有低谷，高峰也就无从谈起；既然有喜悦微笑的时刻，就必然有痛苦落泪的时刻。忧虑与快乐是人生这枚硬币的两面。无论处于哪个年龄阶段，无论处于何种阶层，每个人都面对着各自的烦恼，即使亿万富翁也无法做到无忧无愁。而人与人的区别就在于，有人被忧虑击垮，成为情绪的奴隶；有人学会化压力为动力，不为情绪左右。负面情绪的存在是一种警示，提醒我们放慢脚步，将窥视他人生活的目光收回，聚焦于自己，聚焦于当下，积极寻求解决方案，给自己的心灵创造多一点儿自由。而心理健康如同身体健康一样，需要不断地重视、呵护以及积极锻炼。

在本书中，卡耐基反复强调，只有学会摆脱忧虑，才能真正开创生活。生存与生活只有一字之差，却有天壤之别。前者为现实奴役，而后者则将主动权牢牢掌握在自己手中。人生或许就是学习从前者走向后者的一场修行。在那些不得不咬着牙往前走的日子里，不妨观察你的忧虑，接纳它，引导它，把它视为成长的机会。

翻译这本书的过程中，恰逢自己人生中最重要的一个阶段。初为人母，面对生活方式与家庭关系的改变，难免有时惊惶，有时焦虑。而翻译每一章的过程，都是直面自己内心的一次成长。与这本书同行的六个月间，我学到了关于人生的三十堂课，以及化解忧虑的三十种方法。希望我的孩子能够在人生的旅途中学会面对情绪，处理情绪，也希望这本书能够让读书的你找回掌控生活的能力，重拾战斗的勇气。在学习与忧虑共处的过程中，终有一天你会发现，忧虑已经不知不觉地让你变得更加强大。

陶曚

2017年4月

# NOTE

# NOTE

NOTE

# NOTE

NOTE

# NOTE

NOTE

# NOTE

### 戴尔·卡耐基

1888—1955
20世纪最伟大的成功学大师
美国现代成人教育之父
演说家、心理学家和人际关系学家

代表作
《人性的弱点》
《人性的优点》
《美好的人生》
《沟通的艺术》

**陶曚**

生于1985年,媒体人,自由译者。
北京大学影视编导、经济学双学士,美国南加州大学传播管理硕士。
工作辗转于洛杉矶、纽约、东京及北京。以会展及影视为生,以翻译为乐。

翻译作品:
《欲望都市》
《人性的弱点》
《消失的地平线》

# 人性的优点

作者 _ [美] 戴尔·卡耐基　译者 _ 陶曚

产品经理 _ 何娜　　装帧设计 _ 唐梦婷
技术编辑 _ 顾逸飞　　责任印制 _ 梁拥军　　出品人 _ 路金波

营销团队 _ 毛婷 阮班欢

果麦
www.guomai.cn

以 微 小 的 力 量 推 动 文 明

**图书在版编目（CIP）数据**

人性的优点／（美）戴尔·卡耐基著；陶曚译. --
天津：天津人民出版社，2017.5（2025.2重印）
ISBN 978-7-201-11689-1

Ⅰ.①人… Ⅱ.①戴… ②陶… Ⅲ.①成功心理－通俗读物 Ⅳ.①B848.4-49

中国版本图书馆CIP数据核字(2017)第091099号

# 人性的优点
RENXING DE YOUDIAN

| | |
|---|---|
| 出　　版 | 天津人民出版社 |
| 出 版 人 | 刘锦泉 |
| 地　　址 | 天津市和平区西康路35号康岳大厦 |
| 邮政编码 | 300051 |
| 邮购电话 | 022-23332469 |
| 电子信箱 | reader@tjrmcbs.com |
| 责任编辑 | 金晓芸 |
| 特约编辑 | 秦晓华 |
| 产品经理 | 何　娜 |
| 装帧设计 | 唐梦婷 |
| 制版印刷 | 河北鹏润印刷有限公司 |
| 经　　销 | 新华书店 |
| 发　　行 | 果麦文化传媒股份有限公司 |
| 开　　本 | 880毫米×1230毫米　1 /32 |
| 印　　张 | 10.5 |
| 插　　页 | 2 |
| 印　　数 | 357,001-362,000 |
| 字　　数 | 252千字 |
| 版次印次 | 2017年5月第1版　2025年2月第35次印刷 |
| 定　　价 | 28.00元 |

**版权所有 侵权必究**
图书如出现印装质量问题，请致电联系调换（021-64386496）